혁명의 문화사

프랑스 혁명에서 사빠띠스따까지

강의노트 01

혁명의 문화사

프랑스 혁명에서 사빠띠스따까지

강내희
강 혁
곽영진
서동진
유중하
이득재
이성욱
이창근

이후
1999

강의노트 01

혁명의 문화사
프랑스 혁명에서 사빠띠스따까지

지은이 강내희 외
펴낸이 이일규
펴낸곳 도서출판 이후
기 획 도서출판 이후
편 집 현희경
진 행 최은진
마케팅 김현종

첫번째 찍은 날 1999년 10월 17일
등 록 1998. 2. 18. 제 13-828호
주 소 120-200 서울시 마포구 동교동 113-82 기평빌딩 2층
전 화 02-3143-0905
팩 스 02-3143-0906
전자우편 YIKLMR@hitel.net

ISBN 89-88105-10-9
ISBN 89-88105-06-0 04300(세트)

값 10,000원

차 례

펴내면서

예나 지금이나 혁명 과정은 기존 권력 체계의 붕괴와 새로운 세력에 의한 권력의 인수 인계 과정으로 이해되기 마련이다. 역사 속에서 이런 혁명이 가장 집중적으로, 그리고 선명하게 드러나는 것은 국가 전체의 권력 체계 붕괴와 장악 과정 속에서이다. 혁명을 이렇게 이해하는 데 대해 이의를 제기하는 사람은 아마 그리 많지 않을 것이다.

그러나 혁명에 대한 이와 같은 이해 방식은 많은 문제를 안고 있다. 혁명을 권력 장악 과정과 동일한 것으로 간주하게 할 우려가 있기 때문이다. 혁명은 곧 권력 장악 과정이라는 등식을 무조건 수용하기는 곤란하다. 그렇게 한다면, 예컨대 혁명과 쿠데타를 구분하기가 어렵다. 혁명 주도 세력의 입장에서 보면 혁명인 것이 반혁명 세력의 입장에서 보면 쿠데타(군사적 전복)에 불과할테니까 말이다.

군사적 전복과 혁명을 구분해주는 좀더 근본적인 기준이 필요한 것이다. 프랑스 혁명이 여기서 하나의 전범이 된다. 프랑스 혁명은 오늘날 어떤 역사가가 보더라도 쿠데타가 아닌 혁명이다. 프랑스 혁명을 혁명으로 만드는 것은 무엇일까? 그리고 프랑스 혁명이 혁명이라는 점은 무엇을 말해주는 것일까? 혁명이 단지 국가 장치나 기구가 가지는 권력 체계의 붕괴와 장악으로만 그치는 것이 아님을, 직접적인 국가 장치(행정부, 경찰, 군대, 입법부와 사법부 등)를 넘어 경제와 사회 문화의 작동 체계 전반을 전복하고 새롭게 재편하는 과정임을 보여주는 것이 아닐까? 혁명이 이런 점에서 쿠데타와 구분된다면, 넓은 의미의 혁명은 군사적, 정치적, 경제적, 사회 문화적 차원 전체에서 일거에 기존 시스템이 붕괴하고 새로운 시스템이 수립됨을 뜻한다고 하겠다.

하지만 이런 넓은 의미의 혁명이 역사 속에서 실제로 성취된 적이 있을까? 이런 기준을 충족시키는 혁명을 찾아본다면 근대사에서는 프랑스 혁명과 러시아에서 비롯된 사회주의 혁명 정도가 될 터인데, 이 두 혁명에 대해서도 의문을 품을 여지는 있다. 예컨대 프랑스 혁명이 과연 정치적, 군사적 차원만이 아니라 경제적, 사회 문화적인 차원에서도 일거에 혁명적인 성과를 올릴 수 있었다고 할 수 있는가? 이 질문에 선뜻 답하기는 쉽지 않다. 게다가 혁명의 결과가 반드시 역사의 진보를 뜻하는가라는 질문도 남는다. 러시아 혁명 과정에서 이루어진 사회주의 정치 제도가 진일보한 것이라고 할 수 있는가?

정치적 혁명의 성공이 경제적 혁명과 문화적 혁명의 성공을 자동적으로 보장하는 것은 아니다. 기존의 권력 체계가 붕괴된다고 해서 반드시 긍정적이고 진일보한 가치를 지닌 새로운 권력 체계가 만들어지는 것도 아니다. 혁명 이후의 문화적 관행과 제도가 기존의 문화에 비해 진보한다는 보장도 받기 어렵다. 이런 사실은 역사의 발전과 관련된 질문이 판단상 많은 난점과 곤란을 지닌다는 것을 보여준다. 혁명의 진보성에 대해서는 그래서 긍정적 판단과 반대 논거가 다양하게 제출될 것임을 짐작할 수 있는데, 바로 이런 점 때문에 역사 발전의 복잡성 문제를 진지하게 제기할 필요가 생긴다. 혁명은 인간의 사회적 삶에 누구도 회피하기 어려운 커다란 충격을 주기 마련이며, 혁명으로 역사적 진보가 이루어지는지 여부는 수많은 사람들의 삶에 영향을 주기 때문이다.

이 책에 실린 글들은 <민족예술인총연합> 산하 문예아카데미가 1998년 가을에 마련한 <혁명의 문화사>라는 강좌에 기반하고 있다. 이 강좌를 기획한 것은 현 시점에서 혁명 과정의 복잡성과 중층성이라는 문제를 되짚어보는 것이 필요하다는 판단에서였다. 혁명의 복잡성이라는 문제가 올바로 인지되지 못할 때 일반적으로 혁명의 '신화화'가 진행되기 마련이다. 신화는 역사적 변화의 의미를 제대로 포착하지 못하게 만든다. '혁명의 신화화'는 실제로 중층적이고 비선형적이고 불균등한 역사 과정을 단층적이고 선형적이고 균질적이고 단일한 과정으로 환원시키게 마련이다. 혁명을 정치적 혁명으로만 여기게 되는 이유가 바로 여기에 있다. 하지만 혁명의 주체와 대중이 이런 인식에 머물 경우 혁명은 자칫 쿠데타로 귀착되기 쉽다. 1980년대 이래 한국 사회에서 일반화되어 있는 혁명에 대한 인식은 권력 장악이라는 정치적 해석의 범위를 크게 벗어나지 못했던 것 같다. 그 결과 정치적 혁명과는 다른 차원에서의 혁명의 의미는 간과되거나 무시당해 왔다. 하지만 실제 역사 속에서 혁명의 정치적 측면과 문화적 측면, 혁명의 경제적 측면과 문화적 측면은 서로 모순적이거나 갈등을 일으킬 수 있고, 바로 이런 점 때문에 혁명 과정의 역동성이 존재하며, 혁명의 반복이 가능하다.

강좌의 표제를 <혁명의 문화사>로 설정한 것은 바로 이와 같은 이면을 들여다보고, 혁명 과정의 국면적 갈등의 양상을 포착하고, 이를 통해 혁명의 '실제' 의미를 되새겨 보기 위함이다. 만일 혁명이 사회 체제 전반의 총체적인 변화를 뜻하는 것이고, 그 변화가 퇴보가 아니라 진전을 이루는 것이라면 혁명은 단순히 국가 권력의 장악이나 대체를 뜻하는 것일 수 없고, 적어도 경제적이거나 문화적인 진전을 획득해내는 것이어야 한다. 반동적이고 퇴보적인 변화가 아니라면 혁명은 복합적이고 중층적인 과정인 삶 전체의 다차원적인 '해방'이라는 지향점과 불가분의 관계를 지닌다.

프랑스 혁명 이래 오늘에 이르기까지 역사 속에서 전개된 혁명의 복잡한 과정을 '탈신비화'해 본다면 다양한 질문을 제기할 수 있을 것이다. 어떤 혁명에서 다차원적인 해방의 성취가 있었는가? 어떤 종류의 혁명이 그런 성취를 원천적으로 불가능하게 했는가? 21세기를 앞둔 오늘날 그 취지와 실천을 계승해야 할 혁명은 어떤 것이었고, 그 혁명의 어떤 국면이 앞으로도 계속 의미를 지닐 수 있을 것인가? 가령 프랑스 혁명이 이룩한 정치적 '진보'는 어떤 점에서 '사드'의 투옥을 정당화할 수 있을까? 또한 레닌이 계속 살아 있었다면, 에이젠슈테인에 대한 정치적 검열과 억압은 해제될 수 있었을까? 정치 권력의 근본적 변화를 가져오지 못한 68혁명의 진정한 의미를 신사회 운동에서 찾을 수 있을까?

이 책에서 우리는 지난 200년간의 주요한 역사적 혁명 과정의 정치적 실천과 문화적 실천의 상관 관계를 각 시기의 대표적인 정치적 혁명가 또는 혁명 운동과 혁명적 예술가 또는 예술·문화 운동의 상관 관계를 집중 조명함으로써 재해석해 보고자 한다.

1999년 10월 1일

강내희 / 문화평론가·중앙대 영어영문학 교수

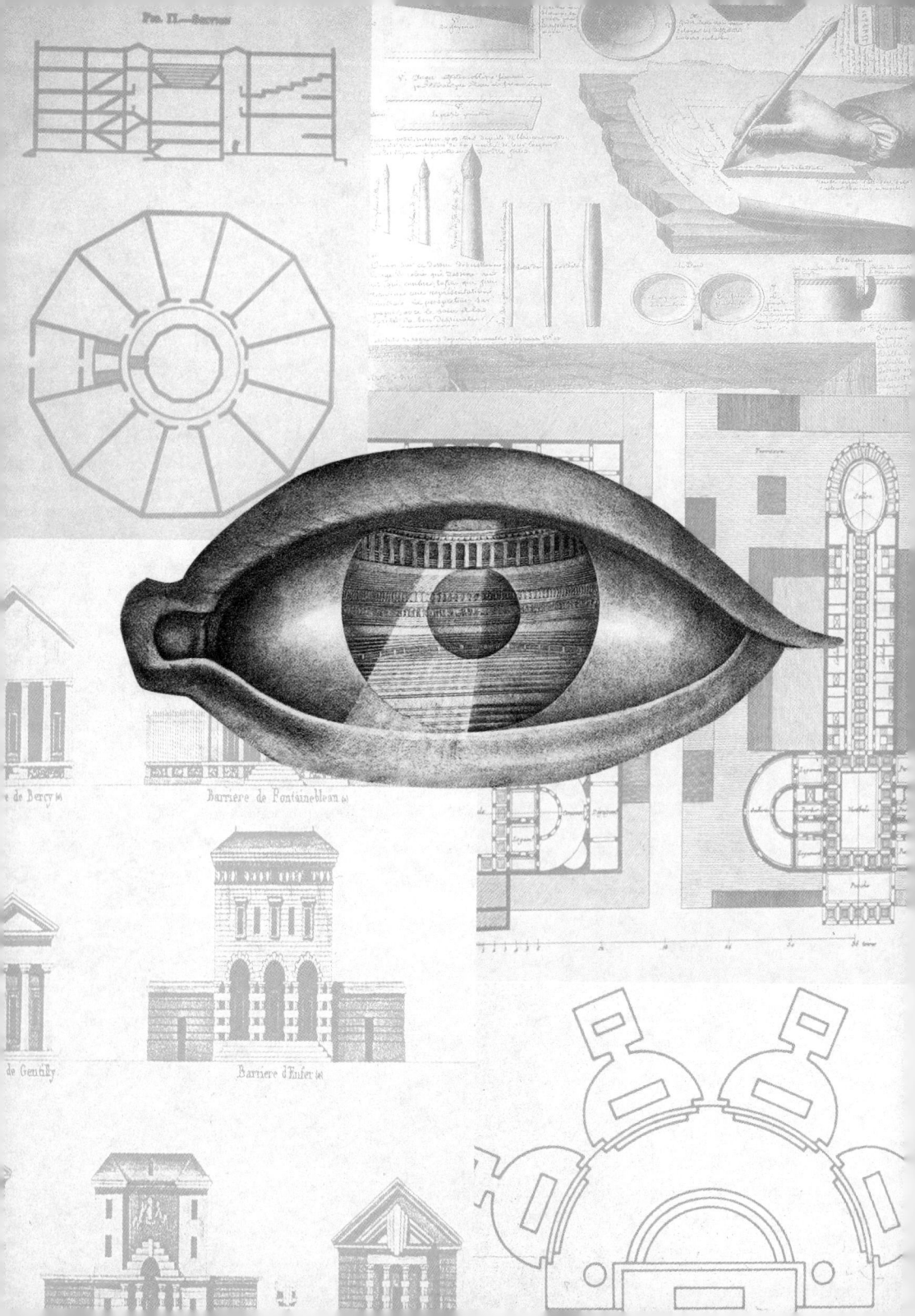

1

프랑스 혁명과 모더니티 : 르두와 르꿰, 그리고 사드

이 글을 쓴 **강혁**은 현재 부산 경성대 건축공학과 교수로 있다. 서울대 건축과를 졸업하고, 동대학원
에서 박사 학위를 받았다. 건축 이론 및 역사를 전공했다. 1985년부터 부산에서 생활하면서, 현재
월간 『이상 건축』의 주간으로도 활동하고 있다.

이번 장에서 다룰 내용은 '프랑스 혁명과 건축에서의 모더니티'입니다. 1789년의 프랑스 혁명을 배경으로, 혁명 전후의 사회적 변화 속에서 건축에 나타난 모더니티적 요소, 즉 당시의 권력이나 제도, 의식과 사고, 감수성과 취향의 변화 속에서 읽혀지는 근대적인 성격들을 보여드리고자 하는 것입니다. 프랑스 혁명을 계기로 크게는 구체제(절대 왕정과 카톨릭)의 예술이었던 바로크가 종언을 고하고, 합리적이고 엄격한 신고전주의가 대두하였다든가, 혹은 보다 근대적인 낭만주의 운동이 촉진되었다든가, 과거와는 다른 부류의 예술 향유 계층이 등장했다든가 하는 이야기는 잘 알려져 있습니다.

하지만 제가 말하고자 하는 것은 이런 딱딱한 예술사가 아닙니다. 당시 혁명의 시대를 살아가며 혁명에 상처받고 혁명의 영향을 받으면서 자기만의 독특한 세계를 구축해간, 당시로서는 거의 이해되지 못했고 후세에 폄하되거나 잊혀진 예술가들의 이야기입니다. 그들의 삶과 작품 세계를 통해서 우리는 시대와 불화하면서 미래를 선취해나간 고독한 개인의 모습을 엿보게 됩니다. 그에 앞서 건축 일반에 대해 몇 가지 간단히 말씀드린 뒤, 프랑스 혁명 당시의 건축이 처한 상황을 소개할까 합니다.

1

우리 한국 사람들은 건축을 의식주와 관련해서 생각하는 경향이 있습니다. 집을 삶의 가장 기본적인 조건으로 받아들이는 것입니다. 이는 물론 타당한 생각으로, 우리가 태어나서 자라고, 먹고 마시고, 일하고 놀며 사랑하고, 늙고 죽는 곳이 바로 집이며 건축입니다. 이렇게 보면 한 칸의 방부터 도시까지 다 건축이죠. 하늘 천天, 땅 지地, 집 우宇, 집 주宙라는 구절에서 옛 사람들은 우주와 자연까지 포함해 모두 집으로 생각했음을 알 수 있습니다. 그래서 우주 宇宙라는 두 글자의 상부에는 지붕(=집)을 뜻하는 ''변이 있습니다. 그렇게 보면, 집은 가장 원초적인 환경으로서, 자연 또는 우주는 큰집이요, 도시는 그 다음의 집, 그리고 우리가 사는 집은 가장 작은 집인지도 모릅니다.

그런데 근자에 우리에겐 집, 즉 건축을 조금 다른 관점에서 보려는 경향이 있습니다. 건축을 부동산, 즉 재화적 가치로 생각하는 것이 그것인데, 오늘 같은 자본주의 사회에서 부동산으로서의 건축은 대다수의 사람에게 최고의 재산으로 간주되곤 합니다. 사실 옛날부터 건축은 대단한 경제적 투자였습니다. 왕실이나 종교를 위한 거대한 건축물을 지으려고 엄청난 물자와 인력이 동원되었기에 온 나라가 휘청거리거나 망해버린 적도 있다는 것을 여러분은 잘 아실 겁니다. 다음으로 건축을 일종의 기술로 보는 시각이 있는데, '건설'이라는 단어가 그렇습니다. 높고 거대한 건물을 안전하고 튼튼하게, 그러면서 빨리 싸게 짓는 능력은 과학 기술의 뒷받침이 있어야 가능합니다. 건축을 기술로 보려는 습성은 과학 기술이 삶의 모든 부분을 관여하게 된 근대에 들어와서 한층 강화된 것이기는 하지만, 과거에도 최고의 건축물은 그 시대의 첨단의 과학 지식과 기술이 동원되어야만 가능했습니다.

이집트의 피라미드가 그랬고, 중세 성당이 그러했으며, 중국의 만리장성이 그러했고, 신라의 황룡사가 그랬습니다.

또다른 하나가 건축을 도구로 보는 것인데, 이는 건축물의 기능적 가치, 즉 용도를 중시하는 시각입니다. 건축물은 사용하기 위한 것이기에 편하고 효용이 커야 한다는 생각입니다. 이 역시 근대적인 사고인데, 왜냐하면 과거에는 단순한 기능보다 건축물이 지닌 의미, 즉 신비하고 상징적인 측면이 더 중시되었기 때문입니다. 조금만 깊이 생각해보면 건축물 혹은 집이 단순한 도구나 기계와는 근본적으로 다른 것임을 알 수 있습니다. 우리는 건물에서 산다고 하지, 건물을 쓴다고 하지는 않잖니까?

그런데 서구인들은 건축을 옛날부터 우리와는 상당히 다르게 생각해온 것 같습니다. 그들은 건축을 고급 문화 혹은 예술과 관련지어 생각하는 전통이 훨씬 강했습니다. 그러니까 건축을 일상적인 삶과 밀접하게 연결지어 보기보다 문학이나 음악, 혹은 조각이나 회화와 동등한 예술의 한 장르로서 고상하고 창조적인 행위로 간주했다는 것입니다. 이런 태도는 고대 플라톤의 『대화』에 이미 나타나고 있습니다. 그는 건축을 시나 음악과 비교하면서 동일한 보편적 원리가 작품을 구성하고 아름다움을 가져옴을 이야기하고 있습니다. 그리스인들은 예술을 테크네 Techene라고 불렀는데, 지금의 기술, 예술의 어원인 이 말은 제작 poesis, 즉 만드는 일을 의미합니다. 그것은 자연의 질서 혹은 원리를 옮기는 행위이기에 손 이전에 지식이 요구되는 귀한 일이었습니다.

또 플라톤은 철학자를 건축가에 비유하기도 했습니다. 철학자는 사상의 구축자, 제작자라는 것이지요. 건축을 빗대어 철학을 설명하는 이런 전통은 근대의 데카르트, 칸트, 헤겔에게까지 이어집니다. 최근에 유행한 구조주라는 사상 체계의 '구조 structure'라는 말, 해체론의 '해체 deconstruction'라는 말도 실은 모두 건축의 용어입니다. 그만큼 서구의 철학사에서는 건축을 은유삼아 사유를 전개하는 전통이 강합니다. 그런 측면을 보아도 그렇고, 역사적으로 보아도 건축은 서구에서 가장 근본적인 예술로 대접을 받아왔습니다.

17~18세기까지 회화나 조각, 공예 같은 조형 예술은 모두 건축의 일부로 존립하거나, 건축과 불가분의 관계에 있었습니다. 가령, 신전이나 성당에 있는 신상이나 성화들, 혹은 수많은 공예품들은 그 자체가 하나의 작품으로 존재했던 것이 아니라 건축의 일부였다는 겁니다. 건축, 조각, 회화, 공예가 장르별로 분리되어 있다기보다 하나로 통합되어 있었습니다. 작품을 원래의 자리에서 떼어내 미술관에 소장해 놓는다거나 그곳에 가서 작품을 감상하는 그런 행위들은 근대 이후에 일반화된 현상입니다. 각각의 장르들이 자율적인 예술로 분화되고 독립한 것도 근대적인 사건이고요.

여하튼 불과 몇 백년 전까지도 모든 조형 예술 작품들은 어떤 목적이나 기능 때문에 존재했습니다. 종교에 봉사한다던가, 권력에 봉사하는 것이 당연한 용도였고 존재 이유였습니다. 이런 점에서 볼 때, 순수하게 심미적 쾌락이나 심리적 위안, 정신의 고양을 얻기 위해 예술을 감상한다는 것은 최근에 일반화된 행위입니다. 오늘날 우리가 순수 예술과 실용 예술을 엄격히 구별하면서, 건축을 실제적인 용도에 봉사하는 예술로 보는 태도는 이런 역사적 변화와 깊은 관련이 있습니다.

예술 작품의 순수한 가치와 실용적인 가치를 구별하지 않는 시각에서 본다면, 건축이야말로 가장 큰 영향력을 지닌 예술이었다고 볼 수 있습니다. 왜냐하면 건축은 권력이나 종교 혹은 지식과 관련하여 그 당시 사람들이

믿거나 바라는 바를 눈에 보이고 손으로 만질 수 있는 실제의 구조물로 형상화시킴으로써 그 사회 체제나 종교 체제 혹은 지식 체계를 견고하게 유지시켜주는 역할을 했기 때문입니다. 그것도 회화나 조각처럼 재현하거나 묘사함으로써가 아니고, 현실에서 구체적인 구조물을 거대한 규모로 축조함으로써 한 것입니다. 그러한 기념비적인 건축은 단순한 사물이 아니라 웅장한 권력 체계이며, 지식 체계이기도 하고 믿음의 체계이기도 합니다.

이런 점에서 건축은 가장 사회적이며 정치적인 예술입니다. 그 생산 과정이 그러할 뿐 아니라, 그것들이 가장 강력한 사회적, 정치적 메시지를 품고 있기에 그러합니다. 여러분이 해외 여행을 갈 때 반드시 들르는 유명한 명소의 그 장대하고 웅장한 기념비적 건물들은 예외 없이 그런 의도에서 세워진 것입니다. 여러분은 그 규모의 거대함이나 양식의 아름다움, 극적인 공간의 연출, 세부 장식의 치밀함과 화려함에 감탄하겠지만 그 이면에는 금방 드러나지 않는 의미나 동기가 숨겨져 있는 것입니다.

이런 눈으로 보면, 박정희 시대에 그가 왜 열심히 아산 현충사를 짓고, 자유센터를 세우고, 세종문화회관을 만들었는지 쉽게 이해할 수 있습니다. 그 안에는 그들이 국민에게 심고 싶어했던 정치적 이데올로기나 가치관이 담겨져 있는 것입니다. 그는 또 새마을운동을 한다면서 지역과 기후에 따라 조금씩 달랐던 전통 주거를 소위 현대식 개량 주택으로 대체해, 모든 사람들의 삶을 표준적인 것으로 바꾸어 버렸습니다. 우리는 근대화의 의미를 거기서도 읽을 수 있습니다. 80년대 전두환 정권 시절에도 우리는 독립기념관이 세워지고 예술의 전당이라는 문화 공간이 세워지는 것을 목격합니다. 군사 독재를 하면서도 5공화국은 전 시대와 차별성을 부각시키기 위해 문화 복지를 내세웠습니다. 서구 근대 예술인 오페라와 콘서트를 공연하는 공간이 우리의 전통물인 갓과 부채 모양에서 왔다는 우스운 주장을 하기도 했습니다. 그것들은 애국과 민족에 호소하면서 정치에 봉사하는 전형적인 선전물 propaganda입니다. 김영삼 전 대통령이 애꿎은 구 총독부 청사를 '역사 바로 세우기'란 이름으로 해체한 굿거리도 동일한 맥락에서 쉽게 이해됩니다. 건축을 통해 공동체를 단합시키거나 현실 상황이 만족스럽다는 환각을 제공하며, 권력에 대한 복종심을 키우려는 노력은 동서고금을 통해 권력자들이 공통적으로 애호하던 수법이었습니다.

이런 일들은 멀리로는 약 4~5천년 전에 피라미드를 짓던 시절부터 가깝게는 히틀러, 스탈린, 김일성에게까지 이어져왔습니다. 특히 김일성은 히틀러 못지 않게, 건축물이 미치는 문화적인 영향, 정치적인 영향이 얼마나 큰지를 잘 알고 있었다고 말할 수 있습니다. 얼마 전, TV를 통해 김일성 광장에서 벌어진 퍼포먼스를 봤는데, 거기에서는 건축물이 집단적인 도취를 위한 무대장치로서 기능을 하고 있었습니다. 재미있는 건, 중국의 천안문 광장이나, 북한의 김일성 광장, 그리고 히틀러의 제3제국 광장이 그 형태상 전부 고전적 양식이라는 사실입니다. 엄격하고 대칭적인 고전 양식은 권력이 가장 선호하는 형태입니다. 자본주의와 민주주의를 표방하는 미국의 국회의사당, 그리고 중요한 공공 건축물들도 동일하게 고전주의적 양식으로 되어 있습니다. 미국 역시 권력과 지배에 대한 야망을 건축을 통해서 표현하고 있다는 점에서 위의 사례들과 크게 다르지 않은 것 같습니다.

이런 시각에서 보면, 건축은 상당한 정치적 기능을 수행하고 있다는 걸 쉽게 알 수 있습니다. 물론, 최근에는 건축보다 TV나 매스컴을 통해서 이런 종류의 정치적 세뇌가 이뤄지고 있죠. 오늘날에 매스컴이 하던 역할들을, 몇 천년 동안 건축이 해왔다고 볼 수 있다는 겁니다. 따라서 건축의

양식과 그 외양 및 형태들이 보내는 정치적 혹은 사회적 메시지를 독해해
내는 것도 중요한 작업일 수 있습니다.

또 하나, 건축에 대해 이야기할 때 빼놓을 수 없는 것이 있습니다. 건축이
란 곧 삶의 공간을 조직하거나 구성하는 일인데, 그 점으로 해서 우리의
삶 자체에 심대하게 영향을 미치고 있다는 것입니다. 건축은 인간의 삶의
공간을 제공하는 활동이고, 그렇게 제공된 공간에서 우리는 별 생각 없이
살아가고 있습니다만, 사실은 의식적이든 무의식적이든 우리는 공간으로부
터 엄청난 영향을 입고 있다는 겁니다. 우리가 어떤 공간에 놓여 있느냐,
어떤 형식의 공간 구성에 노출되어 있느냐에 따라 우리의 사고, 심리, 형태,
정서가 크게 좌우된다는 것이죠.

윈스턴 처칠이 영국 의회의 공간을 개조하는 데 반대하면서, "공간을
만드는 것은 인간이지만, 만들어진 공간은 다시 인간을 만든다"는 유명한
말을 한 바가 있습니다. 무슨 환경결정론 같은 주장으로 들리겠지만, 그만큼
강하게 인간이 공간에 영향을 받는다는 뜻입니다. 한 예로, 교탁 위에 교사
가 있고 그 아래 줄지어 학생이 앉아있는 교실 공간과, 모두가 원탁에 동등
하게 둘러앉아 있는 교실 공간 사이에는 엄청난 차이들이 생겨납니다. 선생
과 학생 사이의 권력 관계, 질문과 토론의 자유로움, 학생들 사이의 인간
관계, 위치에 따른 학습의 효과 같은 것이 크게 달라진다는 것은 쉽게 이해
가 됩니다. 한 마디로, 공간 형식을 어떻게 배치하고 조직하느냐에 따라
장소의 분위기가 달라지고, 그것은 삶의 내용을 변화시킨다는 것입니다.

그러니까 건축은 공간을 조성하고 구획하면서, 제도를 담고 사회와 인
간 관계를 규정하기도 하고, 권력의 행사와 위계, 노동의 방식과 효율, 감수
성과 정서 등에 관여한다는 것입니다. 이런 점에서, 건축물의 형태와 공간은

단순한 사물이 아니라 우리에게 끊임없이 느끼고 생각하고 반응하도록 정보나 메시지를 보내는, 살아있는 무엇이라 할 수 있는데, 중요한 사실은 우리가 결코 여기에서 벗어날 수 없다는 점입니다. 우리가 이 도시 속에서 숨쉬며 살고 또 건축물 속에서 기거하는 한 말입니다.

오늘날 서울 사람들의 반 정도가 아파트에서 살고 있습니다. 아파트에서 사는 게 여러 모로 편리하고 좋은 면이 많으니까 사는 것이기도 하고, 높은 인구 밀도와 비싼 지가 때문에 불가피하게 사는 것이기도 합니다. 그런데 이 아파트라는 것이 우리 도시민의 삶을 표준화하고 획일화하며, 인간 관계를 소외시킨다는 것은 모두 인정하실 겁니다. 어린 아이들의 경우에는 지각 능력, 두뇌 발달, 감수성의 발달이라는 면에서 주변 환경, 특히 주거 환경과 공간으로부터 엄청난 영향을 받는다고 학자들은 말합니다. 상자나 서랍 같은 고층 아파트의 밀폐된 공간에서 태어나 자란 아이와 땅을 딛고 자연과 함께 자란 농촌 아이는 상당히 다를 수밖에 없을 겁니다. 게다가 고층 아파트는 어린 아이들의 건강에도 좋지 않다는 연구도 나와 있습니다. 그러나 지금 '경제적' 힘을 쥐고 있는 어른들은 그 점에 별로 신경을 쓰지 않습니다. 우리의 메마른 정서, 타자에 대한 무관심, 인간 관계의 폐쇄성이 현대 도시나 건축의 양상과 아주 무관한 것일까요?

그런데 건축사를 공부해보면, 이러한 공간의 배치나 구획 방식이 역사적으로 계속 변화해 왔다는 사실을 알게 됩니다. 각 시대나 문명마다 공간을 조직하는 방식에서 어떤 차이들이 발견됩니다. 그러면서 엄격하게 질서 잡힌 공간이거나 민주적이고 자유로운 공간, 합리적이고 효율적인 공간 같은 고유의 특성도 드러납니다. 특히 서구의 근대, 그러니까 18세기 후반부터 19세기의 건축 공간은 과거와는 전혀 다른 차원의 커다란 질적 변화 혹은 단절을 경험하게 됩니다. 흔히 근대는 인간의 이성에 기초하여 낡은 체계와 관념을 타파하고 합리적인 세계를 수립하려는 노력이 진행된 역사적 과정과 시기를 뜻하죠. 이 시기에 과학 혁명, 시민 혁명, 산업 혁명이 진행되면서 근본적인 변화들이 일어나고 자본주의 사회가 구체제를 대체하게 됩니다.

이렇듯 인간과 자연의 관계, 인간과 사물의 관계, 인간의 물질적 생산력이 급진적으로 바뀌던 시기에 건축은 일대 위기를 맞이하게 됩니다. 새로운 사회의 요구를 담을 공간을 창출해야 했을 뿐 아니라, 그러한 공간을 생산하는 합리적 방식도 고안해내야 했습니다. 그리스, 로마 시대부터 전해 내려와 절대적인 것으로 간주되었던 건축의 보편적 원리(여러분이 잘 아시는 도립식, 이오니아식, 코린트식 같은 건축의 문법과 조화 및 비례 같은 미의 원칙)에 대한 믿음이 흔들리고, 점차 부정되었습니다. 더욱이 과학 기술이란 것이 건축의 세계에도 마구 침범해 들어왔습니다. 이제까지 당연한 것으로 여겨졌던 건축의 정체성은 의문에 붙여지게 되었습니다. 건축은 예술인가, 공학인가, 또는 수준높은 고상한 건축 architecture과 기능적인 보통 건물 building이 따로 있는가, 만약 있다면 그 기준은 무엇인가? 조각, 공예, 회화와 구별되는 건축만의 자율적인 영역은 무엇인가, 건축의 가치는 과연 어디에서 찾아야 하는가, 사회와 건축과의 관계는 어떻게 규정되어야 하는가 등의 곤란한 질문들이 제기되었고, 사실 오늘에까지 뾰족한 해결을 보지 못하고 있는 실정입니다.

이 정도면 이 강의에서 말하고자 하는 건축에 대한 간단한 소개 정도는 되는 건가요? 오늘의 이야기는 바로 프랑스 혁명을 전후한, 이 위기의 시대를 살아갔던 건축가와 건축에 관한 것입니다.

2

1789년에 발생했던 프랑스 혁명은 엄청난 문화적 변화를 가져왔습니다. 당연히 당대의 조형 예술 일반, 그리고 건축에서도 많은 변화가 있었죠.

우리가 상식적으로 알고 있는 바에 의하면, 사실 당시 혁명이 폭발적으로 일어나기 이전에 이미 혁명이 일어날 수 있는 분위기들이 형성되고 있었습니다. 가령, 프랑스 혁명 이전에 당대의 합리주의적인 사고들(계몽 사상)이 생겨나서 사회 전반에 파급되어 있었습니다. 백과전서파라고 불렸던 지식인들에 의해 계몽적 지식이 일반인들에게 보급된 것이죠. 사상과 지식의 보급에는 인쇄술이 큰 역할을 했습니다. 이 시기에 책이 건축보다 더 큰 사회적 기능을 담당하는 것을 볼 수 있습니다. 그래서 빅토르 위고는 "새로운 책(인쇄 매체)이 과거의 견고한 책인 건축을 죽이리라"는 명언을 그의 소설 『파리의 노뜨르담』에서 하게 됩니다. 한편, 당시 지배 계급인 왕이나 귀족들과 그 밑의 천민 계급 사이에 부르주아지라는 새로운 시민 계급들이 생겨났습니다. 그들은 계몽 사상을 적극적으로 수용했고 프랑스 혁명의 주역이 됩니다. 당시 파리는 근대 도시라기보다 중세 도시적 구조를 지니고 있었지만, 규모나 인구로는 이미 대도시로 팽창해 있었습니다. 복잡한 파리의 도시 공간은 혁명이 성공하는 한 요인으로 작용하기도 합니다.

프랑스 혁명이 발발하던 당시에 프랑스를 통치하고 있던 루이 왕조는 승려 계층과 더불어 이른바 구체제 ancien regime라고 알려져 있습니다. 절대 왕정 하의 프랑스는 훌륭한 재상들이 출현하여 중상주의 정책과 식민지 정책으로 프랑스를 전유럽의 중심 국가이자 선진 국가로 만들어 놓았고, 태양왕 루이 14세 시절이 그 절정기로 알려져 있습니다. 18세기 후반, 프랑스는 산업화가 안 되었을 뿐, 사회 체제에서는 상당한 합리화가 진행되고

있었습니다. 그러나, 절대 왕정의 모순들은 쌓이고 쌓여 점차 노출되기 시작
했는데, 재정이 파탄났을 뿐만 아니라 조세 문제 등으로 부르주아 계급과의
갈등이 심화되고 있었습니다. 루이 14세는 파리 교외에 거대한 베르사이유
궁전을 세우고 호화로운 파티를 베풀었는데, 이것 또한 국민의 불만을 야기
시켰습니다.

그 당시 조형 예술 전반을 지배하던 사조를 바로크 양식이라고 부르는
데, 절대 왕정과 카톨릭 세력의 강력한 지원 하에 꽃을 피웠고, 그러기에
구체제에 봉사하는 성격을 지니고 있었습니다. 바로크 양식은 이탈리아에
서 시작되었지만, 이미 전유럽에, 특히 프랑스에서 널리 퍼져 있었습니다.
당시의 프랑스는 유럽 문화의 중심이었기에, 당대의 모든 유럽 귀족들이
열성적으로 프랑스 말을 배웠고, 경쟁적으로 베르사이유 궁전을 흉내낸 궁
전을 자기네 나라의 수도에 세웠습니다. 그래서 북구의 스웨덴이나 러시아
의 페쩨르부르크에서도 베르사이유를 모범으로 삼은 멋진 궁전을 발견할
수 있습니다.

그런데 프랑스 혁명을 계기로 화려하고 장식적이고 현란한 바로크 양식
이 신고전주의 neo-classical 양식으로 바뀌게 됩니다. 신고전주의 양식은
매우 엄격하고 단순하며, 합리적이고 규범적인 건축입니다. 또한 정적이면
서도 당당하여 어떤 면에서는 강력한 권력이나 이념을 표상하는 듯한 양식
입니다. 그것들은 이상적 모델로서 고대 그리스와 로마 건축을 참조합니다.
혁명의 주역인 부르주아 계급이 바로크 대신 엄정하고 직선적이며 기하학
적인 신고전주의를 선호한 것은 윤리적으로나 취향적으로나 이해가 되는
일입니다. 그러나 신고전주의가 갑자기 불쑥 나타난 것은 아닙니다. 혁명
전에도 이미 그 모습을 드러내고 있었으나, 이 즈음에 이르러 혁명을 위한

베르사이유 궁전

이것은 베르사이유 궁전인데, 가운데가 본 건물이고, 이 뒤에 엄청나게 커다란 숲(공원)이 있는데, 바로크식 정원과 호수들, 사냥터가 펼쳐져 있습니다. 파리에서 오는 모든 길들이 이 궁전으로 수렴되고 다시 그 뒤의 방사선으로 퍼져 나갑니다. 이 점에서 베르사이유는 '태양'을 상징하는데, 루이 14세가 '태양왕'으로 불렸던 것을 생각해 본다면 이런 공간 형식을 쉽게 이해할 수 있습니다. 루이 14세의 침실은 ㄷ자형 배치를 한 이 거대한 궁전의 한가운데에 있습니다. 프랑스 바로크 건축은 고전주의적 성격을 많이 가지고 있습니다. 베르사이유 궁전도 마찬가지죠. 오늘날 프랑스가 자랑하는 이 베르사이유는, 당시로선 구체제의 상징으로, 원성과 재정 파탄의 한 이유가 되었습니다. 르보 Le Vau라든가 망사르 J. H. Mansart, 노뜨르 A. le Notre같은 당대 최고의 건축가들에 의해 설계된 이 건물에서 납득할 수 없는 것은, 단 하나의 화장실도 없었다는 겁니다. 이곳의 화려한 홀에서 호화로운 파티가 연이어 열렸고 상류 귀족만이 참석할 수 있었습니다.

예술로 더없이 적합하다고 여겨지게 된 것입니다. 또한 혁명과 더불어 고전
주의와 반대의 짝이 되는 낭만주의의 발흥도 주목해야 할 것입니다.

나폴레옹의 등장으로, 과거 로마 제국의 영광을 연상시키는 개선문과
같은 위풍당당한 건축물이 지어지게 됩니다. 하지만 파리에 가게 되면 한번
은 꼭 찾곤하는 그 건물이 무슨 건축적 가치가 대단한 작품은 아닙니다.
그저 나폴레옹 개인의 취향이 반영된 선전물 정도로 보시면 됩니다. 꼭 혁명
때문만은 아니지만 이후 유럽의 조형 예술은 고대(그리스와 로마)를 이상적
모델로 삼아 모방하면서, 동시에 근대적인 성격과 논리를 탐색한다는, 지금
보아서는 이해하기 어려운 경향을 나타냅니다. 그래서 '~주의' 같은 꼬리표
로는 잘 설명되지 않는 복잡한 예술적 현상들이 그 내부에서 부침하고 상호
침투하는 양상을 보여줍니다.

그런데 지금, 프랑스 혁명기의 건축가 르두와 르께, 문학가 사드를 내세
워서 하고 싶은 이야기는 이런 표면적인 문화 양식의 변화가 아니라, 그
이면에서 진행되었던, 어쩌면 더 중요할 수도 있는 변화들입니다. 제가 앞에
서 프랑스 혁명 이전에 이미 혁명이 가능할 수 있었던 여러 가지 분위기가
성숙하고 있었다고 말했죠? 이는 오늘날의 표현을 빌자면, 모더니티라고
불리는 그런 특성입니다. 그러한 특성이 이 혁명의 시기에 세 사람을 통해서
참으로 흥미있게 나타납니다. 저마다 다르지만, 또 서로 무관하지 않은 모습
으로 말입니다.

1789년 프랑스 혁명이 발발하던 시기에 파리의 하늘 밑에서 두 사람의
건축가와 한 사람의 작가가 살고 있었습니다. 두 사람의 건축가란 끌로드
니꼴라 르두(Claude Nicolas Le Doux, 1736~1806)와 장 자끄 르께(Jean
Jacques Le Queu, 1756~?)를 말하며, 한 명의 작가는 도나시앙 알퐁스 프랑

스와 사드(Donatien Alppphonse François Marquis de Sade, 1740~1814)
입니다. 사드 후작은 새디즘이라는 말이 그의 이름에서 나왔기 때문에 잘
알려져 있습니다. 흔히 사드는 성적으로 문란한 방탕자이자 도착자로 알려
져 있지만, 그 전에 한 사람의 작가이며, 비평가입니다. 건축가인 르두와
르께는 생소한 이름인데, 건축계에서조차 잘 알려져 있지 않은 인물들입니
다. 이 세 사람은 지금 보자년 몹시 흥미로운 인물들이며, 이 시절의 분위기
를 잘 대변하고 있다고 생각됩니다.

　세 사람은 같은 도시의 하늘 아래에서 살았지만, 서로 만난 적도 없고,
교류한 적도 없는 사람들입니다. 혹시 어쩌다 길거리에서 마주쳤을런지도
모르죠. 하지만 명시적으로 서로간에 관계를 맺은 적은 없습니다. 어쨌든
간에, 이 세 사람은 서로들 굉장히 다른 삶, 그러면서도 굉장히 독특하고
흥미로운 삶을 살았습니다. 또한 동시대 사람에게 거의 이해되지 못한 삶을
살았습니다. 이해를 받지 못했던 이유는, 아마도 이들이 남들보다 훨씬 먼저
살았기 때문에, 즉 이들이 시대를 선취했기 때문일지도 모르겠습니다. 그렇
기 때문에 이 세 사람의 삶과 그들의 텍스트가 잊혀지거나 무시되고, 혹은
금기시되고 불온하게 여겨진 것 같습니다. 따라서 지금 우리가 보면, 더
잘 이해되거나 공감할 수 있고, 바로 우리가 사는 이 시대를 대변하는 작품
들을 생산해 낸 사람들로 볼 수도 있지 않을까 생각됩니다.

　우선, 르두와 르께, 그리고 사드 사이에는 주류가 아니라 주변인, 마이너
라는 공통점이 있습니다. 그들은 시대의 아웃사이더였습니다. 건축가로서
두 사람은 결코 유명한 사람들이 아닙니다. 이 시기에 수플로라든가 르로와
같은 제도권의 유명한 건축가들이 있었고, 그들과 달리 르두와 르께는 이류
건축가이거나 무시된 건축가입니다. 불행하게도 이들이 설계한 건물은 거

의 없어지거나 한 채도 지어지지 못했습니다. 그리고 사드는 자신이 쓴 소설이 금서 판정을 받아서 오랫동안 출판조차 할 수 없었기 때문에, 소위 '빨간 책'으로 몰래 읽히는 모멸을 감수해야 했습니다. 그러니까 프랑스 혁명기를 살다간 이 세 사람은 모두 불운한 삶을 살아간 사람들이었고, 자기 시대에 이해되지 못한 인물, 혹은 자신의 표현의 기회를 박탈당했던 사람들이라고 할 수 있습니다.

그러면서 그들은 근대성의 희생자이자, 대변자라는 공통의 성격을 지닙니다. 그 대변의 방식은 각자 달랐지만 말입니다. 그래서 서로 무관한 이 세 사람이 한 데 묶이는 것이겠죠. 그들은 현실의 삶 속에서 불가능했던 것을 상상 속에서 꿈꿉니다. 즉, 텍스트 생산을 통해서 또다른 세계를 희구하는 유토피아적 비전을 전개하는 것입니다. 그러면서 담론의 공간 속에서, 또는 담론의 공간을 통해서 근대 사회를 비판하는 것입니다. 구체적으로 그것은 이성과 합리, 생산과 노동, 관리와 통제, 자유와 저항, 육체와 쾌락, 광기와 섹슈얼리티에 관한 것들입니다.

또 하나의 공통점을 찾아보라고 한다면, 이 세 사람은 모두 역사 속에 철저히 억압당하고 망각되었다가, 훗날 복권되고 재평가된 사람들이라는 점입니다. 대학원 건축과 수업에서조차 르두를 접하게 된 것은 얼마되지 않은 일입니다. 게다가 르꿰는 정평이 나있는 『맥밀란 건축가 인명 사전』에서도 언급되지 않습니다. 전 잘 모르지만, 사드 또한 문학이나 철학에서 진지하게 다루어지기보다는 포르노나 정신병리학적 측면에서 더 자연스럽게 언급되는 것이 얼마 전까지의 우리의 실정이 아니었나 합니다.

3

르두는 살아 생전, 동시대의 어떤 건축가보다도 왕성한 활동을 하며 많은 건축물을 지었습니다. 불행하게도 오늘날 그의 건축은 남아 있는 것이 별로 없습니다. 그중의 하나인 라 비예뜨의 시문이 파리 북부지역의——도살장이었다가 얼마 전에 새로이 문화 센터로 개조되어 개장한——라 비예뜨 공원 Parc de La Villet 옆에 외로이 서 있습니다. 그의 건물들 상당수가 프랑스 혁명을 거치면서 파괴되었고, 또 19세기 급격한 도시 개발 속에서 덧없이 사라져 버렸습니다. 거기에는 르두의 심상치 않은 전력과 혁명이라는 질풍노도 같은 역사적 배경이 놓여 있습니다.

르두는 1736년 샹파뉴 지방의 도르망에서 상인의 아들로 태어났습니다. 부유하지도 않았고 좋은 가문도 아니었습니다. 하지만 르두는 자기 발전과 출세에 대해 굉장한 욕심과 야심을 지니고 있었다고 알려져 있습니다. 그는 장학금을 받아 보베에서 기초 교육을 받은 후, 파리에서 저명한 건축 이론가이자 교육자인 블롱델 J. F. Blondel이 세운 사립 건축학교에 들어가 건축 수업을 받습니다. 당시 국립 건축 학교(아카데미)는 소수의 부유하고 유력한 집안의 자제들만 들어갈 수 있었습니다. 블롱델의 학교는 새로이 성장한 부르주아 계급이라든가 점증하는 공공업무에까지 관여할 건축가를 키울 목적으로 설립되었습니다. 여하튼 거기서 그는 서구 고전 건축의 전통과 원리들을 깨치게 됩니다. 그후에는 사회에 진출해 실무를 익혀가면서 자신의 시야를 넓히고 역량을 키우게 되죠.

그런 르두에게 행운이 찾아옵니다. 1764년, 궁전 악단의 오보에 주자의 딸과 결혼하게 된 것입니다. 당시 궁전에서는 성대한 파티가 열리곤 했고, 음악가들은 왕실에 종속된 신분으로 연주를 하고 있었습니다. 여하간 르두는 장인 덕택에 상류 계급의 사람들과 친분을 쌓을 수 있게 되고, 덕분에 임업수산국이라는 기관에 속한 건축가의 공직을 얻게 됩니다. 이 기관은 산림과 하천을 관리하는 관청인데, 그는 여기서 발주하는 지방 소재의 다리라든가, 우물, 분수, 시골 교회 등을 짓습니다. 여기서 재능을 인정 받게 되고, 점차 개인적인 일거리도 생겨나기 시작합니다.

결국에는 파리에 자기의 독립된 사무실을 차리고 귀족들이 주는 프로젝트를 수주하는데, 그가 주로 한 일은 귀족의 도시 저택인 오뗄 hôtel과 교외에 있는 샤또 châteaux를 짓는 일이었습니다. 그는 이 분야에서 뛰어난 재능을 발휘합니다. 그의 주택들은 당시로서 매우 대담하고 독창적이었으며 새로운 것이기도 했습니다. 르두의 매력적이고 사교적인 성격도 상류 사회의 좋은 평판을 얻는 데 한몫 합니다. 드디어 루이 15세의 애첩이었던 마담 뒤 바리 Madame du Barry와도 친분을 쌓게되고, 그녀의 집을 짓게 되는데, 이게 르두에게는 결정적인 기회였습니다. 그는 더 큰 명성을 얻고 그녀의 후원 덕분에 그의 나이 31살에 왕립 건축가의 회원(2급) 자리를 제안받게 됩니다. 6년 후, 1773년 그는 루이 15세의 특별한 배려로 이 자리에 오릅니다.

생의 절정기에 르두는 몇 가지 중요한 공적인 업무를 수행하게 됩니다. 그 첫째가 오늘로 치면 국세청쯤 되는 관청의 위임으로 파리 시 주변에 세관 건물을 세운 일입니다. 당시 시내로 들어오는 모든 물품은 세관을 반드시 거쳐야 했고 세금을 바쳐야 했습니다. 그러나 발달한 상공업과 팽창한 물동량에 비해 엉성한 관리 체계는 효율적인 징세 업무를 불가능하게 했습니다. 세금을 회피하기 위해 파리 시로 들어오는 포도주를 몰래 나르는 지하통로가 있을 정도였으니까요. 빈곤한 국가 재정은 더욱 많은 징세 수입을 요구하였기에, 1785년 관세 당국은 파리 시 전체를 장벽으로 둘러치고 주요

길목 60군데에 관세를 부과하는 빌딩을 세우기로 결정했습니다.

파리 시민의 원성을 피하기 위해 르두는 믿을 수 없을 만큼 일을 빨리 진행해서, 단 3년 만에 50개의 건물을 완성합니다. 바로 혁명 직전의 뒤숭숭하던 시절이었습니다. 르두는 이 건물들에 고대 성채의 웅장한 문들과 유사한 기념비적인 형태를 부여한 뒤 이를 시문이라고 불렀습니다. 실제로 그것들은 도시의 현관 모습을 하고 있는데, 몇몇 기본형을 바탕으로 여러 방식으로 변주하여 만들어 낸 것입니다. 건축 디자인에 대해 말하자면, 신전이나 궁전 같이 고급한 건축의 모티브를 따다 조합하여 이전에는 없던 개성적인 형태를 만들어냈습니다. 그러나 그것들이 부르주아 눈에 곱게 비쳤을 리가 없죠. 혁명이 발발하자 그것들은 파괴되었고, 잘 나가는 건축가였던 르두가 몰락하는 원인이 됩니다.

또 하나 르두가 담당한 중요한 업무는 아르께 스낭 Arc et Senans 사이의 계곡 지역에 소금공장을 건설하는 일이었습니다. 당시에 소금은 고기와 생선의 보존이나 치즈의 가염을 위해 필수적이고 귀중한 상품이었는데, 그 채취와 판매를 왕실이 독점하고 있었습니다. 1770년, 재정난을 덜기 위해 왕실은 소금 판매에 세금을 부과했습니다. 르두가 공장을 지은 살렝 Salins은 암염층으로부터 소금섞인 물이 솟아나오는 곳이었으며, 커다란 솥에 그 물을 담아 장작을 때서 소금을 생산하고 있었습니다. 당시 도시 성장과 철강업의 발달 등으로 숲의 땔감은 감소하고 있었고, 소금 증산은 시급했기에 제염업은 보다 근대적으로 합리화될 필요가 있었습니다. 르두가 떠맡은 일은 단순한 건축적인 기획이 아니라 정치, 사회, 경제적인 것이었는데, 왜냐하면 그 일은 공간의 재배치를 통해 생산, 노동, 생활을 재구성하는 일이었기 때문입니다.

공장 부지는 바로 소금물이 나오는 곳이 아니라, 물길을 내어 장작을 얻을 수 있는 쇼 Chaux의 숲에 인접한 곳이었습니다. 그러므로 제염소는 단순한 공장이 아니라 아무도 없는 숲 속에 소금 생산을 위해 노동자들이 모여사는 자족적인 공동체여야 했습니다. 르두는 루소와 계몽주의적 사상의 영향 아래, 이 곳에 노동과 생활을 위한 이상적인 환경을 제공하려고 시도합니다. 그의 디자인은 산업과 사회의 개혁적인 프로그램을 담고 있는 것이었습니다. 구체적으로, 반원형의 부지에 여러 시설들이 방사형으로 배치되어 있고 중앙에 감독관의 집이 있습니다. 그 좌우에는 공장이 있고, 노동자의 주거지와 공방들은 원주 위에 부채살 모양으로 펼쳐집니다. 그러한 공간 배치에는 생산의 효율을 명목으로 지배와 감독을 용이하게 하려는 의도가 숨어 있었습니다. 바로 푸코가 『감시와 처벌』에서 말한 밴덤의 판옵티콘을 가장 잘 구현한 공간인 것입니다. 생산과 생활을 위한 이상적인 계획이, 동시에 관리와 통제를 위한 공간이기도 하다는 근대의 아이러니한 기획이 여기에서 웅변적으로 나타납니다. 뿐만 아니라 르두는 산업 사회의 물리적 환경에 상징적 코드를 부여하고, 근대 사회에 요구되는 새로운 건축의 어법을 시도하기도 합니다.

그러나 1789년 혁명이 일어나고 절대 왕정이 몰락하면서 르두의 '좋은 시절'은 곧 끝이 납니다. 무시무시한 단두대의 행진이 이어지고, 르두는 구체제의 추문에 개입된 건축가로 지목되어 사형 선고를 받지만, 다행히도 구사일생으로 사면을 받아 1795년 석방됩니다. 역사상 자기가 지은 건축물의 정치성 때문에 정죄되고 감옥에 갇힌 예는, 히틀러의 총애를 받으며 제3제국의 건축을 설계했던 슈페르와 여기서의 르두를 제외하고 아마 찾아보기 어려울 겁니다.

이후 르두는 남은 생애 동안 한 채의 건물도 짓지 못하면서 가난하고 불행한 삶을 살게 됩니다. 아내도 죽고, 가장 아끼던 딸도 죽고, 세상에서 잊혀진 채로, 자신을 돌봐주는 둘째 딸과 제자 한 명과 함께 불우하고 고독한 말년을 보내게 되는 것이죠. 이제 제도권 바깥으로 추방된 건축가 르두는 실현될 가능성도 없는 일련의 프로젝트를 설계하고, 그것을 동판에 새겨 출판을 하고는 죽습니다. 그 출판물은 『예술, 관습, 법제와 관련해서 본 건축』이라는 이상한 책인데, 과거의 아르께 스난의 소금 공장을 바탕으로 쇼의 이상도시를 꿈꾸며 설계한 작품집입니다. 즉 과거의 작업을 개정하여 산업 사회의 이상적인 사회 질서를 공간에 담아보려는 유토피아적 기획인 것입니다. 동시에 위기에 처한 건축의 언어와 표현 형식을 새로이 제안하는 문화적 기획이기도 했습니다.

결코 지어질 수 없는 도면만을 생산하는 건축가를 우리는 페이퍼 아키텍트라고 부릅니다. 종이만 축내는 건축가인 셈인데, 현실이 그에게 결코 용인하지 않는 꿈, 비전, 환상을 실제 공간이 아닌 다른 공간(종이=상상) 속에 펼치는 일이죠. 이런 건축가의 출현은 극히 근대적인 현상으로서, 이 시기에 종종 발견됩니다. 하여간 르두는 현실에서 좌절된 꿈을 종이 속에 그려보면서 대안적인 사회의 모습을 제시합니다. 놀라운 점은 그것이 허구적인 그림이면서, 한편으로는 상당 부분이 다가올 근대 사회의 공간 형식과 사회 시스템을 예견하고 있는 예언자적인 텍스트라는 것입니다. 르두는 왜 그런 작품집을 펴냈을까요? 그리고 그는 자신의 건축이 역사 속에 완전히 망각되다가 20세기 중반에야 재발견되리라고 상상이나 할 수 있었을까요?

그럼 여기서 르두에 관한 도면들과 드로잉 몇몇을 보면서 설명드리겠습니다. 건축의 가장 중요한 텍스트는 이들 도면이고, 여기엔 글이 아닌 그림의 형식으로 흥미로운 담론이 담겨 있습니다.

르두의 초상
탁자 위에 도면을 놓은 채 정장을 입은 르두의 모습입니다.

르두가 쓴 『제도와 습속, 법제에서 관련해 본 건축』의 표지
그가 감옥에서 나와 말년에 작업했던 결과물을 담은 책입니다. 그의 가
상 프로젝트와 비전이 여기에 실려 있습니다. 첫 권은 그가 죽기 2년 전
(1804)에 나왔고, 그 밖의 작품들을 실은 둘째 권은 사후에 나왔습니
다. 이 글에 실린 그림의 대다수가 그 안에 있는 동판들입니다.

Maison de M.lle Guimard située à la chaussée d'Antin.

르두가 설계한 오뗄 기마르(위)와 오뗄 뗄뤼송(아래)
르두가 잘 나가던 시절에 귀족들을 위해 설계한 오뗄들입니다. 신고전주의 양식으로 단순하고 엄격하지만 우아하기도 한 도시의 대저택입니다. 오뗄 뗄뤼송의 입구와 건물 사이에는 커다란 정원이 펼쳐져 있습니다. 우연의 일치이지만 이 건물은 미국 대통령의 관저인 화이트 하우스를 연상시키기도 합니다.

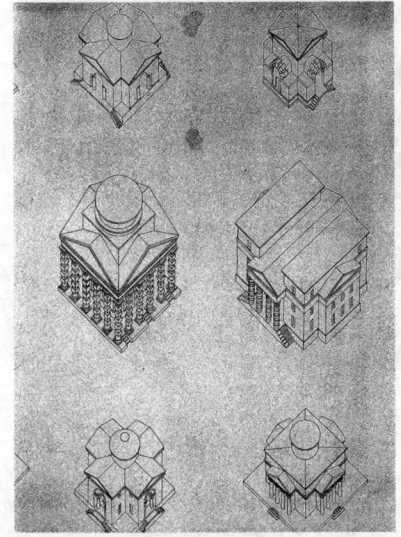

시문의 형태

이것들이 바로 그 유명한, 징세를 위해 파리를 둘러쌌던 50개의 시문들입니다. 과거 그리스나 로마 신전의 형태들의 모티브를 조합해서 개개 건물들이 동일성을 유지하면서 독자적인 개성을 지니도록 설계되었습니다. 이런 식의 디자인은 부족한 설계 기간 때문이기도 했지만, 동시에 각각의 건물에 다른 성격을 부여하고자 하는 의도에서였습니다. 건물의 기능을 외관으로 표출해서 건축물의 성격을 표현해야 한다는 문제는, 과거에 없던 새로운 용도의 건물이 생겨나던 당시 심각한 문제였습니다. 이들 시문은 그 당시 보편적인 건축과는 상당히 다릅니다. 과거의 어휘를 사용했지만, 단순하고 추상적이며 모던한 감각이 풍깁니다.

라 비예뜨에 남아 있는 시문과 철거된 시문

시문들이 실제로 현존했을 때의 모습을 담은 사진입니다. 위의 사진은 오늘날까지 파괴되지 않고 유일하게 남아있는 라 비예뜨의 시문입니다. 밋밋한 신전 위에 원통이 솟아오른 아주 괴이한 형태인데, 옛날 신전과 달리 장식적이지 않고 단순하며 비례도 상당히 다릅니다. 당시의 일반 건축과 구분되는 르두의 개성적인 면모를 엿볼 수 있는 건축입니다. 아래 사진은 신전의 형태를 하고 있지만, 기둥 부분이 아주 특이합니다. 거칠고 강렬하죠. 이 건물은 나중에 도시 계획에 의해 철거되었습니다.

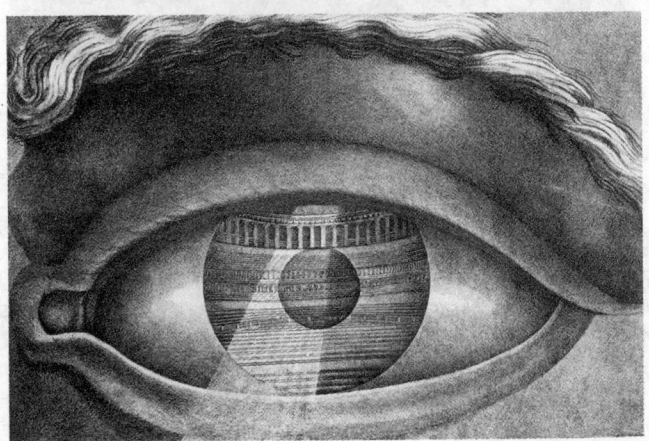

베장송에 있는 오페라 하우스

이건 베장송이라고 하는 도시에 제출했던 극장의 디자인입니다. 르두는 이곳이 과거 그리스에서처럼 일종의 신성한 공연이 일어나는 장소이기를 꿈꾸었습니다. 음향, 시선, 환기, 안전 등 기능적인 요건을 충족시키면서, 당시 사회상을 반영해 귀족 계급뿐 아니라 부르주아 계급, 그리고 하층 평민까지 함께 즐길 수 있는 사회 통합적인 극장을 설계하고자 했습니다. 그의 개혁적 성향은 여기서도 나타납니다. 놀라운 것은 극장 내부를 묘사한 아래 그림인데, 관람객의 눈동자에 비친 실내를 그리고 있습니다. 좌석, 갤러리, 사람의 모습을 발견할 수 있습니다. 당시 관객은 공연을 보러오는 것만 아니라, 스스로를 남에게 보여주기 위해 오기도 했습니다. 서로 보고 보여지는, 구경꾼인 동시에 배우이기도 하다는 근대 사회의 이중적 상황이 여기서 뛰어난 수법으로 표현되고 있습니다.

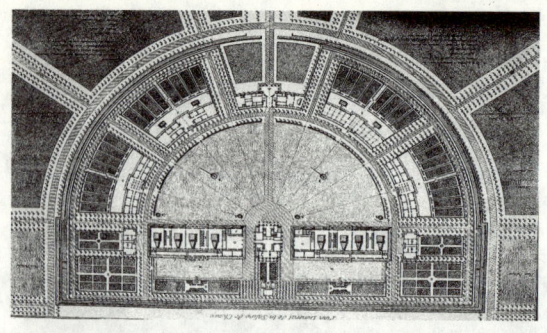

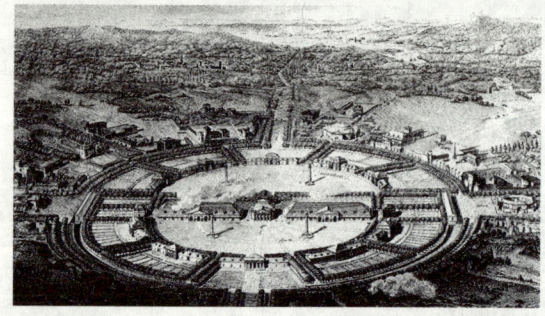

아르께 스난의 설계도

이게 그 유명한 아르께 스난의 프로젝트인데, 처음에는 태양의 궤적을 본떠서 반원형의 배치로 만들었다
가 나중에 둥글게 바꾸었습니다. 이것은 보다 합리화된 소금 생산을 위한 자족적인 코뮤니티 또는 도시
라고 할 수 있습니다. 쇼의 숲 한 모퉁이에 있는 이곳은 외부와 단절된 곳으로서 생산을 위해 함께 모여
살아야 하는 생산공동체입니다. 계몽사상의 영향을 받은 르두는 이 프로젝트를 통해서 일종의 이상적 유
토피아를 꿈꾸었습니다. 그 배치를 보자면, 내부 원의 중앙은 감독관의 집입니다. 전체 코뮤니티의 책임
자이면서 생산을 책임지는 이의 집이죠. 좌우의 건물은 소금 공장으로 소금물을 끓여 결정화된 소금을
얻어내는 생산 시설입니다. 원을 둘러싸면서 소금 공장에서 일하는 노동자들의 집이 놓이는데, 집 주변
에는 밭이 있어서 식량을 자급자족합니다. 그 바깥 원을 따라 시장, 공장, 학교, 병원, 교도소, 공동묘지
처럼 삶에 필요한 모든 사회적 시설과 기관들이 배치됩니다. 말하자면 요람에서 무덤까지 모든 필요한
공공의 서비스와 교육, 의료, 교정, 그리고 죽음까지 책임지는(혹은 관리하는) 시설들이 갖춰져 있는 것
입니다. 이 모습은 이미 근대화·산업화된 공간의 모습이라고 할 수 있습니다. 생산을 위한 공간을 중심
으로 합리적이고 효율적인 관리 체제를 짜고, 동시에 각각의 구성원이 행복하면서 완벽한, 모자람이 없
는 삶을 제공하겠다는 의도가 이 이상적인 커뮤니티 계획 안에 스며있습니다. 재미있는 점은 이 유토피
아적 기획이 지배와 관리를 통해서 생산의 효율성을 극대화하기 위한 것이라는 점입니다. 이것은 명백히
근대 산업사회, 그리고 복지사회의 권력, 관리의 모습을 예견하고 있고, 공간의 배치와 구성이 지극히 권
력과 유관한 행위임을 보여주는 것입니다. 구성원들이 딴 생각하지 못하게 하면서 나름대로 체제 내에서
행복하게 살고 있다고 믿도록 하는 환경을 만들어주겠다는 의도가 숨어 있습니다. 계몽의 기획이 가지는
어두운 측면이 이 이상적인 공간 계획에서 적나라하게 나타나는 것입니다.

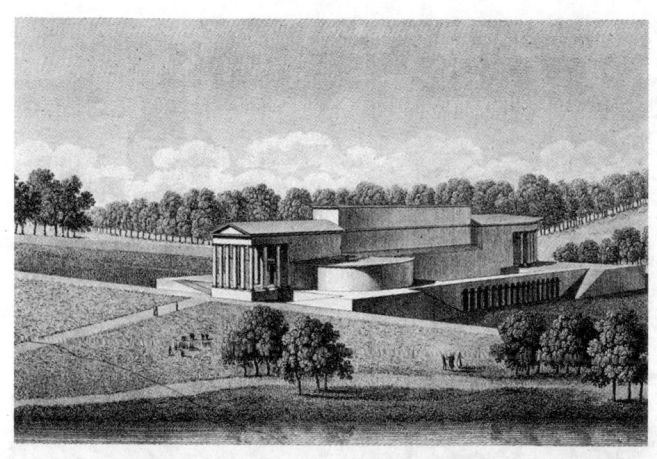

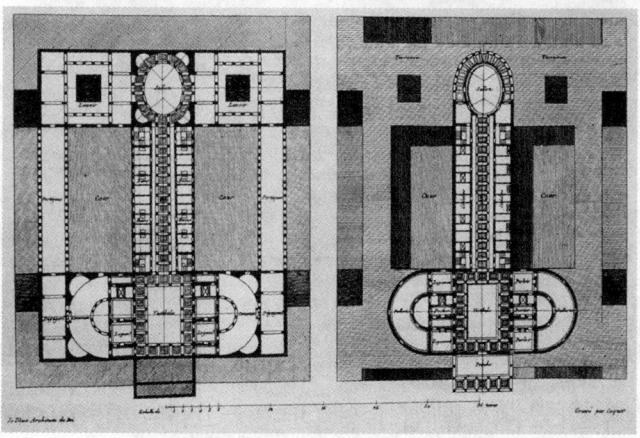

쇼의 이상도시 계획안 : 오이케마, 일명 '쾌락의 집'

이 건축물은 말하는 건축의 극치로서 청소년들의 성적 방종을 방지하고 그들을 성적으로 훈련시키고 쾌락을 제공하기 위해 쇼에 계획된 시설입니다. 이곳에서 사춘기의 소년들은 노숙한 여성에게 섹스에 대해 훈련을 받거나, 성적 서비스를 받습니다. 재미있는 것은 그 외관은 교육 시설로서 신성한 신전 형태이지만, 그 평면은 남성의 성기 형태를 하고 있다는 것입니다. 가운데 복도가 있고 좌우에 개실들이 배치되고 홀도 있습니다. 여기서 우리는 지극히 사적인 성과 쾌락까지도 관리하고 지배하려는 근대 사회의 기획을 읽습니다. 인간의 가장 은밀한 삶의 부분까지 권력이 관여하고 거래의 대상이 되는 것, 이것이 전형적인 근대의 현상입니다.

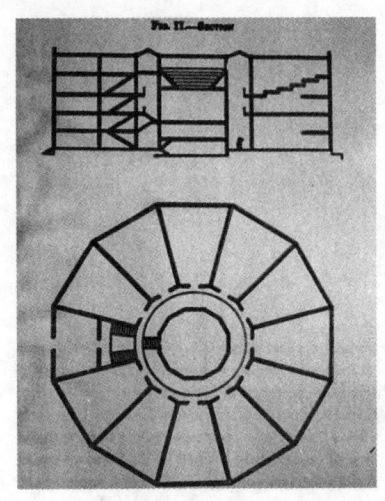

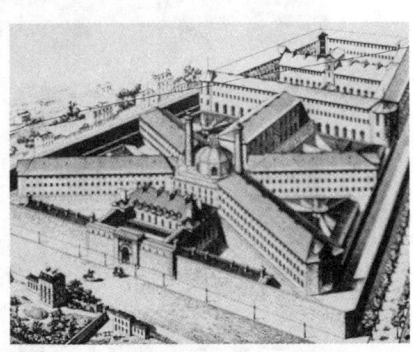

제레미 벤담의 판옵티콘(위)과 교도소(아래)

이것이 그 유명한 제레미 벤담의 '판옵티콘'입니다. 특수한 공간의 배치에 따른 감옥의 감시 메카니즘인 데, 푸코가 이야기하듯이, 이런 감옥에서는 가운데 간수가 있는 것을 죄수들은 볼 수 없습니다. 간수가 거기서 낮잠을 잘 수도 있고, 심지어 없을 수도 있습니다. 그러나 죄수들은 언제 자기가 감시당하는지를 모르기 때문에 항상 불안에 떨어야 하며, 간수를 의식해서 함부로 행동할 수도 없습니다. 이러한 공간 기 제 속에 권력이 스며들어 있음은 물론입니다. 이것이 제레미 벤담이 생각한 합리적인 감옥의 설계입니 다. 효과적인 감시 장치라는 점에서 합리적인 것은 틀림없지만 동시에 비인간적이기도 합니다. 르두의 쇼의 이상도시 기획안은 이것과 똑같습니다. 실제로 19세기 말부터 20세기 초에 판옵티콘적인 교도소 가 많이 지어졌습니다. 아래 그림이 그것을 잘 보여주고 있습니다. 이러한 감시와 지배를 위한 기막힌 공 간의 배치 형식은 근대 사회의 공간들 구석구석마다 침투해 있습니다. 그러고 보면, 우리가 다녔던 초등 학교, 병원, 공장, 호텔 모두가 비슷한 배치입니다. 이 모두가 합리의 이름으로 효율이나 손쉬운 관리를 지향하고 있습니다. 심지어 최근에는 외형으로는 그런 형식을 취하고 있지는 않지만, 속으로는 새로운 문명의 기기들을 통해서 동일한 감시 효과를 얻고 있기도 합니다. 백화점 같은 곳은 공간적으로는 전혀 다른 모습이지만, 폐쇄회로의 TV를 통해 사람들을 감시하고 있으며, 심할 경우 전자주민카드에서 바코 드까지도 사실 이러한 메카니즘의 연장으로 생각할 수 있습니다. 우리는 의식하지도 못한 채 사적인 정 보를 도난당하는가 하면, 그나마 보장받았던 사적인 개인의 공간마저 빼앗기고 있습니다.

　바로 이런 식으로, 르두의 건축 기획 속에는 유토피아의 이름으로 인간의 노동을 합리화하고, 삶의 방식을 재단하고, 쾌락과 욕망까지도 관리하는 근대 사회의 모습이 각인되어 있습니다. 그는 계몽주의의 영향을 받아, 건축 공간의 재구성을 통한 합리적 세계의 건설, 질서 있는 사회의 창조를 꿈꾸었습니다. 그러나 우리는 그것이 진행될수록 인간을 더욱 얽매고, 자유를 제한하며, 보다 생산과 효율에 종속되도록 만드는 이율배반을 발견하게 됩니다. 그것은 이미 그의 환상 속에 적나라하게 나타나 있습니다. 결국 유토피아적인 몽상과 이상적 도시계획이란 것이, 생산을 위한 공간의 합리화, 노동의 조직화, 그리고 공간의 질서를 통한 지배 권력의 상징화에 다름아니기도 하죠. 체계의 희생자인 르두가 이런 공간을 꿈꾸었다는 것이 정말 모순이기도 하고요. 그러나 불가피하게 도래할 근대 공간을 예견했다는 점에서 위대하기도 합니다.

4

그 다음으로 수수께끼 같은 건축가 르께를 살펴보기로 합니다. 르께는 1756년에 태어났는데, 정확히 언제 죽었는지는 알려져 있지 않습니다. 그만큼 그의 삶은 보잘 것 없었으며, 르두의 그것과 비교되지 않을 만큼 비참했습니다. 그야말로 아무 것도 아닌 사람이었죠. 여기에서는 한 사람의 건축가로 간주되어 다루어지고 있지만, 그는 살아 생전에 기존 제도권으로부터 건축가로 인정을 받은 적이 한번도 없습니다. 그럴 수밖에 없는 것이 그는 한 채의 건물도 지은 적이 없으니까요. 그리고 건축가는 제도권에서 면허를 받을 때라야 온전한 건축가라 할 수 있습니다. 물론 그는 그런 것을 획득한

적이 없었습니다. 그러나 르꿰는 일생 내내 자신을 당대의 제일가는 건축가로 생각하면서 살아갔습니다. 그가 남긴 것은 건축에 관한 드로잉들 뿐입니다. 그렇다면 그는 건축가인가요, 아닌가요?

르꿰가 제대로된 건축가일 수 없었던 것은 일단 그가 공식적인 건축 교육을 받은 적이 없기 때문입니다. 그 역시 지방 출신이었고 비천한 신분이었습니다. 그의 아버지는 가구를 만드는 공장에서 일을 했죠. 이런 배경 때문에 그는 평생을 빈곤 속에서 살아가야만 했습니다.

알려져 있는 바에 따르면, 르꿰는 루앙 Rouen 시에서 그림 공부, 정확히 말하자면 제도 수업을 직업 교육으로 받았는데, 출중한 능력을 지니고 있었던 것 같습니다. 그를 가르친 선생은 그의 재주를 높이 평가했다고 합니다. 그는 루앙 아카데미에 작품을 제출해 인정을 받기도 합니다. 하지만 그는 건축가가 될 수는 없었고, 낮은 직급인 도면을 제작하는 제도공으로 일을 하며 살아가야 했습니다. 다시 말하자면, 예술가인 건축가가 아니라 하급 노동자의 신분으로서 건축계에 연루되어 있었던 것입니다. 그는 자신을 인정해주지 않는 세상에 대해 분노와 원망의 마음을 평생 품고 살아갑니다.

르꿰는 성 쥬느비에브 교회(파리 팡테옹으로 알려진 이 건물은 프랑스의 정신적 지주들이 묻혀있는 곳으로, 최근에는 앙드레 말로가 이장되었습니다)를 설계했던 수플로의 사무실에서 제도사로 근무하던 중에 프랑스 혁명을 맞이했습니다. 그 당시에 르꿰는 '이제는 나의 시대가 왔나보다'라고 생각하고, 혁명에 동참합니다. 파리 교외에서 공적인 집회의 우두머리로 활동하기도 하고, 혁명을 기리는 설계도를 제작하기도 합니다. '파리의 문'이나 '인민의 아치' 같은 이름으로 혁명의 승리를 찬미하고, 각성된 인민의 집권을 찬양하는 기념비적인 프로젝트를 제안한 것이죠.

그러나 그가 제시한 프로젝트들은 사람들의 시선과 혁명 정부의 관심을 끌었음에도 불구하고 실패합니다. 여러분도 아시다시피, 혁명이 일어나더라도 실제로 바뀌는 것은 별로 없는 경우가 많습니다. 지배 계급만 바뀌었을 뿐, 새 권력은 왕왕 과거와 같은 모습으로 나타나곤 합니다. 교육 수준이 낮고, 계급이 낮았던 르께가 아무리 거창한 프로젝트를 기획했다 하더라도, 그것이 부르주아 지배 계급에게 받아들여지기 어려웠을 겁니다.

르께는 결국 다시 자기의 본업으로 돌아갈 수밖에 없었습니다. 사회가 안정되어가자 그는 공공 기관에서 일급 제도사로 다시 일을 시작합니다. 몇 차례 부서를 옮기고 월급도 깎이고 하다가, 지도 제작국에서 파리의 새 지도를 제작하는 일에 참여하게 되는데, 그후에는 통계 지도를 만드는 일에 종사합니다. 결국 그는 1815년 해촉을 통보받아 그의 공직 생활에 종지부를 찍고 은퇴를 하게 됩니다.

그는 파리 변두리, 창녀들과 가난한 이들이 살고 있는 곳에서 병들고 가난한 말년을 보냅니다. 하지만 자기 스스로는 그곳 사람들과 전혀 다른 종류의 인간이라고 굳게 믿으면서, 자기대로의 삶을 살아갑니다. 르두처럼 르께도 계속해서 '공민의 건축 Architecture Civille'이라는 이름으로 텍스트를 기획하고 제작합니다. 그러나 르두와 달리 그것들은 공적으로 출판되지도 못하고 사람들의 주목도 끌지 못합니다. 그것을 팔기 위해 고객을 구해보나 헛수고로 끝납니다. 결국 1825년 비블리오떼끄 로얄 Bibliotheque Royal, 즉 왕립자료보관소에 자신의 작품을 모두 기증하고, 어디에선가 쓸쓸하게 인생을 마치게 됩니다.

바로 이런 삶을 살았기 때문에 르께는 아무에게도 알려지지 않은 채 잊혀져 갔습니다. 그는 르두처럼 상류 계급과 접촉할 통로가 허용된 적이 없었습니다. 아니 그의 시대에 가상으로나마 건축 설계 작업을 하고 있었음을 아는 이도 없었습니다. 그가 세상에 다시 조명된 것은 사후 130여 년이 지나 한 건축사가를 통해서이지만, 아직까지도 건축학계에서 언더그라운드 취급을 받고 있습니다. 그러나 그가 남긴 드로잉들은 어느 누구의 그것보다 흥미롭고 생각할 만한 메시지를 우리에게 전해주고 있습니다. 그리고 작품으로 판단하건대 그는 천재이자 광인이며, 시대의 희생자이기도 했던 것입니다. 그림을 통하여 그의 세계를 엿보기로 하겠습니다.

르페가 200년 전에 이러한 디자인을 할 수 있었다는 것은 놀라운 일입니다. 당대에 르페처럼 예술적 상상력을 가지고 환상적인 공간을 그린 사람은 없었습니다. 그가 제도권 교육을 받지 않고 주변부에 머물렀다는 것이 그로 하여금 이와 같은 텍스트를 가능하게 했음은 틀림없는 것 같습니다. 그는 자기를 인정해주지 않는 당대의 사회에 분노하고, 기성의 권위와 상류층에 원한을 가지고 있었지만, 동시에 그만큼 그에 동경과 욕망을 품고 있었습니다. 그의 분노와 좌절, 광기와 재능, 원망과 환상은 드로잉이라는 상상의 공간 속에서 자유로운 날개를 펼칩니다. 르페의 건축 드로잉은 단순한 건축 디자인이기만 한 것이 아니라, 안토니 비들러의 지적대로 건축적 글쓰기이기도 합니다.

르께의 자화상

르께는 일련의 자화상을 그려놓았습니다. 액자 창을 향해 상대를 뚫어지게 보고 있는 이 자화상에는 루앙의 미술 · 과학 · 문학 왕립 아카데미의 건축가 장 자끄 르께라고 써 놓았습니다. 사실 그는 제도사였고, 결코 제대로 된 건축가였던 적은 없는데, 자신의 자화상에는 이렇게 신분을 밝혀놓고 있습니다. 신분, 이름, 성, 인상학을 통한 아이덴터티의 탐색이 그의 자화상 시리즈의 한 특징입니다. 이는 아마도 자신이 생각하는 자아와 사회적 자아와의 괴리 때문인 듯 합니다.

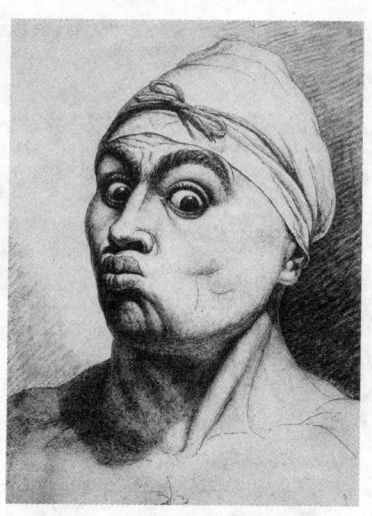

르페의 자화상

여기서는 입을 내민 채 눈을 동그랗게 뜨고, 매우 장난기 어리면서도 시니컬한 표정으로 자신을 그리고 있습니다. 위의 벙거지로 보아 자신을 병자로 묘사하고 있습니다. 인상학의 탐구인데, 이러한 자화상 시리즈가 있습니다.

여기서 르페는 자신을 여자로 표현하고 있습니다. 즉, 남자인 자기를 가슴을 다 드러낸 여자로 그린 거죠. 게다가 광대옷을 입었습니다. 그러면서 그림을 보는 이를 향해 웃고 있는데 아마도 자기를 인정해주지 않는 세상과 자기 자신을 조롱하는 자화상인 것 같습니다.

르페의 미발간 드로잉

그가 남긴 멋진 드로잉들 중의 하나입니다. 그
는 일련의 음란하고, 도발적이고, 변태적인 그
림들을 즐겨 그렸습니다. 이것은 일종의 신성모
독인데, 아마도 모델은 창녀였을 것 같고, 그녀
는 성스러운 수녀복을 입은 채 가슴을 드러내고
있습니다. 그녀의 얼굴은 고전적이고 천진난만
하며, 손의 포즈는 지극히 은유적입니다. 르페
는 기성 권위를 조롱하면서 섹슈얼리티를 암시
합니다.

일종의 포르노인데, 건물의 창가에 서있는 창녀
의 모습입니다. 건물의 창이 액자가 되어서 그
안에 음란한 포즈의 여인을 그리고 있습니다.

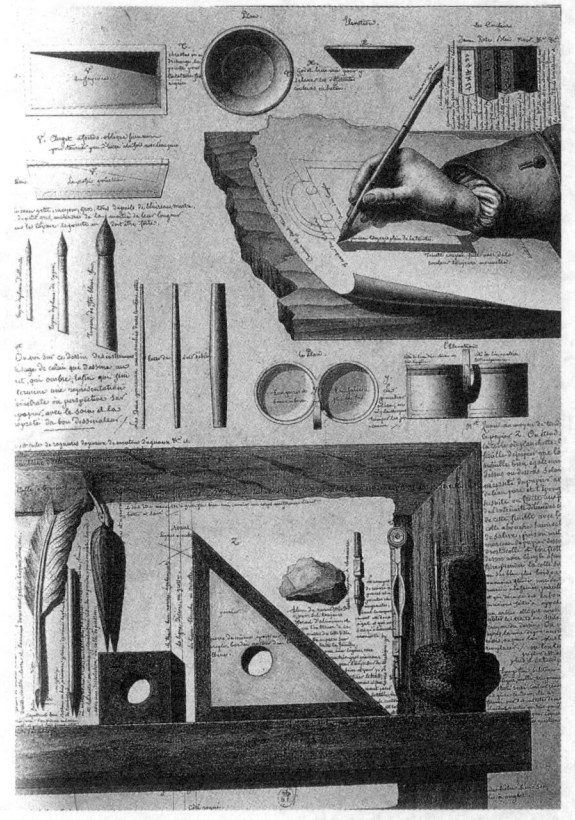

르꿰의 미발간 드로잉

이것은 자기가 사랑한 제도용품들, 그림 도구들을 그린 것으로 당시의 펜, 삼각자, 제도 가위, 종이들입니다. 그가 얼마나 묘사력이 뛰어났던가를 잘 보여주는 그림입니다. 그 여백에는 촘촘하게 자신의 생각을 적고 있는데, 바로 이런 식으로 자신의 텍스트를 만들어가고 있습니다.

르께의 건축 프로젝트

이것은 당시의 어떤 건축과도 무관한 르께만의 독창적인 디자인입니다. 주택인데, 당시 기존 건축의 어휘들을 단편적으로 끌어와서 멋대로 조합한 그런 형태입니다. 일종의 꼴라쥬나 모자이크로 볼 수 있는데, 그것이 괴이하면서 강렬한 인상을 제공하고 있습니다. 지금의 시각에서 보면 포스트모던 건축과 상통하는 어떤 분위기가 있습니다.

이것은 고딕하우스인데, 지하 땅굴에서 불이 나고 연기가 나고 있습니다. 건축 단면도인지 내부의 묘사인지 알기 어렵습니다. 그의 디자인에는 지하나 동굴이 적지않게 나오는데, 이는 어떤 억압된 부분, 즉 무의식의 표출이라고 볼 수 있습니다. 그런 점에서 르께의 그림들은 상당히 프로이트적이라고 이야기할 수 있을 정도입니다.

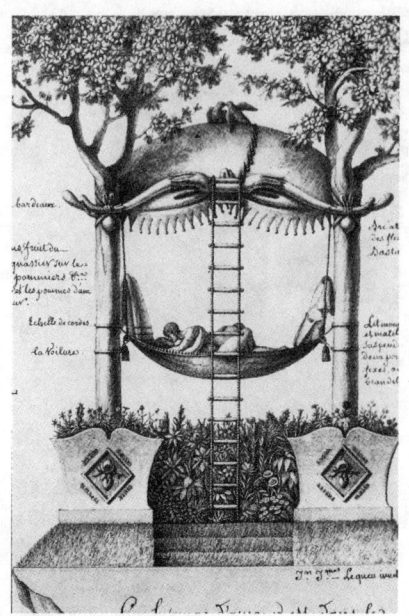

르꿰의 건축 프로젝트

더욱 재미있는 하나가 바로 이 그림입니다. 이것은 해먹과 사다리를 가지고 사랑을 위한 공간을 디자인한 것입니다. 즉 섹스를 위해 만든 장치인데, 이것을 건축이라 불러도 좋을까요? 자연 그대로의 나무에다가 윗 뚜껑을 씌우고 해먹을 걸어 사다리를 놓은 것으로, 건물이기도 하고 아니기도 합니다. 밀폐된 러브호텔과는 달리 개방된 자연 속 사랑의 공간, 꽤 멋진 상상력입니다.

오른쪽의 그림은 나무로 만들어진 파빌리온인데, 여기서는 돌 대신 산 나무가 건축의 재료로 쓰이고 있습니다. 그의 상상력은 예외적이고 환상적이며 때론 비정상적입니다. 위의 그림은 소우리인데 문자 그대로 소 모양을 한 창고입니다. 이것 역시 당시까지의 건축의 문법, 관행, 권위를 깡그리 무시하는 디자인입니다. 바로 20세기 후반의 포스트모던 건축과도 유사합니다. 더욱 특이한 것은 다른 구상적인 형상들이 아무 이유없이 마구 붙어있다는 것입니다.

르께의 건축 프로젝트

〈이시스의 가든〉이라는 위의 그림과 그 아래의 동굴 건축에서는 여체가 건축의 일부로서 자유롭게 쓰이고 있습니다. 그것도 비정상적이고 도발적인 방식으로 말입니다. 그의 건축들은 구조적 혹은 축조적이지 않고 구체적으로 현실 형태들이 마구 건축에 들어오고 있습니다. 마치 디즈니의 에니메이션 건축을 보는 듯 분방합니다. 그는 왜 이렇듯 기성 건축과 전혀 다른 건축을 그렸을까요? 그리고 그것을 통해 무엇을 꿈꾸었을까요?

5

마지막으로 르두, 르꿰 두 사람의 건축가와 관련하여 사드를 살펴보죠. 사드에 대해서는 제가 문학에 대해 문외한이고, 그의 사상에 대해서도 말할 처지가 아니라서 건축, 즉 공간과 관련해서만 잠깐 언급하겠습니다. 사드는 명문귀족이었고, 후작이었습니다. 군인이 되어 전쟁에도 참가했고, 결혼도 했었죠. 문제는 그가 방탕한 생활을 하고, 사회적 물의를 일으켰다는 것입니다. 당시 루이 15세의 애첩이 창녀 출신이었듯이, 구체제 말기의 귀족들의 성적 방종은 굉장했습니다. 이런 상황에서 왜 유독 사드만이 문제시되었는가 하면, 체제 내에서 용인된 방탕이 아니라, 정상적이지 않은 행위를 통해 사회의 질서를 해친다고 보여졌기 때문입니다. 그의 불온하고 금기시된 행동과 그것보다 더욱 극단적인, 그의 문학(소설)이 제기한 변태적인 성행위는 사실 풍속의 문제가 아니라 정치적인 문제였던 것입니다. 23세에 처음으로 투옥되었고, 문란한 사생활, 잔악한 성 행위 등으로 계속 물의를 일으키고 기소됩니다. 그의 부인은 참 좋은 사람이었음에도 불구하고, 그는 처제와 이태리로 도피 여행을 떠납니다. 그래서 장모의 화를 불러일으켜 고발당하고, 쫓기고, 결국 잡혀서 투옥당합니다. 감옥 안에서도 그는 결코 가만히 있지 않고 기존 질서에 반항하고 계속 투쟁합니다.

사드는 바스티유를 비롯한 4개의 감옥에서 오랜 수감 생활을 했습니다. 사드는 건축에 관심이 많았습니다. 특히 감옥이나 수용소 공간의 설계에 관심이 많았는데, 그것은 그가 오랫동안 감옥과 정신병원에 있었던 것과 관계가 있는지도 모릅니다. 그의 소설 속에서는 밀폐되고 은밀한 사적 공간이 많이 등장합니다. 잔혹하고 비정상적인 변태 행위들이 자행되는 공간들이죠. 사드가 르꿰와 비슷하게 밀실, 지하실에 관심이 많았던 것은 그곳이 지극히 개인적이고, 인간의 자유를 허용하는 마지막 공간이기에 그러합니다. 그곳은 사회적으로 허용되지 않는 행위조차 가능한 곳으로, 프라이버시나 자유를 상징하며, 남들에게는 차마 이야기할 수 없는 행위나 생각들을 용인하는 욕망의 공간입니다. 심리적으로는 무의식이나 잠재 의식의 공간이기도 합니다.

그의 소설에는 고문과 변태 행위가 벌어지는 공간에 대한 묘사가 자세하게 나옵니다. 우리가 정상적으로는 받아들일 수도 없고, 보고 싶지도 않은 일이 벌어지는 장소입니다. 이 그림들은 사드가 직접 스케치한, 그의 소설 속에 나타난 여러 공간과 감옥들을 다시 그린 겁니다. 그들 밀실 공간의 모습, 그 구성을 보여줍니다. 르두의 판옵티콘적인 공간 구성하고도 일면 유사합니다. 그 작은 공간 단위 하나하나가 고문실인데, 그 구성이 참 재미있습니다.

혁명이 일어났을 때, 그는 바스티유 감옥에 수감되어 있었습니다. 그는 감옥에서 글을 씁니다. 자유를 상실한 그에게 글쓰기는 환상 속에서 자유로운 공간과 행동을 꿈꾸는 일, 유토피아를 그리는 것에 다름 아닙니다. 그의 아내는 감옥에 있는 그를 위해 헌신합니다. 하여튼 프랑스 혁명은 그에게 잠시의 자유를 줍니다. 그리고 결국은 아내와 이혼하게 되고, 새 여자인 콩스탕스와 동거하게 됩니다. 자코뱅 당의 간사로 혁명 정부에 참가하게 되고, 감옥이나 수용소의 개선을 위한 위원으로도 잠깐 활동을 합니다만, 곧 공포 정치의 시대가 오고, 귀족이었던 그는 사형 선고를 받게 됩니다. 그러나 콩스탕스의 도움으로 구사일생으로 살아나게 됩니다. 마치 르두처럼 말입니다. 뒤이어 자신의 작품을 출간하는데, 이것이 사회적 물의를 일으킵니다. 결과적으로 사회와 가족들은 합의를 해서 그를 수용소에 집어넣게 되고, 그 안에서 저항하고 연극 활동을 하기도 하지만, 병으로 고통당하고 죽음에의 두려움에 떨면서 불우한 생을 마치게 됩니다. 결국 구체제에서의 13년, 혁명 이후 13년, 26년 동안 감옥과 유폐의 생활을 했으니까, 밀폐된 공간에서의 삶이 그의 생애 반 이상을 차지한 셈입니다.

그의 작품은 익명으로 출판되고, 검열되고, 판금당하고, 압수당하고, 일부 작품은 태워지거나 분실되기까지 했습니다. 소설의 저자로서 인정받지 못하고, 저작권도 행사하지 못했으며, 그의 글은 불법으로 출판-유통되어 몰래 읽혀졌습니다. 마치 그의 삶이 감금되고 유폐되었듯이, 그의 글도 그랬던 것입니다. 그러나 그의 삶과 텍스트에 대한 사회적 폄하와 금지에도 불구하고 그는 살아 남았습니다. 분실된 작품들이 재발견되고, 문학가로서 재평가되고, 이제는 사상가로서까지 이야기됩니다.

그의 삶과 글쓰기는 결국 쾌락주의적이라고 이야기할 수 있습니다. 실제로 그렇게 살려고 노력하기도 했고, 더구나 글 속에서는 극단의 상상력을 전개하며 쾌락을 추구합니다. 사드는 합리화된 근대 사회가 명하는 '남에게 피해를 주지 말며, 사회와 권력이 원하는 대로, 시키는 대로 질서에 순응해 살아라'라는 명제를 단호하게 거부합니다. 그래서 그에게는 극단적으로 대조적인 평가가 따라다니게 됩니다. 그의 텍스트의 소재는 성 도착, 변태, 고문, 남색, 광기, 신성모독 같은 행위이며, 주제는 욕망과 쾌락의 극단적인 충족, 포르노적인 환상과 유혹, 사회적 금기로부터 위반하고 일탈하는 것입니다. 그러면서 그가 추구했던 것은 절대 자유, 그리고 극단에까지 이르는 쾌락의 삶, 이런 것들입니다. 사드가 사랑한, 은폐되고 내밀한 밀실의 공간은 그것이 가능하도록 기능한 그런 공간입니다.

그의 건축과 공간에 대한 관심은 바로 감옥, 수용소, 병원에 대한 전문가

사드가 갇혔던 4개의 감옥

적인 관심으로부터 비롯되었습니다. 혁명 후 공직 생활을 하게 되었을 때, 수용소 공간을 연구하고, 그 개선을 건의하기도 했습니다. 그의 작품 속에 등장하는 공간은 앞서 말씀드린대로, 지하실, 쾌락의 집, 밀실 같은 밀폐되고 격리된 공간이었습니다. 그러한 밀실의 공간은 절대 자유의 공간이고, 또한 자유롭다는 것을 고독한 것이라는 면에서 보자면, 절대 고독의 공간이기도 하였습니다. 감옥은 결국 가두는 공간인데, 갇힌 공간에서는 혼자 소리를 질러도 되고 벌거벗어도 됩니다. 거기서는 비정상도 정상이 되고, 남의 시선을 의식하지 않아도 됩니다. 갇혔다는 것이 거꾸로 인간에게 자유를 준다는 모순, 이것이 바로 근대적인 삶의 한 모습이라고 할 수 있습니다. 여하튼 감금이 곧 자유라는 이율배반 또는 모순이 사드의 텍스트에서 보입니다. 그리고 그것이 공간을 통해 드러나는 근대성의 한 단면입니다.

근대 산업 사회, 자본주의 사회는 교육과 훈육을 통해서 인간의 노동을 합리화하고 생산을 극대화합니다. 사회의 질서와 체제에 복종하도록 하고, 생산과 저축을 신성시합니다. 거기에 대해 사드는 기존의 규율과 도덕에 저항하여 자신의 쾌락을 끝까지 추구한다는 전략을 취합니다. 근대 사회, 즉 혁명 이후 자본주의 사회로 이어지는 체제의 지배 이데올로기와 권위에 저항하는 것입니다. 신성한 기존의 질서, 가치와 도덕에 대해서 도전하고 조롱하는 것입니다. 이런 측면에서 사드의 삶은 부도덕하기만 한 것이 아니라, 혁명적인 것이라고 볼 수 있습니다. 사드가 주장하는 성적인 방종은 끊임없이 무엇인가를 생산하고 절약하며 축적하려는 자본주의 사회의 가치나 의도에 정면으로 거스르는 일입니다. 왜냐하면 방탕한 삶은 소비하고 탕진하고, 질서와 규율 대신 혼돈과 비도덕을 취하기 때문입니다. 그것은 극단의 삶으로서 자신을 내던지는 삶이기도 합니다. 그래서 그의 삶은 불행

잔혹한 성행위가 벌어지는 밀실공간

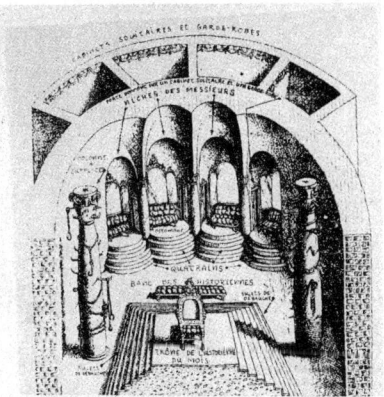

95 Ramon Alejandro, imaginary view of the *salon d'assemblée* in the Château de Silling.

소설 〈실링의 성〉에 묘사된 공간

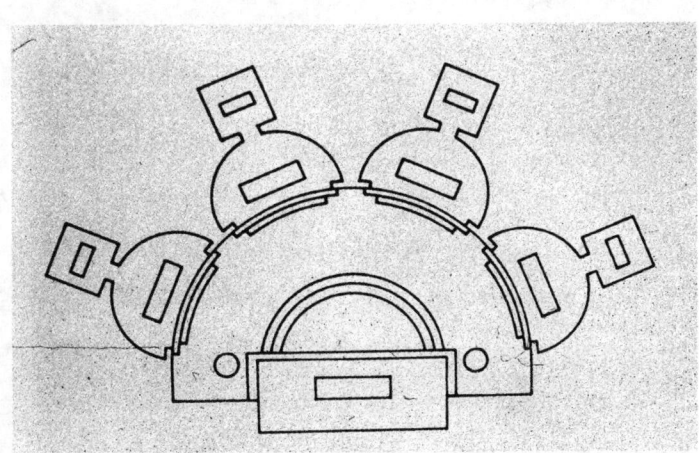

그 공간의 평면 배치

할 수밖에 없었습니다.

사드의 삶이 가능한 것은 아주 특별한 공간에서입니다. 그것은 합리화된 생산의 공간, 질서의 공간의 반대편에 있는 공간입니다. 그 두 공간은 서로 무관한 것이 아닌 동전의 양면 같은 것이죠. 공적 공간과 사적 공간의 분리만큼 근대적인 현상도 없으니까요. 그가 꿈꾼 삶처럼, 그가 꿈꾼 공간은 현실의 삶에서 결코 허용될 수 없는 상상과 환상의 공간으로, 실제의 공간이라기보다는 우리 머리 속이나, 예술에서 가능한 유토피아의 공간입니다. 그리고 그러한 사드의 공간은 어떤 면에서 르두의 공간, 르페의 공간과 만나고 겹칩니다. 그들은 혁명기 근대 안에서 특수한 위치들에 있었으니까요. 거기서 그들은 근대적인 공간의 여러 형태를 남보다 먼저 경험하거나, 상상으로 그리고 있었던 것입니다.

6

프랑스 혁명기에 파리의 하늘 밑에서 서로 모르고 살았던 르두, 르페, 사드는 근대성의 희생자들이면서, 동시에 근대성을 대변하는 예술가들입니다. 시대의 희생자로서 불우한 삶을 살았고, 기성 체제에서 주변인으로서 살며, 기존 담론의 공간에 자기의 이야기가 끼어들 자리를 허용받지 못했던 인간들입니다. 하지만 유토피아적 환상을 펼치며 대안적 사회의 청사진을 그렸고, 도래하는 근대와는 또다른 세계를 끊임없이 희구하고 꿈꾸었습니다. 그런 면에서, 이 세 사람은 환상가이고, 예언자일 뿐 아니라, 근대에 대한 비판자이기도 합니다. 역사 속에서 망각되었다가 재발견된 데에는 그런 까닭이 있습니다.

우선 저는 이 세 사람에게서 나타나는 섹슈얼리티, 에로티시즘, 포르노 그라피에 주목하고 싶습니다. 그들이 이것들에 대해 보이는 태도는 참 흥미롭습니다. 은밀한 인간의 쾌락까지 관리하고 훈련하는 르두의 오이케마 Oikema, 지극히 개인적인 어투로 육체와 건축을 연결시키면서 기성 체제를 조롱하고 유머러스한 성적 환상으로 유도하는 르께, 합리적 사회 질서에 도전하고 저항하는 전략으로서 취한 사드의 도발적인 성은, 저마다 근대에 들어선 성의 여러 모습으로 읽을 수 있습니다. 육체와 쾌락의 문제가 개인의 차원이 아니라 사회의 차원에서 다루어지고 길들이려는 것이 근대적인 현상이라면, 이들의 텍스트는 그것과 관련하여 여러 방식으로 읽혀지고, 다양한 해석을 가능하게 하는 것 같습니다.

또 하나 연관해서 볼 것이 공간인데, 이들의 텍스트에서 나타나는 공간 역시 순수한 예술 공간이 아니라 생산, 노동, 권력, 지배, 질서, 육체, 프라이버시와 불가분의 관계를 가진 공간들이라는 것입니다. 다시 말하자면, 이들 주제가 바로 근대적인 사회와 삶에서 제기되는 것들이고, 그것은 근대적인 공간의 생산을 통해서, 혹은 특수한 공간적 성격을 통해서 다양하게 발현되는 것입니다. 그것의 구체적인 분석을 위해선 또다른 자리가 필요하겠죠.

마지막으로 그들은 예술가로서도 독특한 전략을 취했습니다. 기성 예술(건축)의 관행과 의미가 붕괴되는 정체성 위기의 시대에, 그들은 당시의 일류들처럼 과거 예술의 권위와 어법에 기대지 않고 놀라운 상상력과 혁신적인 수법으로 새로운 텍스트를 생산해냈습니다. 그리고 그것은 기성 예술을 해체시키는 것이기도 했습니다. 그런 일이 가능했던 것 역시 그들의 특수한 위치와 연결해서 설명할 수 있습니다. 그들은 주변인적인 위치에 머무는 대가로 예술적 자유와 상상력을 부여받은 셈이니까요. 그러면서도 당대 사회에서 예술가의 반열에 오르지 못한 그들이, 소위 '작가의 죽음'이 횡행하는 우리 시대에 다시 거론되는 이유는 무엇일까요?

더 읽을 만한 책들

미셀 푸코, 오생근 옮김, 『감시와 처벌』(나남, 1994)

너무나 잘 알려진 이 책은 '감옥의 역사'라는 부제가 붙어있기도 한데, 근대에 들어서 권력이 인간의 신체와 육체를 어떻게 감시하고 처벌했는지, 그리고 그럼으로써 어떻게 근대적 인간으로 길들였는지를 보여주는 책이다. 건축과 관련하여 흥미로운 것은 그것이 공간의 배치와 구획+을 통하여 실천되고 있음을 다양한 도판을 통하여 푸코가 보여주었다는 점이다. 특히 판옵티콘의 공간—권력 관계의 사회적 함의는 건축사 연구에도 큰 자극을 주었고, 건축을 보는 새로운 눈을 열어주었다고 평가할 수 있다. 그 영향 아래 이 시대 건축에 대한 많은 생산적인 연구가 결실을 맺었다.

가라타니 고진, 김재희 옮김, 『은유로서의 건축』(한나래, 1998)

최근에 한국 지성계에서 주목받고 있는 일본의 문학평론가 가라타니 고진은 이 책에서 서구 사상사, 철학사를 건축이라는 키워드를 사용해 거시적으로 파악하고, 다시 그것을 해체하는 작업을 수행한다. 따라서 이 책은 건축에 관한 책은 아닌데, 건축에 관심있는 이에게도 흥미있고 유익하게 읽힌다. 서구 사상사는 부분과 전체가 시종여일한 장내하고 완결된 건축물을 구축하려는 의지였고, 그것이 현대에 와서 위기에 처했음을 고진은 흥미롭게도 일본의 세계적인 포스트모던 건축가인 아소자끼의 책을 읽으면서 깨닫는다. 일본 문화의 각 분야의 대화의 수준을 가늠할 수 있을 것 같아 부럽기 그지없다.

E. Kaufmann, *Three Revolutionary Architects* (American Philosophical Society, 1952)

역사 속에 망각되었던 블레, 르두, 르께를 발굴하여 서구건축사에 복권시킨 역사적인 연구서이다. 그는 세 사람의 건축가를 모던 건축의 선구로 보아 '혁명적'이라고

평가하는데, 이는 오늘날의 관점에서 다소 어폐가 있지만 그들이 근대적인 감수성을
예언자적으로 제시했다는 점은 부인하기 어렵다.

A. Vidler, *Claude-Nicolas Le Doux* (MIT Press, 1990)

영어권 학자 중 이 시기에 대해 가장 활발히 연구하는 건축 사학자 중의 하나인
안토니 비들리(현대 UCLA의 교수)의 르두에 대한 폭넓고 깊이있는 연구서이다.
영어로 된 르두에 대한 최초의 본격적인 연구 성과이다.

A. Vidler, *The Writing of the Walls* (Princeton architectural Press, 1987)

프랑스 혁명 전후, 즉 18세기 후반, 19세기 초엽, 근대 초기의 유럽 건축, 특히 프랑스
건축을 분석하고 해석한 뛰어난 연구서이다. 최근의 신사학의 방법들을 수용하고,
건축을 사물이나 형태로서가 아니라, 담론이 담긴 텍스트로서 연구함으로써 현재의
시각으로는 쉽게 이해가 안 되는 이 시기의 건축적 사유와 방식들을 시대적 배경과
관련 하에 빼어나게 묘사하고 있다. 이 책을 통해 건축의 근대적 사유가 당시의
과학, 지식, 권력은 깊이 관련을 맺으면서 어떻게 사회 문화적 변화 속에서 생성되고
고유한 담론으로 성장하였는지, 그리고 그것이 실제 건축에서 어떻게 나타났는지
설득력있게 설명하고 있다.

A. Braham, *The Architecture of The French Enlightenment* (U. of Califonia Press, 1980)

혁명기를 살아간 르두, 르께, 블레의 건축의 이면에는 당시를 풍미했던 계몽주의
사상이 중요한 배경으로 자리잡고 있다. 계몽 사상이 당시 프랑스 건축에도 심대한
영향을 미쳤으며, 백과전서에도 건축에 관한 상세한 해석들이 들어있기도 하다. 이
시기의 주요 건축가들과 건축 이론, 건축물들을 비교적 상세히 소개하고 있다.

JUSTICE du PEUPLE

LA COMMUNE

2

파리 꼬뮌 : 두 명의 꼬뮈나르, 맑스와 랭보

이 글을 쓴 **서동진**은 연세대 사회학과와 동대학원 사회학과를 졸업하고 현재 성공회대 강사로 있다. 하지만 우리가 더 자주 접할 수 있는 그의 직함은 아무래도 문화평론가라는 것이다. 또한 계간 『리뷰』 편집위원이자, 서울퀴어영화제 집행위원장 겸 프로그래머로도 활동하고 있다. 『록, 젊음의 반란』, 『누가 성정치학을 두려워하라』등의 책을 썼고, 옮긴 책으로는 『섹슈얼리티, 성의 정치』가 있다. 곧 『동성애와 현대성』을 출간하고 『성자 푸코』 등을 번역 출간할 예정에 있다.

1

맑스와 랭보라는 나란히 놓여진 이름, 어쩌면 서로 어긋나고 밀치는 힘이 더 세게 느껴지는 두 사람, 이 두 이름을 과연 나란히 놓을 수 있을까요? 또 그 둘을 붙여 놓아야만 할 이유가 있을까요? 어쩌면 지금껏 이 각각의 인물을 절대 추앙했던 이들에겐 이런 비교가 서로에게 모두 마뜩찮은 일일 것입니다. 역사, 진보, 계급 투쟁, 공산주의, 유물론 등의 개념에 익숙한 맑스주의자들이라면, 랭보란 이는 (묵살할 수 없지만) 적어도 그리 '땡기는' 인물은 아닐 것입니다. 랭보를 사랑하는 이들 역시 그럴 것입니다. 그들에게 역사란 말만큼 지겹고, 또 필연이란 말만큼 구질한 말은 따로 없을 것입니다. 그들은 랭보의 시늉을 내며 역사란 말에선 쉰 내가 난다고 할지도 모릅니다. 랭보를 숭배하고, 맑스에게 의지했던 이들은 겉보기엔 어쩌면 전혀 다른 종류의 사람들인 듯 보입니다. 동시대에 살았던 이 두 인물은 어쩌면 서로를 경원했을지도 모릅니다. 따라서 동시대를 살았던 이 둘 사이의 상상적인 불화, 어쩌면 그 둘 사이에 우리가 그려놓은 무관심은 너무 넓고 깊어 서로 조우할 어떤 이유마저 없을지도 모릅니다. 하지만 이 둘을 대면할 수 있도록 하는 것이 있다면, 또 그것이 제법 의미있다면 그 역시 흥미로운 일일 수 있습니다. 이 글은 이렇게 서로에게 무관심했던 맑스와 랭보의 만남을 주선하려 합니다.

랭보하면 단박에 떠오르는 것들이 있을 겁니다. 아마 다들 나름껏 그와
접속시킬 수 있는 많은 이미지들이 있겠죠. 저에겐 이렇습니다. 저에게 랭보
란 베를렌느, 파리 꼬뮌, 압상트주, 아름다운 반항적 소년, "오, 성이여 계절
이여"로 이어지는 과장된 시구, 초현실주의자들, 비트 세대의 시인들 같은
지하세계의 문학가들, 그리고 또 그들과 너무나 짝을 잘 이루는 빈항적인
록커들, 특히 뉴욕의 패티 스미스 Patti Smith와 그녀의 <랭보는 죽었다
Rimbaud dead>란 노래, 그리고 그 스스로 랭보의 재림이고자 했던 <도어
즈 the Doors>의 짐 모리슨 Jim Morrison과 그의 주술적인 노랫말들, 또
축제로서의 혁명을 옹호하고 만끽했던 1968년 5월의 혁명, 또 디카프리오가
랭보 역을 맡았던 아그네츠카 홀란드 감독의 <토탈 이클립스> 같은 것 따위
입니다. 하지만 불행하게도 맑스를 위한 노래는 없고, 시도 없으며 그를
사랑하고 그의 무덤을 찾아 꽃을 던지고 촛불을 밝히는 이들도 없습니다.
우리는 둥그런 후광이 깃든 것 같은, 창백한 흑백의 근영 속에 갇힌 맑스의
사진 한 장만을 덩그라니 가지고 있을 뿐입니다. 게다가 그는 1989년에 동구
권이 붕괴된 이후, 이제 그 효력을 다한 공산주의의 화신으로 조롱 받고
또 무시되고 있기까지 합니다. 물론 우리는 국제 사회주의 운동이나 현실
사회주의와 맑스주의, 나아가 맑스 자신의 고유한 사고, 혹은 자본주의에
대한 담론을 구분할 수도 있습니다. 그래서 지금 같은 때일수록 더욱 열심히,
또 거듭 맑스를 읽고 독파해야 한다고 설득할 수도 있습니다. 누가 뭐래도
자본주의에 대한 비판은 청산될 수 없고, 따라서 그 자본주의 체제에 대한
비판의 가능성을 가장 강하게 지폈던 맑스의 가능성 역시 아직 청산되기엔
멀었기 때문입니다.

하지만 어쨌든, 비록 그가 '지킹엔 논쟁' 같은 데 가담하고 또 낭만주의 문학에 깊은 관심을 보였다 하더라도, 우리가 알고 있는 맑스는 심미적인 맑스가 아닌 건 분명합니다. 그는 엥겔스와 함께 독일, 영국, 미국에서 유럽을 비롯한 서구의 혁명을 주시하고 분석했던 혁명가였고, 또 산업 혁명 이후 그 정점에 달한 자유 경쟁 단계의 자본주의의 그 순수한 모습을 해부하려 했던 이로만 기억되어 있습니다. 물론, 우리는 그를 적잖이 지루하고 답답한 사람으로 상기하기 십상입니다. 당연히 우리는 그가 자신의 생애 막바지에 불타올랐던 수많은 문화적 실험들에 깊은 관심을 보이지 않았던 것을 극히 유감스럽게 생각할 수 있습니다. 알다시피 19세기 후반부는 바로 문화, 그 가운데서도 예술이 마침내 완전히 자립하여 사회에 대해 중요한 자의식을 털어놓기 시작한 시기였습니다. 우리가 지금 생각하고 있는 예술에 대한 독특한 관념, 이를 테면 칸트 같은 이의 유명한 이야기처럼 세 가지 지식의 형태 가운데 하나로 분류된, 독자적인 지식으로의 미에 대한 지식이라는 관념은 분명 19세기 후반에야 널리 자리잡았던 생각입니다. 칸트는 자연에 대한 우리의 과학적 지식, 그리고 도덕이나 법률과 같이 사회를 구성하고 조절하는 지식에 덧붙여, 그와 다른 또다른 종류의 지식으로 미에 관한 지식을 정의합니다. 물론 이는 전에 없던 새로운 사고였고, 또한 이는 우리가 흔히 현대라고 부르는 사회의 특성 가운데 하나일 수도 있는 것입니다. 그런데 이런 지식의 분화가 사회 속에서 하나의 독자적인 제도로 등장하는 것, 나아가 그것이 사회 자체에서 분리되는 것을 넘어 사회에 반하는 것으로 자신을 주장하게 된 것은 바로 상징주의자들에 와서입니다. 물론 이전에도 예술이 있었지만 그 예술은 제의적 기능, 사교적 기능 등을 가진 공동체나 궁정의 일상 가운데 일부였지, 그 자체 독특한 내용을 갖고 전문적인 전업 예술가들이 그 형식에 대해 깊은 자의식을 지녔던 현대의 예술과는 다른 것이었습니다. 어쨌든 이에 대한 장황한 이야기는 피하기로 하고, 이런 심미적인 것의 자율화, 혹은 전문적인 지식으로서의 예술(가)의 탄생이 맑스의 직접적 관심사가 아니었다는 점을 확인해 두기로 하겠습니다.

그렇다면 랭보는 어땠을까요? 당연히 시인이었던 랭보는 바로 그런 예술의 독립, 심지어 해방이라 부를만한 변혁의 가상 앞사리에 서 있습니다. 사람들은 흔히 랭보를 보들레르로부터 시작된 상징주의의 계보에 넣곤 합니다. 그와 비상한 관계에 있었던 베를렌느나 후일의 말라르메 역시 모두 상징주의에 속합니다. 상징주의엔 여러 특징이 있습니다. 이를테면 자연 내부에 이미 존재하는 자연의 조화로움과 완성된 자질을 발견하고, 이를 표현하는 것이야말로 예술이라 간주하던 전 시대의 이상을 환멸한다는 점에서 이들은 모두 같습니다. 이를 테면, 전 시대의 예술이 가지고 있던, 심지어 스스로 현대의 합리주의에 반했음에도 불구하고, 이모저모 전 시대의 예술의 내용을 좇았던 낭만주의와 달리, 이들은 현실의 재현을 염두에 둔 모든 것을 철저히 회피했습니다. 이들만큼 전 시대 예술의 강령이던 교훈이나 미사여구, 객관적 묘사에 거리를 둔 이들도 없을 것입니다. 물론, 이 점은 이들뿐만이 아니라 거의 모든 현대 예술이 공유하는 정신이고, 심지어 예술의 현대성이라 할 만큼 일반적인 것입니다. 하지만 누가 뭐라 해도 상징주의자들, 특히 보들레르–랭보–말라르메로 이어지는 이들이 바로 이런 원칙을 의식했고, 또 선언했으며 발동했음은 부인할 수 없는 분명한 사실입니다. 동시대의 사람들에게 기이하고 괴팍한 형식 해체자 혹은 전통 파괴자로 비난받고 오해받은 고독한 예술가란 인상은 아무래도 이들에게서 시작되지 않았나 싶을 정도입니다.

하지만 이런 태도는 익히 우리가 알고 있는 예술의 사회적 성격과는 크게 대립됩니다. 고약하게 말하자면, 우리는 이들의 생각을 '예술을 위한 예술'로, 사회에 대한 부정성을 갖지만 자기폐쇄적인 예술가들의 독백적인 유희로 치부할 수 있습니다. 그렇게 보자면, 맑스가 현대와 맞서며 제시했던 태도는 이들에게 너무나 거리가 멀어보입니다. 거칠게 말하자면, 맑스는 분리된 사회의 자율성을 고발하고 이를 현대 자본주의 사회가 지닌 구조적 모순의 효과로 보려했던 것으로 알려져 있습니다. 그런 맑스의 눈을 통해 본다면, 상징주의는 그 구조적 모순을 보지 못한 채, 사회로부터 초월한 예술이라는 망상에 사로잡힌 부르주아적 이데올로그들의 말 잔치에 불과할 것입니다. 특히, 이후 맑스의 입장을 쫓았던 민중적 사실주의나 사회주의적 사실주의의 입장에서 볼 때, 이만큼 패덕한 것은 달리 없을 것입니다. 그리고 물론 랭보 역시 이에 예외일 수가 없을 것입니다. 그렇게 보자면 맑스와 랭보의 우회적인 만남을 주선할 수 있다는 생각은 엉뚱할 뿐더러, 괜한 호기처럼 여겨지기까지 합니다.

2

하지만 우리가 조금만 시선을 바꾸면 사태는 달라집니다. 맑스와 랭보가 서로 조우하는 자리가 있을 뿐 아니라, 그 자리는 그 둘에 대한 우리의 생각을 달리 정의할 수 있도록 하는 매우 의미심장한 공간일 수 있기 때문입니다. 그 자리를 위해 우리는 맑스주의를 창립하고 발언했던 맑스로부터, 변화무쌍한 역사적 현실을 통해 자신의 주장을 가다듬고 변형시켰던 '역사적' 맑스를 내세워야 할 것 같습니다. 또 랭보 역시 상징주의의 계보 속에서 박제화

된 미학적 이념의 현현으로서의 랭보가 아니라, 또 사회의 규범을 위반하면
서 그 위반이 가져오는 고독으로 상처입은 소시민적 낭만주의자의 마스코
트인 랭보가 아니라, '역사적' 랭보가 되어야 할 것 같습니다.

　제가 여기에서 염두에 두고 있는 역사적 맑스와 역사적 랭보는, 다름아닌
파리 꼬뮌의 맑스와 랭보입니다. 다들 아시겠지만 맑스와 랭보는 동시대의
인물이었습니다. 그리고 이 둘이 함께 마주할 수 있는 자리 역시 파리 꼬뮌일
수밖에 없습니다. 이 둘은 모두 파리 꼬뮌에 관여했던 바 있습니다. 먼저
맑스는 아직 걸음마 단계에 있었지만, 유럽의 프롤레타리아 계급과 그들의
노동 운동의 지도자로 괄목할만한 움직임을 보이던 <국제노동자협회>의
일원이었습니다. 노동 조합은 물론이려니와 상호부조 조합을 비롯한 잡다한
노동자 조직들이 망라되어 있던 이 조직에서, 맑스는 잘 알려져 있듯이,
그 조직의 주요한 문서를 집필하고 또 그 조직의 입장을 결정하는 데 중요한
일익을 담당했습니다. 당연 파리 꼬뮌도 <국제노동자협회>의 관심사가 아
닐 수 없었습니다. 맑스는 그 누구보다 프랑스의 계급 투쟁과 노동자 계급의
활동에 깊은 관심을 가지고 있었습니다. 그것은 이른바 맑스가 쓴 일련의
글들, —— 프랑스 혁명에 관한 3부작이라 알려진 ——『프랑스에서의 계급
투쟁』,『루이 보나파르트의 브뤼메르 18일』, 그리고『프랑스 내전–파리 꼬
뮌』등에서 뚜렷이 나타납니다. 랭보는 맑스보다 더 직접적입니다. 걸핏하면
자신이 살던 숨막히는 시골 마을 샤를르빌에서 달아났던 랭보는 파리 꼬뮌이
탄생하던 즈음 직접 파리로 달려가 그에 가담했습니다. 그리고 그곳에서
노동자와 민중을 위한 시를 썼으며(그는 생시몽 류의 사회주의자였던 것으
로 알려져 있습니다), 또 노동자와 민중들은 그에 화답하여 그것에 곡을
붙인 샹송을 불렀습니다. 그는 파리 꼬뮌의 72일간에 열광했고, 그 혁명의

와중에서 그의 시론을 가다듬기도 했습니다. 이른바 견자 見者로 알려진 그의 시론은 파리 꼬뮌이 없었다면 상상하기 힘든 이야기일 것입니다.

그러나 파리 꼬뮌이라는 혁명적 사태에 가담했다는 사실만으로 이 두 명의 인물을 이어줄 충분한 이유가 성립되는 것은 아닐 것입니다. 이 두 인물이 파리 꼬뮌에 가담했다는 것은 그저 호사가들의 입맛에나 어울리는, 흔히 역사 속에서 볼 수 있는 낭만적인 삽화에 불과합니다. 따라서 이 둘의 차이 혹은 어긋남을 이어주는, 어쩌면 이 둘의 호응을 보여주는 사태로서 파리 꼬뮌을 바라보기 위해서는 잠시 파리 꼬뮌에 대한 우리의 생각을 정리해 볼 필요가 있겠습니다. 결론부터 미리 말하자면 저는 '열정적인 대중의 존재'란 개념으로 파리 꼬뮌을 분석해 볼 참입니다.

파리 꼬뮌이란 축제, 해방적인 자유의 도가니, 시인이며 혁명가이고 노동자이며 정치가인 모든 이들의 도시, 모든 이의 자유로운 발전이 곧 스스로의 자유로운 발전이 되는, 극명한 이상의 순간적 도래로서, 우린 그렇게 가끔 꼬뮌을 축복하고 추억합니다. 물론 그 붉은 추억은 반쯤 옳고, 또 여전히 반쯤 생명을 버틸 것처럼 보입니다. 우리가 알고 있는 프랑스 혁명의 궤적은 이렇습니다. 1789년 바스티유 감옥의 습격, 삼부회의의 소집과 파행, 그리고 거부로 이어진 프랑스 혁명의 열풍 속에서 부르주아 계급의 의회인 국민의회가 수립됩니다. 그리고 이 국민의회의 수립이라는 부르주아 혁명의 드라마는 1830년 왕정복고로 뿌리째 뽑혀버립니다. 하지만 그에 뒤이은 1830년의 7월혁명은 입헌왕제파에게 승리를 안겨주었습니다. 다시 1848년의 2월혁명에서는 부르주아 공화파가 성공을 거둡니다. 하지만 그로부터 얼마 후, 1851년 스스로를 새로운 황제로 참칭한 나폴레옹의 조카 루이 필립이 보나파르티즘에 바탕한 강력한 정부를 수립하여 그 혁명을 다시 물거품

민중의 정의, 꼬뮌

으로 만듭니다. 그리고 1871년 느닷없이, 벌거벗은 모습으로, 섬광처럼 파리 꼬뮌이 나타났다 이내 곧 스러졌습니다. 이 연대기에서 파리 꼬뮌은 부르주 아 혁명이라는 긴 여정의 끝에 그 한계와 모순을 고지하고 폭발하면서 끝나 고야만, 절정, 종합, 혹은 최종적인 판단으로 보입니다. 즉, 그것은 이제 최종 적으로 완성된 부르주아 혁명의 끝에서 돋아난, 실패했지만 그럼에도 불구 하고 곧 다가올 미래를 예고하는 혁명의 배아 胚芽로서 이해되는 것입니다. 이는 이제 부르주아 혁명은 완성되었고, 그 내부의 기본적인 모순인 부르주 아 계급과 프롤레타리아 계급의 적대가 새로운 혁명을 시작할 것이라는 식의 입장입니다. 이런 생각은 프랑스 혁명을 부르주아 혁명으로 보았던 기존의 주류적 해석이 한결같이 공유했던 입장이고, 여전히 그 입장은 많은 설득력을 갖고 있습니다. 물론, 맑스 역시 이런 해석을 부분적으로 거들고 있는 편이라고 할 수 있습니다.

하지만 프랑스 혁명과 그 이후의 경과에서 파리 꼬뮌과 관련된 문제, 특히 제2제정, 그중에서도 이런 제2제정을 특징짓는 보나파르트의 집권과 그 위기를 예의 주목할 필요가 있습니다. 파리 꼬뮌의 의미를 축제적인 혁명 이며, 프롤레타리아트와 도시 민중의 혁명적 봉기라는 점에서 찾는 것은 분명 이유있는 주장이지만, 자칫 파리 꼬뮌이 갖는 고유한 측면을 간과해 버릴 위험이 있습니다. 막연하게 '억압과 착취가 있었으니, 봉기와 반란이 있었겠지' 하는 식으로 파리 꼬뮌을 재단하여 버린다면, 파리 꼬뮌은 별로 특별할 것 없는 수많은 민중봉기의 별들 속에서 반짝이는 별 하나에 불과할 것입니다. 파리 꼬뮌이 발발했던 제 측면을 그저 계급 투쟁이라는 순수한 도식의 적용을 통해 충분히 해명할 수 있다고 본다면, 그것은 사실 역사에 대한 백치가 되어버리는 짓일 것입니다. 혁명적 사태로서 파리 꼬뮌의 내용은 무엇인가, 거기에 얽힌 각 계급의 이해관계는 무엇인가, 단적으로 그 혁명은 어떤 사회적 내용을 재현하는가 하는 태도는 파리 꼬뮌을 이해하는 데 그다지 의미가 없을 수 있습니다. 맑스주의 사회학자인 앙리 르페브르는 파리 꼬뮌이란 축제, 혹은 파리 꼬뮌의 축제를 혁명의 스타일이라 불렀습니다. 그 말은 파리 꼬뮌에 대한 우리의 생각과도 일치합니다. 우리는 혁명의 내용이 아니라 혁명의 스타일에 관심을 가져야 하고, 그 점에서 파리 꼬뮌은 바로 혁명의 스타일이란 점에서 매우 의미심장한 가치를 지닙니다. 이것이 조금 엉뚱한 이야기처럼 비칠 것 같아 앞에서 말한 보나파르티즘에 대해 얘기를 해보도록 하겠습니다.

거칠게 말하자면, 보나파르티즘은 예외적인, 혹은 기형적인 통치 형태였으며, 또 정변의 결과였습니다. 나폴레옹 황제의 조카란 자가 자신의 임기가 끝나갈 즈음, 마치 마법처럼 쿠데타를 일으켜 프랑스 제2공화정을 찬탈한 것이 보나파르티즘이었습니다. 그는 어쨌든 맑스의 말처럼 그로테스크한 인물입니다. 자신들의 계급적 지배권이 상실될 것을 두려워한 상층 부르주아지에 반해 대담하게 보통선거제를 옹호하고, 스스로 감히 생시몽주의자인 척 황제 사회주의라는 망측한 이데올로기로 노동자의 요구를 무마하며, 또 혁명의 결과 자신에게 돌아온 한줌의 토지를 상실할 것을 두려워한 농민들의 열광적 지지를 받았던 자가 바로 나폴레옹 3세, 즉 루이 보나파르트였습니다. 물론, 우리는 이를 한낱 부르주아 계급의 대변인에 불과한, 한 사기꾼 정치가의 논변으로 치부하고, 문제는 그것의 계급적 성격이라고 주장할 수도 있습니다. 당연한 말이지만, 한 개인인 보나파르트의 성격과 그의 정치적 책략을 통해 보나파르티즘의 특성을 헤아리는 것은 무의미하고, 또 유치하기 짝이 없는 짓입니다. 하지만 그렇다고 그것을 단지 다른 얼굴을

한 새로운 부르주아 지배의 형태로 환원하는 것 역시 도움이 되지 않기는 매 일반입니다. 이런 점에 비추어볼 때, 위 두 가지의 해석을 모두 넘어서는 것이 맑스의 입장입니다. 『자본론』에 필적하는 맑스의 중요한 저작으로 간주되고 있는 『루이 보나파르트의 브뤼메르 18일』이란 저작은 바로 그 보나파르티즘을 정면에서 분석하고 있습니다. 이는 보나파르티즘의 반복이었던 1930년대의 파시즘을 두고, 고작해야 금융 독점 자본의 가장 반동적 분파의 폭력적 국가 형태라는 결론을 내린 채 파시즘에 대한 분석을 내팽개친 후대의 정통파 맑스주의자들과 크게 비교되는 것입니다. 그들이 파시즘의 특이성 혹은 개별성을 이해하지 못했고 파시즘의 반인종주의와 여러 가지 통치 테크놀로지를 그저 무시해도 좋을 지엽적인 문제로 치부했다면, 맑스는 그와 전혀 다른 모습을 보여줍니다.

1848년의 2월혁명은 금융 부르주아지와 일부의 산업 부르주아지가 결탁해 만들어낸 7월왕정을 타도하고, 사회적 공화국의 이상을 알리며 등장했습니다. 이것은 1789년의 혁명을 이끌었던 쌍퀼로트의 이념을 계승하는 새로운 공화제의 수립이었습니다. 하지만 이 혁명이 고지했던 사회적 공화국의 이상을 글자 그대로 좇았던 노동자들의 반란, 그러니까 6월 봉기는 여지없이 짓밟히고 부르주아 공화파는 노동자 계급과 민중을 배제한 자신들만의 공화 정부를 수립하고자 했습니다. 그리고 보통선거가 있었고, 우스꽝스럽고 평범한 인물이었던 루이 보나파르트가 대통령으로 선출되었습니다. 하지만 집권 초기에는 이른바 질서파로 불리우는 왕당파와 민주적 공화파가 연합하여 만든 의회에 휘둘리던 루이 보나파르트가 감쪽같이 쿠데타를 일으키고 황제로 등장하며, 제2제정이라는 또다른 반동의 문을 엽니다. 그렇다면 제2공화정은 왜 어이없게 1년도 채 지나지 않아 이 어리석은 황제에게 무릎을 꿇어야 했을까요?

맑스는 우리처럼 이런 의문을 풀어보고자 했습니다. 하지만 맑스의 주장은 우리가 안일하게 예상하듯, 그리고 엥겔스가 남겨놓은 이 저작에 대한 투박한 주석이 전달해 주듯, 제2공화국의 계급적 한계로 인한 필연적 좌절이라는 결정론으로 빠져든 것이 아니었습니다. 사실 그가 대면하고 있었고, 또 스스로 치밀하게 분석하였듯, 상황은 그리 간단한 것이 아니었기 때문입니다. 그는 사회적 공화국의 이념으로 시작되었던 2월혁명과 제2공화정이 보나파르티즘으로 이행해 나아갔던 과정을 이렇게 계열화시켜 분석합니다. 먼저, 보편적 형제애를 사취하며 제2공화국이 수립됩니다. 그리고 1848년 6월 노동자의 반란이 있자, 모든 계급이 일치단결하여 순수 부르주아 공화주의자들의 독재를 만들어냅니다. 그리고 이들만에 의한 제헌국민의회를 통해 보나파르트를 대통령으로 선출합니다. 다음으로 질서파, 즉 두 왕당파인 정통파와 오를레앙파가 제휴하여 만든 파당과 이에 연합한 보나파르트와의 투쟁에서 제헌의회가 패배하고, 공화주의적 부르주아지가 몰락합니다. 그리고 제헌 공화정이자 입법국민회의 시기가 도래하고, 이 과정에서 쁘띠부르주아 민주주의자들인 산악파가 파산합니다. 결국, 질서파의 의회주의적 독재가 수립된 것이죠. 하지만 당시 프랑스의 대표적 부르주아지였던 대토지 소유자와 금융 귀족들의 이해를 대변하는 이 질서파는 부르주아 지배의 완전한 승리를 굳힌 것이 아니라, 보나파르트와의 끝없는 갈등에서, 자신의 계급적 지배를 방어하려는 와중에서 계속 패배합니다. 결국 질서파는 의회에서 독립적 다수파로서의 지위마저 상실하고, 군에 대한 통제와 지휘의 권리마저 잃은 채 자신이 바탕하던 부르주아 계급으로부터 "입닥치고 찌그러져 있어"란 소리를 듣는 위치에 몰리게 됩니다. 그리고 결국, 이렇게 부르주아 계급의 지배를 지키려던 의회는 정작 원외의 부르주아지와 사회의 반항에 직면하여 힘을 잃고 궁지에 몰린 채 죽음에 이릅니다. 맑스가 요약한 대로라면, 이제 "의회주의 체제 및 부르주아 지배의 소멸, 보나파르트의 승리, 제국 복고의 서투른 패러디"가 당도하게 된 것입니다.

3

1848년의 2월혁명에서 보나파르티즘의 등장에 이르는 과정을 조심스럽게 들여다보면, 맑스가 가졌던 관심과 주의를 어렴풋하게 이해할 수 있을 것도 같습니다. 그것은 역사의 보편성·필연성으로서, 혹은 부르주아 계급의 국가 형태인 부르주아 독재의 완성이 아니라, 오히려 그 역 혹은 그 중단과 파열이라는 상황에 맞춰져 있습니다. 그리고 맑스는 많은 이들이 그의 생각을 이해한 것과 달리, 또 그즈음에 쓰여진 다른 글들, 특히 『독일 이데올로기』나 『공산당 선언』에서의 시원스럽고 명쾌하게 정리된 도식과 달리, 짓궂어 보일 정도의 호기심으로 보나파르트 체제의 등장을 살펴보고 있습니다. 다시 말해, "부르주아지의 정치적 지배가 부르주아지의 존속 및 안녕과 양립할 수 없음을 선언"하게 되는 과정을 맑스는 더없이 흥미있게 관찰하고 있습니다. 그리고 맑스는 이를 예외적인 상황이 아니라, 부르주아 정치의 구조적 특성임을 곳곳에서 암시하고 있습니다. 일단 저는 이것을 잠정적으로 '부르주아 정치의 재현적 성격에 대한 비판적 탐구'라고 정리하겠습니다.

　방금 얼핏 시사했듯, 보나파르티즘의 등장 과정에서 부르주아 의회는 역설적으로 자신의 계급적 지배를 파괴하는 상황으로 나아갔습니다. 그리고 그 스스로 룸펜 프롤레타리아트에 불과했으며 또 그들의 왕이었던 보나

맑스 Karl Marx(1818~1883)

파르트에게, 자신의 계급적 지배를 넘기는 역설적 상황에 처하게 되었습니다. 자신의 계급적 지배를 위협하던 노동자 계급과 쁘띠부르주아지를 구축하였으면서도 왜 부르주아 의회는 동시에 자신의 계급적 지배를 위협하는 상황으로 나아가야 했을까요? 이 점이 우리에게 가장 중요한 점입니다. 맑스는 이런 기이한 역설적 상황에 처한 부르주아 의회에 대해『루이 보나파르트의 브뤼메르 18일』에서 다음과 같이 말합니다. 조금 길지만 인용해 보도록 하겠습니다.

> 부르주아 계급의 지배가 조직되지 않았던 한에 있어서, 부르주아지 자신의 정치적 지배가 성숙되지 않았던 한에 있어서, 상이한 계급들간의 대립은 마찬가지로 **순수한 형태**로 나타날 수밖에 없었으며, 따라서 국가 권력에 대한 모든 투쟁을 자본에 대한 하나의 투쟁으로 전환하는 위험스런 양상은 나타날 수 없었다. 만일 부르주아지가 사회의 혼란함으로 인해 '평온'이 위협받는다고 판단했다면, 어떻게 그들이 하나의 유동적 체제 regime of unrest인 의회 체제를 자신의 체제로 이끌어 나아갈 수 있겠는가? 부르주아지의 대변인의 말을 빌리자면, 의회 체제란 투쟁 속에서 그리고 투쟁에 의하여 유지되는 체제라고 스스로 밝히고 있는 것이다. 의회 체제는 토론에 의해 지속된다. 어떻게 의회가 토론을 금지시키겠는가? 모든 이해관계, 모든 사회 제도가 의회에서는 개념으로 변하며, 관념으로 토의된다. [……] 부르주아지는, 일전에 '자유주의적'인 것으로 격찬해 마지 않던 것을 사회주의적인 것으로 비난함으로써, 자신의 이해관계의 준엄한 명령에 따라, 스스로 자기 자신이 지배의 대상으로 되어버릴 위험으로부터 탈출해야 한다는 것, 국가의 안녕을 되찾기 위해서는 부르주아적 의회가 무엇보다도 우선적으로 폐지되어야 한다는 것, 자신의 사회적 권력을 그대로 유지하기 위해서는 자신의 정치 권력이 파괴되어야 한다는 것, 개별 부르주아지가 여타 계급을

계속 착취할 수 있고 무한한 재산, 가족, 종교 및 질서를 계속 누릴 수 있기
위해서는 그들 계급이 다른 여타 계급과 함께 운명적으로 **정치적 부재** 상태를
선호해야 한다는 것, 자신의 지갑을 채우기 위해서는 왕관을 박탈해야 하나,
동시에 자신을 지켜주었던 칼이 일종의 다모클레스의 칼처럼 자신의 머리 위에
대롱대롱 매달려 있을 수밖에 없다는 것 등을 고백해야 한다.(강조는 인용자)

여기에서 맑스는 부르주아의 정치적 지배를 에워싸고 있는 모순을 매우
인상적으로 그려내고 있습니다. 먼저 그는 부르주아 정치 체제의 '재현의
역설'을 명료하게 요약하고 있습니다. 그것은 먼저 제2공화정의 역설입니
다. 제2공화정의 의회 제도는 부르주아 계급이 자신의 이해를 순수하게
표명하는 상황을 초래했습니다. 하지만 부르주아 계급이 자신의 계급적 이
해관계를 투명하고 또 순수하게 재현하면 할수록, 그 의회는 부르주아 계급
의 이해에 반하는 역설이 벌어집니다. 토론을 통해 조직되고 운영되는 의회
란, 결국 부르주아 계급이 원하던 평온에 반하게 되고, 부르주아지는 자신을
질서의 보편적 대표자로 정의하면서 나머지를 질서의 위협자, 사회주의자
로 호도하게 됩니다. 심지어 그것이 바로 얼마 전 자신이 그토록 옹호했던
자유·평등·박애의 이념이었고 자신에겐 너무나 중요했던 사활적인 신조였
다 해도 문제가 되지 않습니다. 또한 부르주아지는 자신의 정치적 관심을
내세우면 내세울수록, 정작 자신이 바탕하고 있던 계급과 멀어지는 역설에
처하게 됩니다. 원외의 부르주아지들은, 자신의 당파가 내세웠던 원칙을
지키기 위해 고집을 피우고 내각 및 관료제와 다투는 부르주아 의회를 환멸
하고 증오했던 것입니다. 그리고 그들은 자신이 만들고 옹호했던 의회를
저버리고 강력한 정부를 원하게 되는 배신을 감행합니다. 그리하여 부르주

아지는 "매 순간마다 가장 비열하고 편협한 개인적 이익을 위하여 부르주아 계급의 일반 이익——그들의 정치적 이익——을 포기"하도록 합니다. 이는 우리가 가진 순진한 생각을 뒤엎는 것입니다. 부르주아 의회 혹은 정치 제도는 자신의 계급적 이해관계 혹은 사회적 현실의 내용을 재현하는 것과 관계 없다는 것입니다. 즉 부르주아 계급이 자신의 이해관계의 내용을 재현하려는 시도를 할수록, 그것은 그러한 재현과 관계 없는 소란-동요-실패로 점철되고 또 궁지에 몰리게 된다는 것입니다. 이는 개별적인 부르주아의 이해와 부르주아 계급 일반 이해 사이의 차이이고, 또 사회와 그에 바탕한 정치의 차이입니다.

하지만 또 하나의 차이가 있음을 유념해야 합니다. 그리고 이 점이야말로 보나파르티즘을 이해하는 데 매우 중요한 열쇠가 됩니다. 맑스는 보나파르트를 소토지 보유농들의 황제로 불렀습니다. 이젠 아주 유명한 말이 되었듯이, "한 부대에 든 감자들이 감자 한 부대를 이루듯이" 소토지 보유농들은 프랑스 국민의 다수를 이루고 있었고 다양한 생활 양식, 이해관계 및 문화를 이루고 살아가고 있었습니다. 그리고 프랑스 말로 '라보엠'이라 불렸던 룸펜 프롤레타리아트가 있습니다. 그들은 줄기차게 "황제 만세!"를 연호하며 보나파르트를 지지하고, 또 그의 버팀목이 되었습니다. 자, 그렇다면 이들은 왜 보나파르트의 정치적 지지 계급이 되었을까요? 우리는 여기에서 또 하나의 차이를 볼 수 있습니다. 이를 자세하게 말하면 이렇습니다. 프랑스 혁명의 결과, 분할지를 가지게 된 소토지 보유농들은 이미 산업 혁명의 단계에 접어들었던 프랑스 사회에서 끊임없는 이행을 강요받고 있었습니다. 물론 그러한 소토지 소유에도 불구하고 새로운 정부가 부과하는 조세를 비롯한 여러 가지 착취에 반대한 혁명적 농민도 있지만, 대다수의 농민들은 보수적 농민이었습니다. 그들은 자신의 손에 들어온 토지를 어떻게든 근근이 지키려 했기 때문입니다. 혁명의 과정에서 부르주아지들은 자신의 성장을 가로막던 귀족과 성직자의 대토지 소유를 모두 분할하여 농민들에게 나눠주었습니다. 반半농노의 신분에서 착취를 받고있던 농민들이 마침내 자신의 토지를 가지게 된 것입니다. 하지만 토지가 농민들의 손에 들어온 후, 불과 얼마 되지 않아 농업은 점진적으로 악회되고 농민들은 점점 채무자들이 되어갔습니다. 지대와 이윤, 이자를 거둬 가는 도시의 부르주아지들이 이제 농민들의 새로운 적이 되었습니다. 부르주아지가 자신의 이해를 위해 봉건적 굴레로부터 해방시켰던 농민들이 이제 그들의 지배 대상이 되었던 것이고, 농민들은 거지떼로, 다시 말해 농촌의 룸펜 프롤레타리아트로 될 운명에 처해 있었습니다.

하지만 방금 말했듯, 농민들은 하나의 계급이지만 스스로를 대표할 수 없는, 즉 스스로를 재현할 수 없는 계급입니다. 그들에겐 "단지 지방적인 상호 관련만이 있고, 자신들의 이해관계의 일치가 그들 사이에 어떤 공동체도 국민적 유대도, 정치적 조직도 산출하지 못하는 한 이들은 하나의 계급을 형성하지" 않습니다. 결국 그들은 "스스로를 대표할 수 없으며 타인들에 의해 대표되어져야"하고, "그들의 대표자는 그들의 주인, 그들 위에서 군림하는 하나의 권력, 다른 계급에 대해 그들을 보호해주고, 저 높은 곳에서 그들에게 빗줄기와 햇볕을 보내주는 통치권으로 등장"하게 됩니다. 그러므로 "농민들의 정치적 영향력은 사회를 종속시키는 행정 권력에서 그 궁극적 표현을 찾게"되는 것입니다. 이것이 바로 농민들이 황제의 추대에 그토록 열광했던 이유입니다. 이는 물론 룸펜 프롤레타리아트에게도 예외가 아닙니다. 그렇다면 여기에서, 재현에서의 차이란 무엇일까요? 그것은 다름아니

라 사회의 내용 혹은 이해관계를 재현한다고 간주되는 정치 제도——여기에
서는 의회겠죠 —— 와의 차이입니다. 즉 농민들은 분명 하나의 계급이고
또 자신의 이해관계를 가지고 있지만, 자신의 계급을 형성할 수 없습니다.
이것은 자신의 이해관계를 재현할 수 없는 상황에 처하게 된다는 것입니다.
결국, 농민들은 자신의 이해관계의 재현과는 무관한 것을 통해 자신을 재현
하도록 되어 있습니다. 하지만 농민의 이해관계와 이해관계의 재현의 매개
사이에는 언제나 메울 수 없는 차이가 존재합니다.

　　지금까지의 이야기를 재현과 차이라는 쟁점과 관계하여 정리해 보면
이렇습니다. 먼저, 부르주아 계급이 있습니다. 이들은 자기 자신의 '일반적
의식과 이해관계의 재현'과 자신의 '개인적 이해관계' 사이의 차이에 의해
시달립니다. 제2 공화정 의회가 겪었던 변천은 끊임없이 자신의 계급적인
이해를 강화하고, 순수하게 자신의 이해를 관철하는 과정을 보여줍니다.
그것은 또한, 개별적인 부르주아지들 혹은 원외의 부르주아지들로부터의
분리를 강요받는 과정이기도 했습니다. 즉, 그 재현의 제도 혹은 대의의
제도가 정작 자신이 기반하고 있는 부르주아 계급 스스로와의 차이를 겪는
다는 것입니다. 이를 간략하게 줄여 말하자면, 부르주아지는 자신의 정치
제도와 항상 스스로 차이지워진 재현의 관계에 처하게 된다는 것입니다.
다시 말해, 그들은 자신을 재현하고자 하면 할수록 자신의 재현이 위기에
봉착하는 역설에 처합니다. 그러한 재현과 차이의 문제는 농민 계급과 룸펜
프롤레타리아 계급에게도 적용됩니다. 좀 거칠게 말하자면, 부차적인 계급
들인 이들 계급은 하나의 계급이지만 자신의 의식, 관념을 갖지 못한 채
존재합니다. 이런 의미에서 그들은 계급을 형성하지 못합니다. 결국, 그들은
사회의 정치 제도와 언제나 차이 속에 있습니다. 그들은 재현 혹은 대표의

꼬뮌의 전사

제도와 자신과의 관계에서 항상 차이를 각인받게 됩니다. 즉, 부르주아 사회
에서의 정치적 재현 그리고 문자 그대로 계급적 이해 혹은 사회적 내용의
표상은 항상 차이에 의해 시달리게 된다는 것입니다. 이는 지금껏 우리가
알고 있었던 '지배 계급의 계급적 이해관계를 보장하기 위한 도구'로서의
국가라는 입장과는 분명 다른 것입니다. 그 입장은 무엇보다, '그 사회의
내용을 이루는 계급 자신의 계급적 이해를 순수하게 재현하도록 해줄 수
있는 제도'라는 신념을 공유하고 있습니다. 물론, 이는 전위당이나 혁명적
정당론에서도 나타납니다. 노동자 계급과 일반 민중의 보편적 이해의 담지
자로서 혹은 사회의 필연적 변화와 이행의 의식화된 요소로서의 당이란
이론은, 무엇보다 순수한 재현의 가능성이란 미망에 사로잡혀 있습니다.

그렇지만 맑스가 위의 글에서 밝히듯이, 보나파르티즘에 대한 그의 분
석은 부르주아 사회의 정치 제도의 재현과 그 차이의 문제에 대한 분석에
바쳐져 있습니다. 이는 방금 말한 것 같이, 많은 이들이 맑스의 생각이라고
여겼던 것과는 매우 다른 주장입니다. 물론 보나파르티즘이란 예외적인 국
가의 한 형태에 불과하므로, 이것이 부르주아 정치에 대한 일반적 주장이
될 수 없다고 치부할 수 있습니다. 분명, 맑스의 분석은 특수한 역사적 상황
에 대한 분석의 사례입니다. 따라서 그런 이야기는 듣기에 따라선 그럴듯한
비판으로도 들릴 수 있습니다. 하지만 정상적인 부르주아 정치로부터의 이
탈이라고 간주되었던 그 현상이 계속 반복되었음을 돌이켜볼 때 이런 생각
은 쉽게 반박될 수 있습니다. 1930년대의 바이마르 공화국에서 파시즘으로
의 이행은 무엇보다 강렬한, 그런 역사적 반복의 사례일 것입니다. 하지만
이를 그리 극적인 사태에 한정할 필요는 없습니다. 계급적 이해의 재현과
그로부터의 차이의 관계는 현대의 부르주아 정치 변화의 어디에서도 그

설득력을 가질 것이기 때문입니다. 물론 우리는 1960년대의 4·19혁명과 그에 뒤이은 박정희 군사쿠데타 역시, 어쩌면 이런 보나파르티즘의 등장으로 흥미있게 분석해 볼 수도 있을 것입니다.

그렇다면 이러한 재현과 차이의 문제, 그리고 그로부터 초래된 재현의 위기를 보나파르티즘은 과연 어떻게 해결했던 것일까요? 물론 그것은 사회의 일반적 의지를 재현한다는 것을 통해서였습니다. 그는 부르주아시에 대해서는 질서를, 노동자 계급에 대해서는 황제 사회주의를, 농민에 대해서는 농민의 황제였던 나폴레옹의 재림이라는 환상을 통해 그 모든 차이를 메울 수 있었습니다. 하지만 이것이 하나의 상상적 해결책에 불과한 것임은 두말할 나위 없습니다. 이런 상상적 해결책을 마치 현실적인 해결책인 것으로 믿는 자들이 가끔씩 있습니다. 이것은 굳이 좌·우익에 관련된 문제가 아닙니다. 민중의 정신은 결코 대표를 통해서, 즉 의회를 통해서 표현될 수 없다고 믿었던 루소 같은 이부터 시작해, 오직 그 사회의 본질을 깨닫는 영웅에 의해서만 그 사회는 올바르게 통치될 수 있다고 믿었던 하이데거나 그 즈음의 수많은 정치적 낭만주의자들은 모두 이런 상상적 해결책을 실제의 정치적 제도의 존재로 착각했던 이들입니다. 조금 엉뚱하지만, 우리는 이를 얼마 전에 침뱉기 싸움으로 정신없었던 『조선일보』를 보는 우리의 입장에도 적용할 수 있지 않을까 싶습니다. 많은 이들이 『조선일보』를 보수적이라고 주장하지만, 그것은 오해입니다. 이런 생각은 마치 『조선일보』가 한 계급의 이해를 대변하고 있거나, 우리 사회의 가장 보수적인 부분의 이해관계와 의식을 대변하고 있다는 생각으로 이끌리도록 합니다. 하지만 정작 『조선일보』가 극우적인 것은 바로 그들만이 언제나 사회의 일반적 의지의 직접적 실현을 주장한다는 점입니다. 그들은 자신의 사회적 내용을 가지고 경쟁하거나 토론할 생각이 전혀 없습니다. 박정희 열풍을 선도한 데서 적나라하게 드러나듯, 그들은 단지 박정희라는 보나파르트가 보여주었던 사회의 일반적 의지를 대변하는 강력한 정부와 영웅을 필요로 할 따름입니다. 그들은 사회적 내용의 직접적 재현을 원할 따름이며, 따라서 그들은 사회를 초월한 혹은 사회에 군림하는 정치, 그러니까 정치 자체의 부재 상태를 염두에 두고 있을 뿐입니다. 이런 점에서 한나 아렌트가 파시즘을 두고, "그것은 아무런 사회적 내용을 갖지 않는 순수한 형식에 불과한 것"이라고 얘기했던 것을 돌이켜보는 것도 의미있는 일일 것입니다.

4

그렇다면 보나파르티즘에 대한 이런 생각은, 파리 꼬뮌에 대한 우리의 이해에 어떤 도움을 주는 걸까요? 저는 앞에서 파리 꼬뮌을 '열정적인 대중의 존재'란 점에서 분석하고 싶다 했습니다. 이제 그 이야기를 통해 파리 꼬뮌에 대한 생각을 밝혀보도록 하죠. 두말할 나위 없이 보나파르티즘은 보수적인 대중의 존재를 보여줍니다. 자신의 계급적 이해, 즉 제2공화정 시기의 사회적 내용의 재현과 그 차이의 순환 속에서 자신만이 그 모든 재현의 차이를 메울 수 있다고 자처하면서 등장한 보나파르티즘은 사실 보수적인 대중의 존재에 다름아닙니다. 여기에서 말하는 대중이란, 당연한 말이겠지만 다양한 계급의 집합체만을 뜻하는 것이 아닙니다. 대중은 말 그대로 현실 속에서 살아 숨쉬고 말하며, 자신의 현실과 이해관계를 상징화하는 대중입니다. 그들은 자신의 삶을 어떻게든 설명하고 해석하여 스스로에게 인식시키고, 또 타인에게 설명하는 대중입니다. 이러한 대중은 당연히 자신의 사회에서 부여받은 상징적, 또 같은 말이겠지만 언어적 조건에 갇혀있는 대중입니다. 물론, 사실상 어느 누구도 그렇게 쉽게 이 조건에서 탈출할 수 없습니다. 이런 의미에서 대중은 날마다 신문이나 TV에서 혹은 잡담꾸러미에서 마주하는 이야기들을 스스럼없이 삼키고, 또 그 이야기를 뱉고 감탄하며 분개하는 우리를 가리킵니다. 계급은 각각 자신의 객관적 계급의 이해를 갖지만, 그것이 언제나 곧바로 상징화될 수 있는 것은 아닙니다. 그런 의미에서 대중은 계급의 상징적 등록의 결과, 혹은 이데올로기 속에서의 계급을 말하는 것으로 볼 수 있겠습니다. 따라서 대중은 계급과 전연 다른 것은 아니지만, 그렇다고 앞의 것을 후자의 표현으로 볼 수만도 없는 차이를 갖고 있습니다(이런 생각은 루이 알뛰세르 같은 탁월한 맑스주의자에 의해 이미 간파된 바 있습니다). 그러한 상징화의 가능성에의 꿈, 재현의 사실주의적 꿈이 어떻게 부르주아 의회를 붕괴시켰는지, 맑스는 앞서 말한 책에서 생생하게 보여준 바 있습니다. 또 우리는 반대의 방향에서 그런 꿈에 농락당했던 과거의 공산주의 운동의 실패를 뼈저리게 기억하고 있습니다. 어쨌든 재현은 언제나 자신의 객관적인 이해, 혹은 사회적 내용과의 차이를 구조화하고 있고, 이것이 바로 부르주아 정치의 구조적 형식인 것입니다. 저는 그러한 점에서, 부르주아 정치의 구조를 감히 차이의 구조라고 불러도 된다고 생각합니다.

　그렇다면 보나파르티즘이 보수적인 대중의 존재를 보여주었다는 점도 쉽게 이해할 수 있을 것입니다. 보나파르티즘은 황제 사회주의, 질서의 수호 같은 이데올로기를 통해 재현의 차이, 혹은 재현의 위기를 상상적으로 해소했습니다. 당연히 그것은 보수적인 대중을 구성하는 과정이었습니다. 그렇다면 파리 꼬뮌은 어떤 의미였을까요? 바로 보나파르티즘이라는 상상적 해결책의 파괴입니다. 정신분석학의 용어를 들어 사용하자면, 대중들은 그러한 상상적 해소를 가능케 한 타자였던 황제와의 동일시를 거부했던 것입니다. 그리고 그러한 동일시의 거부는, 상징적인 영역에 등록됨으로써만 가능했던 사회적 교통 혹은 상호작용을 무너뜨릴 수밖에 없는 일입니다. 잘 알다시피, 우리는 상징계에 등록됨으로써만 한 명의 말하고 듣는 주체가 됩니다. 하지만 그러한 상징계로의 진입을 위해서는 어떤 절차가 요구됩니다. 이를 정신분석학의 용어로 말하자면, 배제와 거세의 과정입니다. 그런데 바로 그러한 배제와 거세의 과정은, 조금 투박하게 말하자면, 자신을 상징계에 등록하기 위해 자신을 부정하고 억압하는 일입니다. 정신분석학에서 말하는 상징적 주체가 되기 위한 과정으로서, 자신이 남근을 잃을 수 있거나 남근이 없다는 것을 외디푸스 콤플렉스를 통해 극복하여야 하듯이, 계급들은 자의적인 그 재현의 체계에서 자신과 자신의 재현 속에 차이를 만드는 것, 즉 상징적 거세를 실행해야 합니다. 그런데 불행하게도 그러한 상징계란 언제나 무의식이란 구멍을 가지고 있습니다. 그리고 재현 자체의 차이인 그 구멍은 절대 직접적으로 나타날 수 없지만 그런 구멍의 존재를 부정적인 방식으로, 즉 그 구멍을 메우는 것과의 동일시를 통해 상상적으로 메워질 수 있습니다. 그는 '나'이고, '우리'가 되는 것이며, 또한 전체의 화신이란 식으로 그 구멍의 존재를 메우게 됩니다. 바로 그 재현의 구조적 차이로서의 구멍은, 결국 부르주아 의회의 정치 자체의 폐지로 나아가는 역설을 설명해주는 열쇠입니다. 부르주아지는 그런 구멍이란 있을 수 없다는 듯이 직접적 재현의 이상을 좇았지만, 그것은 결국 재현의 위기를 적나라하게 드러내 보였고 그 구멍을 메우려는 대중의 시도를 초래하게 되었습니다. 그때 그 구멍을 메우려는 시도는 프로이트가 말한 바 있는 저 유명한 '억압된 것의 귀환'입니다. 즉 상징적인 주체, 재현될 수 있는 주체가 되기 위해 자신이 억압했던 것이 되돌아옵니다. 물론 그것은 어떤 직접적 실체를 가지고 있지 않고 다양한 사건을 통해 자신의 존재를 알릴 뿐입니다. 보나파르트가 그런 구멍의 존재, 억압된 것의 귀환을 상연했던 것이 그런 예입니다. 억압이란 바로 그 재현을 가능케 하는 조건이지만 동시에 그 재현이 언제나 불완전하다는 점을 근거지웁니다. 따라서 그것이 재현의 위기에 봉착하는 순간 억압된 것은 난데없이 돌아옵니다. 그때의 귀환이란 바로 그 공허, 좀더 약하게 말하자면 간극을 채우는 상상적인 해결책을 통해 상연됩니다.

그런데 우리는 이에 대한 정확한 반례를 파리 꼬뮌에서 볼 수 있습니다. 파리 꼬뮌은 바로 그러한 상상적 해결로서의 보나파르티즘에 대한 저항을 보여줍니다. 보불 전쟁의 과정에서 파리의 방위를 포기하고 심지어 프로이센과의 강화를 통해 정작 자신의 계급적 적이었던 노동자와 도시대중을 탄압하려는 정부에 맞서 노동자들은 봉기를 일으켰습니다. 얼핏 보면 그것은 대중의 각성, 즉 보나파르트 제정의 계급적 한계를 자각한, 그리고 그 보나파르티즘이 전유하던 상상적 힘으로부터 깨어난 대중의 비판으로 보입니다. 하지만 이미 앞서 이야기했듯, 그것은 파리 꼬뮌의 특성, 즉 그 혁명의 스타일에 대하여 아무런 값있는 설명이 되지 못합니다. 파리 꼬뮌이 전개되었던 상황은 프랑스의 역사에 면면이 흐르던 민중들의 저항 의지의 결과만도, 억압과 착취에 대한 대중들의 필연적인 저항만도 아니었습니다. 보나파르티즘이 제정 일반이기에 앞서 부르주아 정치 체제의 재현이 겪은 위기의 해결책이었듯이, 그러한 상상적 해결책인 보나파르티즘에 대한 대중들로부터의 반란인 파리 꼬뮌도 매우 특기할 만한 점을 가지고 있었습니다. 그리고 이 점이야말로 수많은 대중들의 봉기와 파리 꼬뮌을 구별시켜주는 점이기도 합니다.

그런 점에 착안하여 이제껏 밀쳐두었던 랭보의 이야기로 돌아가 볼 필요가 있습니다. 맑스가 파리 꼬뮌을 에워싼 상황에 대한 분석을 제시했다면, 랭보는 바로 파리 꼬뮌의 특성을 분석하고 통찰하고 있기 때문입니다. 이를 위해 잠시 랭보의 견지론見者論에 주목할 필요가 있겠습니다. 랭보 자신의 시론이자 상징주의 시인들의 강령적인 문서 가운데 하나인 이 짧은 편지글에서 랭보는 매우 놀라운 사고를 전개하고 있습니다. 다시 한번 강조하는 것이지만, 랭보는 이 글을 파리 꼬뮌의 시기에 썼습니다.

<1871년 5월 15일, 폴 드므니에게 보내는 서한>으로 알려진 그 견자의 편지에서, 랭보는 오만하기 그지없는 어조로 그의 글을 미래의 시에 관한 글이라 선언합니다. 그는 지금까지 존재했던 모든 시들, 그러니까 고대 그리스부터 낭만주의 이전까지의 모든 시들을 우둔한 세대들의 장난이자 무기력함이며, 또한 영광이었다고 조롱합니다. 그리곤 노래를 사상으로 이해했던 자들, 즉 재현으로 이해했던 자들에 의해 정당하게 판단 받지 못했던 낭만주의를 추켜세우며 다음과 같이 말합니다.

그러나 '나'란 하나의 타자입니다. 구리가 돌연 나팔로서 각성했더라도 구리에는 어떤 잘못도 없습니다. 그것이 저에게는 명약관화한 일입니다. 저는 지금 저 자신의 사상의 개화에 입회하고 있습니다. [……] 늙은 얼간이들이 '자아'에 대해 그릇된 인식밖에 갖지 않았다는 것 같은 일만 없으면, 우리는 구태여 그 수백만의 해골들을 쓸어낼 필요는 없을 것입니다.(강조는 인용자)

랭보는 여기에서 자아의 표현으로서의 시, 자아에 존재하는 균형과 조화의 인식으로서의 시라는 주장에 대해 욕설을 퍼붓습니다. 그리고 그에 대한 그의 반론은 매우 명쾌합니다. 그가 스스로 말하듯이, 나란 '타자'란 것입니다. 잘 아시겠지만, 여기에서 타자란 나를 제외한 이런저런 구체적인 사람을 가리키는 것이 아닙니다. 타자란 내가 존재하기 위해, 언제나 상상적 전체로서의 나와 생각하는 나(자아) 사이의 차이를 만들어내도록 강제하는, 그러니까 내 삶 속에 늘어와 있는 타자입니다. 따라서 위의 "나는 타자"라는 말은 '나와 남이 다르지 않은 하나'라는 막연한 동일시를 가리키는 것이 아니라, 나는 어쩔 수 없이 나이기 위해서 타자를 배제하고, 즉 그것을 배제하는 조건에서만 나의 존재와 사고를 유지한다는 것입니다. 그런 점에서 그것은 안에 들어와 있는 바깥입니다. 이것을 다른 말로 하자면, 나는 언제나 쪼개져 있다는 말이기도 할 것입니다. 그럼, 이런 생각이 그의 시에 있어 어떤 의미를 가지는 걸까요? 그리고 도대체 이런 생각이 미래의 시를 구상하는 데 어떤 의미를 가지는 것일까요? 그는 자신이 지금 비난한 시, 그러니까 타자가 없는 자아의 완결성을 믿는, 그래서 자신이 언제나 충분히 재현될 수 있다고 믿는 시를 주관적 시로 정의합니다. 그리고 자신이 그리는 미래의 시는 객관적인 시가 될 것이라 합니다. 잠시 다시 한번 그의 이야기를 들어 보도록 합시다.

　저는 말합니다. 견자여야 한다. 견자가 되어야 한다고.
　'시인'은 모든 감각기관에 걸친 광대무변하면서도 이치에 맞는 착란에 의해 견자 가 됩니다. 사랑, 괴로움, 광기의 모든 형태, 그는 모든 독소를 스스로 찾아 자기 속에 흡수하여 그 정수만을 보려합니다. 모든 신앙, 모든 초인적 힘의 도움을 필요로 하는 무서운 고문, 그것에 의해 시인은 대환자, 대죄인, 위대한 저주받은 사람——그리고 지고의 '학자'가 되는 것입니다! 이미지에 도달했으므로! 이미 다른 무엇보다도 비옥한 그의 영혼을 연마했으므로! 그가 미지에 도달하고 미칠 지경이 되어 본 환각의 지식을 마침내 상실하고 말 때에, 그때 그는 그 환각들을 보기는 본 것입니다! 이름을 붙일 수도 없으며, 전대미문의 사실에 깜짝 놀란 채 그는 나뒹굴어지기를: 가공할 다른 노동자들이 대신 올 것이다. 전자가 쓰러진 그 지평에서부터 그들은 일을 시작하는 것입니다!

조금 뜬구름 잡는 듯한 이 잠언조의 글을 읽고 여러분들은 그다지 큰 감흥을 느끼지 못할 수 있습니다. 방금 언급한 인용구는 사실 지금 우리에게 상식이 되어 있다시피한, 반사회적 예술가라는 의미를 울리는 듯 합니다. 이를테면 "시인은 대환자, 대죄인, 위대한 저주받은 사람이 되어야 한다"는 말은 흔히 우리가 예술가에 대해 갖는 인상 혹은 동경을 보여주는 말에 불과할 수도 있습니다. 하지만 이런 막연한 심상, 즉 사회로부터 오해받은 천재적인 영감과 혜안의 예술가라는 식의 생각을, 랭보가 제시하는 생각을 통해 다시 읽어보면 사태는 달라집니다. 랭보는, 그들 스스로 몰랐지만 낭만주의에 의해 이미 시작되었고, 그가 "최초의 견자, 시인의 왕, 진정한 신"이라고 말한 보들레르에 의해 본격적으로 시작된 견자의 시를, 우리가 지금까지 언급한 재현의 문제와 관련하여 주장하고 있습니다. 그가 시인이야말로 불의 도둑이라고 말했을 때, 그가 말하고 있는 불이란 바로 자아의 구성을 위해 배제한 바로 그 타자입니다. 우리가 딛고 서 있는 언어란 바로 타자의 배제를 통해 존재할 수밖에 없는 것이고, 시는 바로 배제된 타자를 언어 속으로 진입시키는 것입니다. 그 까닭에 그런 시를 쓰는 이들은 정상적인 상징적 주체의 자리와는 다른 자리, 저주받고 환멸받는 자리의 주체인 환자

랭보 Jean Arthur Rimbaud(1854~1891)

이며, 죄인일 수밖에 없는 것입니다. 견자란 자아의 대립항이며, 또한 상징적 주체와의 대립항인 것입니다. 견자란 배제된 타자를 상징계 속으로 진입시키며 이를 위해 사물과 언어에 대해 새로운 노동과 실천을 시도하는 노동자입니다. 하지만 경험적인 자아에서 시적 주체를 분리하는 랭보의 주장을, 문학에서나 통용될 법한 이야기로 치부하는 것은 옳지 않을 것입니다. 지금까지 살펴보았듯이 그가 조준하고 있던 세계는 바로 그가 직면했던 문제를 고스란히 보여주고 있었기 때문입니다. 이렇게 볼 때, 랭보는 바로 부르주아 의회제가 보여주고 있던 재현의 위기를 문학적인 언어를 통해 간파하고, 이를 부르주아 사회의 성격으로 이해하고 있는 셈입니다. 부르주아 의회가 재현의 환상에 사로잡혀 자신의 재현을 구조화하는 차이를 보지 못한다면, 랭보는 그 간극을 타자로 확인하고 또 그 타자의 재현을 위한 실천으로서 견자의 시를 이야기하고 있습니다.

그렇다면 랭보가 보았던 파리 꼬뮌도 어쩌면 그의 시론을 통해 이해가 갈 듯도 합니다. 그가 보았던 파리 꼬뮌은 이미 존재하고 있던 해방적 의지가 마침내 출구를 찾아 분출한 것이 아니었습니다. 파리 꼬뮌은 대기하고 있던 의지와 의식이 하나의 호기를 만나 폭발한 것이라 볼 수 없습니다. 랭보의 시론에 비추어 보자면, 그것은 사회 자체의 일그러짐(데포르마시옹 deformation)이며, 또한 세계의 괴물 같은 변화입니다. 어떻게 그런 표현이 가능했을까요? 먼저 그것은 바로 파리 꼬뮌이 하나의 스타일로 빛났던 축제였기 때문입니다. 이것을 부르주아 사회가 추방했던, 직접적으로 모두가 하나가 되는 공동체의 되돌아옴이라는 식으로 해석하는 것은 별 의미가 없는 일입니다. 이는 고작해야 보나파르티즘의 균열을 또다른 형태의 상상적 해결책으로 메우려 했다는 식으로 이해하는 것과 크게 다를 바 없습니다.

하지만 사실, 많은 이들은 이런 식으로 파리 꼬뮌을 이해하기도 합니다. 관료적이고 중앙집중적인 정당에 의해 주도된 혁명이나 봉기와 달리, 파리 꼬뮌은 민중들이 어떤 매개도 거치지 않은 채 자신을 순수한 직접성 속에 나타냈던 것으로 보는 것입니다. 하지만 이는 보나파르티즘이 자신은 마치 재현이 아닌 듯이, 자신이야말로 사회의 일반적 의지를 직접적으로 표현하는 황제라고 참칭했던 것과 같은 논리를, 거꾸로 하지만 이번엔 매우 혁냉적인 분위기로 강변하는 것에 불과합니다. 혁명이란 근대 부르주아 사회의 합리주의가 만들어 놓은 소외되고 매개된 사회 관계를 중단시키는 축제여야 한다는 주장은 분명 음미할 가치가 있는 주장입니다. 하지만 그런 주장이 바로 직접적 재현의 환상으로 이어진다면, 요컨대 재현 자체의 소멸을 주장하는 것이라면, 우리는 그것이 매우 보수적일 수 있음을 지적해야겠습니다. 그것은 보나파르티즘과 전연 다를 바 없는 주장이기 때문입니다. 우리가 위에서 살펴보았듯, 재현의 위기를 상상적으로 해결하는 것 자체도 역시 하나의 재현임을, 그리고 억압된 것의 귀환을 통해 상연되는 재현의 한 형식임을 강조해둘 필요가 있겠습니다.

이 점에서 랭보는 매우 중요합니다. 그것은 랭보의 낭만주의에 대한 이해에서 정확하게 나타납니다. 랭보가 낭만주의자였다면, 그는 파리 꼬뮌을 바로 그러한 민중의 직접적인 존재로 상기하고 열광했을 것입니다. 하지만 랭보는 이미 그런 매개 없는 직접적 존재의 환상에 젖어있던 낭만주의를 비판하고 있습니다. 랭보는 낭만주의가 정확하게 포착하고 있었던 점, 즉 부르주아 사회가 재현과 그 재현을 위한 타자의 배제를 통해 이룩되어 있다는 점을 포착한 데에 십분 칭찬을 보냅니다. 하지만 그럼에도 불구하고, 낭만주의가 스스로에 대한 오해에 빠졌다고 비난합니다. 그것은 바로 매개가 없는 세계, 상징적 주체가 되기 위해 강요된 그 차이가 제거된 세계를 꿈꾸었다는 점 때문입니다. 그런 점에서 그들이 정작 의식으로, 즉 상징적 주체의 능력으로 포착할 수 없는 것을 감지했음에도 불구하고, 바로 그 주체를 위해 배제된 타자의 흔적이 마치 사회의 내용인 것인양 오해했다는 것입니다. 그들에게 있어서 중요한 것은 정작 내용이 아니라 그들이 재현의 형식에 낸 상처와 파괴였음에도 불구하고 그들은 여전히 그들이 무언가 억압된 것을 재현하고 있다고 믿었다는 것입니다.

그렇게 보자면 랭보가 생각하는 파리 꼬뮌 역시도 내용이 문제가 되는 것은 아닙니다. 그렇다고 이 말이, 현실은 사회의 내용을 무시해도 된다는 말로 곡해되어선 안될 것입니다. 재현 자체의 위기를 순전히 재현의 형식이 빚어낸 결과로 보는 것은 본말이 전도된 생각입니다. 현실이 재현을 통해서만 말 그대로 체험할 수 있는 현실이 된다는 것은 맞는 말이지만, 그렇다고 곧 현실은 재현을 통해서만 존재한다는 것은 아닐 것입니다. 현실은 재현된 것만큼 존재하는 것이 아니라 재현된 것, 혹은 그 재현을 의식하는 자아 속에서도 그 재현을 제한하며 존재합니다. 어쨌든 랭보는 이런 발상에서 자신의 시론을 전개합니다. 앞서 보았던 그의 견자시론에서 우리는 랭보가 견자란 죄인, 범죄자라고 얘기했던 것을 알고 있습니다. 사실 이런 그의 견자시론은 그의 시 속에서 더욱 두드러지게 나타납니다. 그는 자아의 감정을 표현하는 방법으로서 세상을 노래하지 않습니다. 그는 인간을 묘사할 때도, 어떤 감정과 사고를 담고있는 전체적인 자아로서의 인간과는 전연 동떨어진 인물로 인간을 묘사합니다. 그는 해부학적인 용어와 질병을 가리키는 용어들을 즐겨 사용하여 사람들을 묘사합니다. 그렇게 묘사된 인물은 당연 괴물일 수밖에 없습니다. 그가 묘사하는 세계도 역시 그러합니다. 이미 낭만주의자들에게서 시작된 추한 것에 대한 관심은 랭보에게서 아주 중요한 것으로 자리합니다. 그것은 우리가 생각하는 세계의 질서와 조화에 대한 충격을 주는 보조적인 수단이 아니라, 이제는 세계를 다르게 상징화하는, 우리가 지금까지 썼던 말로 쓰자면 차이를 상징화하는 그 자체의 수단으로 제시됩니다.

이렇게 보자면 파리 꼬뮌도 바로 억압된 계급들의 이해와 사회적 내용의 순수하고 직접적인 현전으로 볼 수 없습니다. 그 이유는 이미 앞에서 얘기했던 대로입니다. 그렇다면 파리 꼬뮌은 우리에게 매우 불가사의한 것처럼 보입니다. 파리 꼬뮌은 도대체 무엇을 표현하고자 했으며, 무엇을 옹호하고자 했던 것일까요? 당연한 의문에 우리는 속수무책일 수밖에 없다는 생각을 하게 될 것입니다. 하지만 랭보가 보았듯이 우리가 그것을 괴물로 본다면, 파리 꼬뮌을 조금 달리 볼 수 있지 않을까 싶습니다. 알다시피 파리 꼬뮌은 비정상적으로 세계를 상징화하기 위한 시도입니다. 그것은 부르주아 사회에서의 재현의 위기를 직접적 재현이라는 상상적 해결책으로 대응한 보나파르티즘을 비틀었습니다. 하지만 누차 언급했듯이, 우리는 이를 두고 재현의 허구성을 프롤레타리아트와 민중의 직접적인 주권으로 대치한 것으로 보아선 안 되겠습니다. 즉, 사회로부터 소외된 국가를 마침내 그 사회가 타도하고, 사회 자체의 내용을 투명하게 실현하는 것으로 본다면, 이는 다시 한번 사회적 공화국의 이념으로 돌아가는 것이 됩니다(물론 정치적인 것과 사회적인 것의 대립 혹은 모순이란 도식은 끈질기게 반복되고 또 성찰되는 주제임을 무시해서는 안될 것입니다. 특히 맑스와 레닌에게선 이런 문제가 바로 프롤레타리아 독재에 대한 평가로 집약되고 있음은 잘 알려진 이야기입니다). 파리 꼬뮌의 실제 내용을 들여다보면, 즉 파리 꼬뮌이 수립한 이후에 취한 이른바 사회적 정책과 내용을 보면 매우 실망스럽기 그지없습니다. 역사가들이 전하는 바에 따르면, 파리 꼬뮌은 우리가 꿈꾸던 그 꼬뮌과 달리 어쩌면 매우 평범하고 소박한 것들이었습니다. 파리의 방어를 위한 몇 가지의 조치, 생활의 보호에 머문 여러 가지 경제적 개혁, 비대해진 관료제의 폐지와 보통교육의 실현, 누진과세와 물가 통제 같은 것들이 가장 두드러진 개혁 조치였기 때문입니다. 어쩌면 시시해 보일 수도 있는 이 혁명적 사태가, 그럼에도 불구하고 우리의 상상에 왜 끊임없이 기름을 붓고 또 피를 끓게 하는 것일까를 생각해보면, 어쩌면 그것은 바로 그것의 괴물과도 같은 성격 때문일 것입니다.

우리가 흔히 생각하는 괴물은 타자의 모습에 대한 은유입니다. 그것은 우리가 배제하고 억압했던 것을 우리가 통제할 수 있는 한계 내에서 존재할 수 있도록 한 결과로 나타납니다. 그리고 우리는 그것에 대해 혐오감, 두려움, 증오심 같은 것을 갖게 됩니다. 하지만 괴물에게서 중요한 것은, 무엇보다 그것이 어떤 변형, 즉 형식의 변화의 결과란 것입니다. 괴물에게서 중요한 것은 정작 그것이 갖는 추함과 위험스러움이 아니라 바로 그것이 보여주는 변형입니다. 나환자의 얼굴과, 곱추에서 사마귀와 에이즈, 종양에 이르기까지 이 모든 것은 모두 현대의 인간이 무서워했던 타자를 은유하는 것들입니다. 하지만 그것들 사이에 존재하는 유사성은 그것의 외양에 있지 않습니다. 되려 우리는 그것이 우리가 생각하고 있는 바람직한 모습의 변형이라는 점에 있습니다. 괴물은 괴물적인 성질이 아니라 변형이며, 그 변형은 타자와 우리가 얽혀있는 관계를 암시하는 중요한 상징이 되어줍니다. 파리 꼬뮌은 그런 점에서 유쾌하고 또 격렬하게 약동했던 괴물입니다. 파리 꼬뮌은 사회의 생생한 현전이 아니라, 그 사회를 압도하는 스타일의 대대적인 변형으로

꼬뮌의 기억 : "파리는 꼬뮌때만큼 평온했던 적이 없었다"

인해 우리에게 충격을 줍니다. 그리고 파리 꼬뮌의 축제로서의 성격도 바로 그 점에서 비롯됩니다. 민중들은 갖가지 파괴 행위로 도시를 부수는 축제를 벌였습니다. 제9구에 있는 루이 18세의 속죄예배당을 파괴시켰고, 제11구의 길로틴 대를 불태웠으며, 또 티에르의 저택을 부수었고, 방돔 광장에 있던 나폴레옹 동상을 파괴시켰습니다. 민중은 혁명의 의식을 감행했습니다. 하지만 그들은 또한 모든 재현의 성상들을 파괴한 것만은 아니었습니다. 화가 꾸르베는 4월의 보궐선거에서 당선되어, 장식 직인들로 구성된 <예술가동맹>을 결성, "정부의 모든 비호와 특권에서 해방된 예술의 자유로운 표현, 과거 문화 유산의 보존, 현재의 전 문화적 요소의 이용과 활용, 교육에 의한 미래의 쇄신"을 구호로 삼아 새로운 예술 운동을 펼쳤습니다. 꼬뮌은 극장을 "모든 악덕의 교육의 장"으로 보고, 이를 "모든 시민적 교육"의 장으로 변화시키려 했습니다. 뛰일리 궁의 안팎에서는 파리가 함락될 때까지 매일마다 음악회가 열렸습니다. 루브르 박물관은 언제나 공개되었고 밤이 되어도 극장은 어디에서나 만원을 이루었습니다. 꽁꼬도르 광장에 퍼져있는 참호에 시민들은 잔디를 심었습니다. 말 그대로 열정적인 대중들이 넘쳐나고 있었던 것입니다. 열정적인 대중은 보수적인 대중과 구분됩니다. 보수적인 대중들이란 재현의 위기 속에서 그것을 일반적인 의지라는 환영 속으로, 황제라는 한 보편적 재현의 화신 밑으로 기어들어감으로써 그의 지배에 굴종했던 자들입니다. 반면 열정적인 대중은 그 황제를 대신하여, 즉 일반적 의지와 이해의 재현을 무너뜨리고, 바로 그렇게 자신의 재현을 조건지운 억압된 타자, 억압된 차이를 사회의 변형에 쏟아부은 자들입니다. 그들은 현대 부르주아 사회의 재현의 체계에 각기 다른 위치를 차지하고 있습니다.

하지만 문제는 이러한 보수적인 대중과 열정적인 대중 그 자체가 아닐 것입니다. 우리가 이 글에서 계속 강조했듯, 정작 문제는 부르주아 사회 정치의 재현 구조와 그것이 억압하는 차이입니다. 따라서 우리가 파리 꼬뮌을 하나의 신화로 추앙하고, 그것을 다시 재연하려고 음모하는 것은 매우 쓸모없는 일일 것입니다. 문제는 우리가 살아가는 현대 사회의 정치 제도와 그것의 재현과 차이의 구조를 파괴하고 변형하는 실천이기 때문입니다. 그리고 이것이 바로 맑스와 랭보가 만났던 지점에서 우리가 얻을 수 있는 교훈입니다. 보나파르티즘의 등장과 그 위기를 분석한 맑스나 파리 꼬뮌의 와중에서 견자시론을 제시한 랭보는 모두 부르주아 사회에서 재현의 문제틀과 씨름했다는 점에서 공통적입니다. 그 둘은 모두 파리 꼬뮌과 그를 에워싼 역사적이고 구체적인 정황에서 이러한 문제틀을 사회에 대한 현실적 분석의 원리로, 시의 창작 방식으로 전개시켰습니다. 그런 점에서 이 둘은 다른 공간에서이긴 했지만, 동일한 질문과 씨름했던 셈입니다. 그리고 우리가 발견한 이 둘의 조우의 지점은 또한 예기치 않은 발견으로, 현대의 정치 제도와 사회에 대한 새로운 통찰의 기회를 열어줄 지도 모를 일입니다.

더 읽을 만한 책들

칼 맑스, 편집부 옮김, 『루이 보나파르트의 브뤼메르 18일』(태백, 1987)
보나파르티즘에 대한 분석을 담고 있는 논쟁적인 이 책은 맑스(주의) 정치학의 가장
중요한 고전이다. 하지만 이 글은 역사적 삽화에 대한 보고서도, 또 정치 제도의
변천사에 대한 엄격한 글도 아니다. 나는 차라리 이 책을 정치에 관한 유쾌한 산문으
로 읽어보도록 권하고 싶다. 어떤 이는 맑스의 이 책이 역사의 쓰레기와 폐물에
대한 지극한 관심을 보여준다는 점에서, 조나단 스위프트의 소설과 더불어 가장
훌륭한 도착적인 스타일의 산문이라고 평가하고 있다.

아르뛰르 랭보, 이준오 옮김, 『랭보 시선』(책세상, 1991)
랭보의 견자시론이 담긴 편지글과 그의 중요한 시들이 망라되어 있는 시선집이다.
이 책과 더불어 그에 대한 평전인 『견자 랭보』(롤랑 드 르네빌르, 이준오 옮김, 문학
세계사, 1983) 역시 읽는 게 재미있을 것 같다. 하지만 이 책은 바라문이나 노자 같은
동양의 신비적 예지의 탐구자로서의 랭보라는 식의 해석에 젖어있으므로 주의하여
보는 게 좋을 듯 하다.

柴田三千雄, 편집부 옮김, 『파리 꼬뮌』(지양사, 1983)
파리 꼬뮌의 전체 과정을 알기쉽고 또 흥미있게 간추려 보여주는 좋은 책이다. 우리
가 글에서 살펴보았던 사회의 직접적 현전으로서의 꼬뮌이란 입장에 기울어 있으며
사회와 정치의 모순이란 관점을 통해 서술을 전개하고 있다. 맑스와 프루동 같은
이들의 꼬뮌 해석을 견주어 분석하고 있으므로 그 부분을 눈여겨 보는 것도 좋을
것이다.

3

러시아 혁명(1) : 레닌과 에이젠슈테인

이 글을 쓴 **곽영진**은 연세대 철학과를 졸업했다. 졸업 후 다년간 재야 민주화 운동을 했으며, 대안 언론운동을 거쳐 현대사 연구가이자 프리랜서로 활동했다. 수년 전부터 현재까지 영화평론가로 활동하고 있다. 지은 책으로는 『선거전략의 이론과 실제』가 있으며, 옮긴 책으로 『토대·상부구조론 입문』이 있다. 그 밖에 논문으로는 「민중운동의 위기와 이념·사상의 분화」, 「SF와 영화 : 미디어와 예술에 대한 안목을 넓히는 방편으로서의 글」 등이 있다.

1

저는 혁명의 과정에서, 또는 후대에 과거의 혁명을 인식하고 해석함에 있어서 왜 문화의 역할이 경시되는가 하는 문제를 우선 짚어보고자 합니다. 우리는 통치 체제나 국가 형태의 폭력적 변조만을 가지고 섣불리 혁명이라 규정하진 않습니다. 혁명, 곧 총체적인 사회 혁명이기 위해서는 정치, 군사적인 충돌·전복만으로는 부족하죠. 거기엔 경제·사회의 해체 그리고 문화 (이데올로기, 이념, 예술 등)의 해체와 질풍노도가 선행 또는 병행돼야 합니다. 인류 역사상 정치·경제·사회·문화 그리고 군사적 제 측면, 곧 종합적 측면에서 일거에 총체적으로 혁명이 수행된 사례를 어떤 혁명, 어느 나라 혁명에서 찾을 수 있을까요?

우선, 국가 유형과 국가 형태에 관한 니코스 풀란차스 Nicos Poulantzas 의 이론틀을 빌어서 국가와 혁명에 대한 개념을 살펴봅시다. 한 나라의 혁명이란, 통치 형태나 통치 방법은 물론 국가 형태의 변모를 수반하는 것으로도 그 의미가 온전히 충족되기 어렵습니다. 그러한 변모는 사회 혁명이 아니거나 그에 미달하는, 가령 쿠데타나 선거 혁명 따위로 볼 수 있을 것입니다. 여기서 국가 형태란 의회 민주주의, 파시즘 등과 같이 국가 기구나 국가 제도의 형태를 표현하는 것이고, 국가 유형이란 봉건 국가, 자본주의 국가,

사회주의 국가 등과 같이 국가의 역사적인 계급적 성격을 표현하는 것이죠. 즉, 지배 계급과 피지배 계급 관계 자체의 변화라는 근본적 사회 변혁을 수반하는 '국가 유형상의 개조'가 일국의 혁명에 있어 필수라 할 수 있습니다.

그런데 그 근본적 변혁이나 개조를 확고하게 결정짓는 것은 아무래도 정치나 군사적인 측면입니다. 그렇다고 해서 혁명의 경제적 필연성이 없거나, 혁명 지도부가 경제에 대해 잘못된 해석을 내린다고 한다면, 혁명의 성격 규정이나 노선 결정은 잘못될 것입니다. 또, 계급 구조의 동요가 없는 한, 사회 변혁의 주체는 혁명성을 가질 수도 없습니다. 이렇게 경제와 사회, 계급 관계의 급격한 변동이라는 혁명의 객관적 조건이 성숙돼야 합니다. 이렇게 하여, 혁명 주체가 국가 전복이라는 정치·군사적 승리를 이뤄냈다고 합시다. 그렇다면 그 혁명은 '제대로 된' 혁명일까요? 제대로 된, 곧 사회과학적·철학적 의미에서의 '온전한' 혁명인가라는 것이죠. 그리고 그렇게 단선적인 혁명, 그러니까 정치적 성격이 지배적인 혁명 이후의 새 사회 건설은 애초의 이념이나 목표대로 잘 추진될까요? 더구나 우리 남한을 포함하여 내부적으로 시민 사회라는 특질이 형성된 현대 자본주의 국가에서는, 레닌의 시대나 전후 戰後 시대와 달리, 기동전이 거의 불가능한데 말입니다.

혁명의 개념이 이렇게 달라진, 꽉 짜여진 현대 사회는 일단 논외로 하고, 과거 혁명들, 그 중에서도 고전적인 모델에 한정하여 논의해 봅시다. 정치·경제·사회·군사·문화 등 혁명의 총체적 요소가 폭발한 이른바 혁명의 전형, 바로 프랑스 혁명과 러시아 혁명에서도 매우 경시된 측면이 있다는 것입니다. 바로 혁명 주도층에 의해 그렇게 된 것이죠. 또한, 후학들에 의해서도 간과된 혁명의 인식론적 측면이 있다는 겁니다. 저는 그것을 바로 '문화'라고 봅니다.

혁명의 전위, 가령 당이 자신의 이념과 이데올로기, 그리고 새 사회의 비전을 대중에게 전파하는 것은 주체 세력 형성을 위한 일종의 정치적 실천 행위이면서 지적인 문화 활동이기도 합니다. 이른바 선전·선동을 통한 전위와 후위(대중)간의 의식의 침투와 결합은 이데올로기와 사상의 차원에서까지 ──물론 고도의 수준과 형태로는 아니더라도── 이루어져야 합니다. 대중에게 있어 "못살겠다, 바꿔보자," "한번 뒤집어져야 해" 정도의 사회심리가 확산되는 것만으론 턱없이 부족해요. 권력이나 정부가 누구 ──곧 어떤 특정 계급이나 계급 동맹, 아니면 인민 연합──에게로 넘어가야 하는가 하는 사상 의지와 정치 의식의 공유가 중요합니다. 이러한 '이데올로기 수준'의 사회·문화적 의식의 확산은 문맹율이 낮아진 현대 사회에서는 더욱 중요한 과제이죠.

과학적 지식으로 충분히 정제되지 못한, 그런 대중적인 이데올로기와 미래 사회를 열망하는 이념, 그리고 그 새 사회의 시스템에 대한 전망은, 내용상 정치적 의식이 물론 가장 중요하죠. 하지만 더불어 도덕적·법적·종교적·미적 의식과 매스 커뮤니케이션을 함께 아우르는 정신적이고 지적인, 곧 문화적인 포괄적 의식 차원에서도 문제에 접근해야 한다고 봅니다. 특히, 자본주의가 발달한, 내지는 제국주의의 약한 고리가 아닌 강한 고리의 나라들이 어떤가 주목해 봅시다. 물론, 운동이나 혁명에서 아무래도 경제와 정치 쪽으로 대중의 관심과 역량이 집결되겠죠. 하지만 레닌이 『제국주의론』에서 언급한 바와 달리, 레닌 이후의 시대 그들 선진국에서는 정신적·지적 및 이데올로기적·미적인 문화적 접근을 강조하는 관점이 증대해 왔습니다. 그람시의 시민 사회론과 진지전론이 그것을 웅변해 주는 것이 아닐까요? 현장에서의 대중 의식화 교육이나 노래, 영화와 같은 대중 예술의 적극적 활용이 그래서 강조되는 것이기도 하구요.

뿐더러, 혁명 이후 '건설기'의 레닌이나 스탈린, 마오쩌뚱, 김일성 모두가 의식·문화·사상의 혁신 또는 혁명을 주창했습니다. 레닌은 그의 저작『우리의 혁명』에서 이렇게 말했죠. "사회주의의 건설을 위해 일정 수준의 문화가 요구된다면, 왜 우리는 혁명적 방식으로 그 문화의 선행 필수 조건들을 가장 먼저 확보하는 것부터 시작하면 안 된단 말인가? 그리고 나서 정부와 체세가 노·농 대중의 조력으로 다른 선진국들을 따라잡는 일이 어째서 불가능하단 말인가? 어디에, 그리고 어떤 책에서, 제반 사건·과업의 역사적이고 관행적인 질서를 변조하는 것이 불가능하다고 되어 있는가?"라고 말입니다.

그만큼 대중의 의식 또는 마인드가 문제 해결에 중요하다는 관점이죠. 나아가 혁명과 건설의 물질적 조건, 경제 발전 단계를 앞서가는 '문화적 선취'가 반드시 이뤄져야 한다는 관점인 것이죠. 실제 그들은 대중 운동, 대중 동원을 벌여 일정 시점까지는 효과와 성공을 거두었습니다. 반면 60년대 마오가 전개한 문화 대혁명과 대약진 운동의 실패, 그리고 70년대 이래 소련과 북한 사회주의의 정체 停滯는 무엇을 의미하는 걸까요? 그것은 계획 경제와 폐쇄 경제의 한계를 보여주는 것이면서, 또한 관료주의의 만연과 문화 전략의 실패를 뜻하는 것이기도 합니다.

진보와 발전을 꾀하는 인간의 정신적 활동, 또는 그에 의해 얻어진 물질적·정신적 소산의 총체를 무릇 문화라 합니다. 인간과 다른 동물을 구별하는 근본적 기준이 바로 문화이죠. 의식적이고 정신적, 지적이며 또한 문명적인 모든 것으로서, 즉 사회적인 분위기·심리·정서, 견해·의견, 담화·담론, 관습·전통, 생활·의사소통, 사상·이데올로기·이념, 오락·기예, 그리고 과학적·이론적·철학적 지식 및 의식의 총체라 할 수 있습니다. 그런 의미에서,

교육도 넓게는 문화의 일부라고 할 수 있습니다.

그럼에도 불구하고, 혁명 운동 과정에서는 일상 의식이 목적 의식 또는 사상 의식의 하위 범주에 포섭될 수밖에 없습니다. 하지만, 평화 시기에마저 일상성(가정과 조합 활동에서의 민주주의 훈련 같은 것)을 도외시하거나 경시하는 것은 '혁명적 관점'에도 위배됩니다. 철학의 사회적 체계화는 과학, 예술 그리고 윤리의 발전을 촉진시키기도 하지만 반대로 억제시킬 수도 있습니다. 지도 세력 또는 전위의 잘못된 철학이나 거대이론, 또는 대노선은 그 사회의 낙후된 과학 지식·기술 수준과 함께 결국 혁명을 망치게 됩니다. 특히 프롤레타리아 독재를 시행하는 사회주의 사회에서의 전위당과 지도자의 철학·사상·역사관의 편향을 생각해 보세요. 그리고 사회과학 이론틀 내지 메타이론이나, 이른바 대노선의 오류와 오도를 생각해 보세요. 그것이 계급 독재를 넘어 장기적인 개인 독재와 결부된 선상에서 비판적·경쟁적 엘리트의 무단적 제거와 함께, 전사회적으로 민중적 다원성과 민중적 활력을 억압한다면 결과는 어떻게 되겠습니까? 결국 그것은 전사회적인 역동성과 교육·문화의 침체로 귀결될 것입니다. 잘못된 문화와 마인드를 가진 대중이 어떻게 역사 창조의 주역이 될 수 있겠습니까.

또는 혁명의 과정과 성과를 신화화하고 경제와 계급에 대해 추상적인 교조주의나 폐쇄적인 결정론, 아니면 모험주의나 정신주의의 모델을 들이대는 리더를 생각해 봅시다. 그러한 리더와 전위당이 견지하는 총체적 군중 노선이나 문화 혁명, 사상 혁명이 과연 대중을 아래로부터 장악할 수 있으며, 또 물리적 힘으로 전화될 수 있을까요? 맑스는 이론이 대중을 파악하는 순간 물리적 힘으로 전화한다고 했는데 말이죠. 전위가 선택하는 철학적 이념, 그리고 그것의 구체성과 현실성, 또 철학과 과학의 결합, 그리고 그

총노선화는 결국 문화의 문제로 귀착됩니다. 넓은 의미의 문화 말입니다. 봉건적 짜르 체제의 러시아와 역시 봉건적 유교 전통의 중국과 북한이 혁명 이후 사회주의 건설 과정에서 개인 숭배를 절대화하고 당과 국가를 물신화한 것을 놓고 봅시다. 그 유래는 상당 부분 기성 문화의 전통에서 비롯된 것이었으며, 그 결과 군중의 비창발적인 문화와 마인드로 귀착되지 않았을까요?

한번 생각해 봅시다. 20세기 이래 근·현대, 주로 좌익 혁명에 관해서 말인데요. 레닌 사후, 카리스마적 이상가로서의 강력한 개인 숭배가 잇따라 도입됐는데, 이는 과연 필요악이었던가요? 또 혁명을 위해서라면 '얼마간의 거짓·숨김, 혹은 사회의 폐쇄, 그것들이 어느 정도는 필요악이다'라고 할 수 있을까요? '절대 권력은 절대 부패한다'는 격언은 부르주아 정치나 무정부주의의 논리이며 맑스주의와는 무관한 것인가요? 이 세 가지 물음에 대해서는 역사가 충분히 증명했다고 봅니다. 그렇다면, 이제 이 글의 본론인 레닌과 에이젠슈테인에 대해 말해보기로 합시다.

2

블라디미르 일리치 레닌 Vladimir Iliich Ul'ianov Lenin은 1870년에 태어나 1924년 1월에 죽었습니다. 그도 맑스처럼 교양 있고 부유한, 거의 부르주아적인 집안에서 태어났죠. 나로드니키로서 사형에 처해진 형의 뒤를 이어, 대학 시절부터 혁명의 격류에 뛰어들어갔구요. 25세 때 벌써 <페테르스부르크 노동자해방투쟁동맹>이라는 준 準당적인 혁명 조직을 만들어, 짜르 봉건 체제에 대항하는 혁명 진영의 리더로서 자리를 잡아갔습니다.

레닌은 유형 생활을 마치고 30세에 오랜 해외 망명길에 올랐으며, 사회 주의당 창당을 주도했습니다. 그는 경제 결정론과 기계론의 철학적 관점으로 맑스주의를 수용한 러시아 좌익 진영 내의 다수 우파들, 그러니까 경험주의·조합주의·자연성장주의·경제주의·대중 추수주의자들과 일관되게 투쟁했습니다. 중앙집권적인 전위당 이론과 민주 혁명에서의 프롤레타리아 헤게모니 문제가 핵심 문제가 되었죠. 결과는 러시아 사회민주노동당의 격심한 분열, 곧 볼셰비키와 멘셰비키의 분리로 나타났습니다. 레닌은 『일보 전진 이보 후퇴』에서 멘셰비키가 지닌 중앙집권주의에 대한 적의, 규율에 대한 증오, 조직적 낙후성의 옹호, 쁘띠부르주아적 및 기회주의적 분자에 대한 당의 문호 개방 등의 특징에 대해서 규탄했습니다. 레닌의 래디컬한 혁명 체질, 그 일면을 엿보게 해주는 대목입니다.

1905년에는 '피의 일요일' 사건, 전함 포템킨호 수병 반란 사건, 대도시 정치적 총파업의 확산 등 1년 내내 반봉건·반제정의 혁명이 전개됐습니다. 레닌은 7월 『민주주의 혁명에서 사회민주당의 두 개의 전술』을 출간하여 노·농 민주독재론, 사회주의 혁명의 최적의 지반으로서의 '민주공화국론'을 펼쳐 후일 인민민주주의 혁명으로 불리는 독창적인 개념을 내놓았습니다. 그리고 분산된 자연발생적 노동자 권력 기관, 즉 수백 개의 소비에트에 대한 '비판적 지지론'을 펼쳤습니다. 레닌도 미처 예상 못했던 소비에트의 발흥은, 레닌의 대중관·당 이론과 일면 상충하는 것이죠. 레닌은 1905년 혁명에 대해, 내용에 있어서 부르주아 혁명, 방법에 있어서 프롤레타리아 혁명이라 말했습니다.

이후 사태는 이렇게 전개되었습니다. 무장 봉기의 실패와 반反제정 연합 전선의 와해, 국회 선거라는 짜르의 양보, 입헌 개혁주의 환상에 대한

〈10월〉(1928)의 한 장면

볼셰비키의 투쟁, 트로츠키의 영구혁명론 등장, 친위 쿠테타와 암흑정치 수립, 제 정당 수천 당원의 학살과 레닌의 탈출, 스톨리핀 정책의 파탄과 혁명의 기운 재연, 러시아 변방 부르주아 계열에서 민족주의 확산, 그리고 멘셰비키 내 해당파의 '문화적 민족자치제'의 슬로건 확대, 이에 맞선 레닌의 '프롤레타리아 국제주의' 그리고 '민족에 대한 계급 우위론'(또한 모든 민족과 언어의 완전한 동등권 및 광범한 지방자치) 주장, 제1차대전 발발, 레닌 '전쟁의 내전으로의 전환' 촉구, 『제국주의론』 출간, '일국 사회주의 혁명론' 대두, 카우츠키 등의 사회주의 인터내셔널과 대립하는 등의 사건들 이죠.

1917년 들어 교전국의 전력이 한계에 도달하면서, 서방 대중들 사이에서도 반전과 염전의 분위기가 팽배해졌습니다. 연전연패의 러시아에서는 2월 들어 식량 소동, 총파업, 일부 병사들의 반란, 멘셰비키와 사회혁명당에 의해 인도된 노동자·병사 소비에트의 결성 등과 더불어 혁명이 일어났죠(볼셰비키는 이 2월 혁명의 지도에서는 유리돼 있었습니다). 그 결과, 황제의 퇴위에 이은 카데트(부르주아 입헌개혁파)의 임시정부 수립이 이루어졌습니다. 이어 레닌은 4월 테제에서 임정 지지와 제헌의회 소집을 거부하며 제2단계 혁명(사회주의 혁명)으로의 전화를 주창합니다. 그는 제국주의 사슬의 한 고리인, 러시아 봉건제적 짜르 체제 기반과 취약한(또 진보성을 상실한) 부르주아 기반이 허물어진 것으로 본 거죠. 혁명 단계에 따른 레닌의 이론이나 입장 변화는 다음 표를 참고하시면 됩니다.

혁명에 대한 레닌의 이론적 대응

	1905년	1915년(1차대전 후)	1917년 4월 (4월 테제)
연립정부 형태	연정론	연정 거부론 (사실상의 독주론)	볼셰비키 독주론
통치 체제	민주 독재	민주 독재	프롤레타리아 독재
혁명 성격	부르주아 혁명	부르주아 혁명	프롤레타리아 혁명 (사회주의혁명)
국가 유형	민주공화국	민주공화국	소비에트 공화국

'7월 사건' 이후, 대중의 압력으로 개량주의적이고 매판적인 카데트가 크게 위축되었죠. 이어 사회혁명당과 멘셰비키가 주도하는 쁘띠부르주아적인 케렌스키 정부가 수립되었구요. 이면에선, 격렬한 탄압 속에서도 소비에트의 볼셰비키화가 진행되고 정치적 총파업이 폭발하며 적위군이 형성되는 등 프롤레타리아 혁명 정세가 고양돼 갔습니다.

10월 24일 적위군과 일부 정규연대의 무장봉기가 성공하여 정부 청사와 주요 기관들이 접수됐습니다. 실로 혁명적인 변화, 혁명적인 대중 획득, 혁명적인 속도였습니다. 그리고 10월 24~25일의 양일간은, 말 그대로 혁명이었습니다. 볼셰비키는 25일 소비에트 내 사회혁명당 좌파 및 트로츠키파, 부분적으로는 고리끼 클럽과도 연대해 '전 러시아 소비에트 대회'의 중앙집행위원회를 장악했습니다(불과 넉달 전 제1회 대회 때 볼셰비키의 지분은 1/6밖에 안됐죠). 이 중집위의 위임으로 노동자·병사 소비에트의 '인민위원회(정부) 구성,' '평화와 토지에 관한 포고'가 이루어졌습니다. 10월혁명, 곧 세계 최초의 사회주의적 프롤레타리아 혁명이 이룩된 것이죠. 이후, 러시아에서는 레닌 정부의 적위군과 연합국의 지원을 받는 백위군 사이에 3년간의 내전이 치러집니다.

　혁명 직후, 야당이 된 멘셰비키와 사회혁명당은 분열하여 체제로 편입되거나 일부 저항세력은 투옥되고 추방되는데, 그 탄압 정도는 우익의 그것, 가령 히틀러나 프랑코, 그리고 피노체트 치하의 그것에 비하면, 무척이나 미미한 것이었습니다.

3

헤겔은 기존의 형식논리학과 달리 사물 또는 존재를 모순 그 자체로 보았고, 또 내부에 자기부정의 계기를 보유하는 것으로 보았습니다. 정-반-합의 변증법적 발전 과정을 존재의 모든 범주마다 체계화시킨 헤겔의 철학적 발견과 집대성, 그 업적은 철학사 최대의 업적이라 할 것입니다. 칼 포퍼가 『열린 사회와 그 적들』에서 헤겔의 변증법을 분석, 비판한 상당 부분은 그의 무지와 몰이해를 드러낸 것이나 마찬가지입니다. 주지하는 대로, 모순은 우선 적대적인 것과 비적대적인 것 두 가지가 있습니다.

　변증법에서 합이란, A와 B(非A)의 부정성을 떨어내고, 긍정성은 끌어올려 C의 범주 안에 보존하는, 지양 止揚적 통합입니다. 사회주의나 공산주의는 노동(+Labor·-Capital)과 자본(-Labor·+Capital)이 지양, 통합된 것(+Labor·+Capital)입니다. 후발·저발전 자본주의 또는 반봉건·반자본주의 나라 러시아의 10월혁명은 사회주의 혁명의 전범과는 거리가 있는 것이죠. 미흡한(노동과 자본의 플러스가 취약한) 사회주의 혁명으로서, 대신 노동자당과 지도자의 집중성·통제력, 그리고 국가자본주의 요소와 사회주의 초기

축적 국면의 도입으로 미흡함을 극복하려 했습니다. 이런 면에서 트로츠키는 그 한계와 국제 정세를 고려해 선진국과 후진국을 묶는 유럽·세계 동시혁명론, 곧 영구혁명론을 주창한 것입니다.

변증법에서 옛 것의 절연만을 강조하고 승계(비판적·발전적 계승-보존)를 배척하는 태도는 보통 좌익 모험주의로 이어지는데, 관념론이나 정신주의의 오류와 결합하는 양상을 취하곤 하죠. 또 정치주의나 문화주의와 결부되기도 합니다. 트로츠키, 마오, 김일성에게서 일부 그러한 면이 발견됩니다. 레닌과 스탈린은 다른 이유와 사정으로 정치와 문화를 강조했고, 또 스탈린은 좌경과 우경을 선택적으로 왔다갔다했습니다. 유소기와 등소평은 정치와 문화, 즉 정신적이고 상부구조적인 측면보다 물질적이고 경제적인 측면을 일관되게 우위에 두었습니다. '킬링필드'의 주역들에게서는 모험주의·맹동주의·정신주의의 오류가 전면화 또는 극단화된 것을 볼 수 있죠. 스탈린은 전체적으로 볼 때 우익적 성향이 강했다고 볼 수 있는데요, '맑스·레닌주의로부터 한참 벗어난 좌경이다, 우경이다'라고 단언적으로 규정하는 것은 큰 오류입니다. 그의 두드러진 조폭성 組暴性·음모주의·패권주의 성향과 결부되어, 또 변증법에 관한한 도식주의의 한계에 갇혀 획일주의·전체주의의 과오와 폭거를 범했다고 하겠습니다.

순서가 뒤바뀐 감이 있는데, 맑스로 돌아갑니다. 맑스가 엥겔스와 함께 정식화한 변증법적 유물론은, 그들이 말한 대로, 헤겔 변증법의 유물론적 전도에 불과합니다. 후일 엥겔스의 『자연변증법』이나 레닌의 『유물론과 경험비판론』, 스탈린의 『변증법적 유물론과 사적 유물론』, 그리고 『철학교정』, 『강좌철학』 등을 통해 살이 더 붙고 골격을 갖추게 되었죠. 물론 곡해, 도식화된 부분도 많습니다.

맑스의 학문적 독창성은 변증법적 유물론보다『자본론』등에 나타난 정치경제학(특히 가치설)과 사적 유물론(특히 사회구성체론과 계급 이론)에 있다고 봅니다. 하지만, 그 무엇이든 변증의 논리는 헤겔에 의존하고 있죠. 맑스 철학은 헤겔을 포함한 기성 철학과 달리, 철학은 곧 논리학·인식론·존재론·세계관이요, 각각이 내적으로 통일돼 있는 하나의 체제라는 점을 밝혀냈습니다. 또 철학이 제반 과학의 부단한 성과를 살과 피로 흡수하여 내적·외적 개념과 체계를 풍성하게 하고, 또 변화시켜야 한다는 점을 분명히 했습니다. 참고로, 역사적 유물론은 역사관·역사이론이면서 동시에 사회학이라는 점을 환기해 둡시다.

레닌은 정세 인식과 혁명 투쟁에 있어, 자연 성장주의, 대중 추수주의, 경제주의와 투쟁하면서 선각들로부터 수용한 변증법을 나름대로 구체화했는데,『무엇을 할 것인가』란 저작의 당 이론에 레닌 변증법의 핵심과 특성이 잘 나타나 있습니다. 레닌은 직업 혁명가로 구성된 당을 프롤레타리아트(PT)의 순수의식, 즉 프롤레타리아트 중의 프롤레타리아트(PT^2)로 보았습니다. 비의식화 상태, 또는 경제주의 단계의 PT가 1차 부정되어, PT의 부정태, 즉 PT^2이 반정립됩니다. 양자가 합에 이르기 위해서는 지양이 있어야 하겠죠. PT와 PT^2이 변증법적이고 비적대적으로 상호침투·투쟁하여('부정의 부정' 법칙에 따라 각각의 즉자성과 집중성이 부정되어) 합에 이르러야 합니다. 당의 엘리트주의나 관료주의 요소를 제거하여, 당이 프롤레타리아트와 인민대중의 지배자가 아니라 공복이 돼야 한다는 겁니다. 이런 터전 위에서 프롤레타리아 민주주의로, 더 나아가 사회주의적 민주주의로 전진해 가야 하는 것이겠죠. 앞서의 합슴이 결여된 듯한 레닌의 당 이론은 이런 점에서 좀 불완전했습니다. 레닌 사후에 후대의 권력 엘리트들은, 레닌 이론을 자의적으로 과잉 해석하거나 그 허점을 악용했습니다(도표 참조).

기호논리학적 틀을 차용, 도식화해 본 레닌의 '당 이론'과 그 발전

	프롤레타리아 혁명기	프롤레타리아 독재 단계 (문화 혁명 수행)		프롤레타리아 민주주의 단계	공산주의 단계
프롤레타리아트	PT 즉자적 상태, 경제주의 단계	~PT 의식화 단계	부정	공민 PT의 해소, 제 계급의 해소	당, 국가가 없는 완전한 공산 사회
당	PT^2 소수의 엘리트, 전위	$\sim PT^2$ 노동자 출신 증원, 전위성 유지	부정의 부정	공당 전위성 해소, 전면 개혁·개방	

*'~'표시는 비적대적인 부정(negation), '제곱(^{2})'은 집중(concentration)을 의미함. PT는 프롤레타리아의 약어.

레닌의 변증법은 상대적으로 헤겔적 측면과 정신적 측면, 그리고 의식성·정치성의 측면과 전위의 역할이 강조되었습니다. 그리고 그 대부분은 현실적이면서 구체적이었습니다. 미진한 것들의 보완과 시대 변화에 조응하는 '수정'은 노작 『유물론과 경험비판론』, 『국가와 혁명』, 『철학노트』로도 부족한 점이 있었습니다. 게다가 레닌은 혁명 이후 병마에 시달리며 너무 일찍 죽었습니다. 물론, 그가 몹시 우려했던 스탈린의 전면적 부상을 막을 시간적 기회도 허용되지 않았죠.

스탈린은 집권 후, 변증법의 3대 법칙에서 '부정의 부정' 법칙을 삭제, 당과 국가 권력의 물신화와 포괄적 사회 문화 의식의 침체를 가져왔습니다. 정치·사회 혁명 후, 바로 병행되는 문화 혁명은 스탈린주의에 포섭된, 곧 자유와 개성의 문화적 생명력이 억제된 '관제' 일변도였습니다. 그는 또 스

탈린주의를 전 사회·국가 영역에 획일적으로 관철시켜 거대한 통제와 인위체제를 구축하려 했죠. 그것을 통해 혁명과 건설의 장애, 즉 사회·물질적 제 조건의 자연적 경향들, 그리고 자유주의적인 이데올로기와 정서를 억제하거나 제거하려 한 겁니다. 이는 발전된 자본주의를 거치지 않은 사회주의 나라에서 맑스보다 한 걸음 더, 레닌보다는 반 걸음 더 사회주의 의식·지식 및 상부구조의 능동성을 강조한 것으로 해석되기도 합니다. 하지만 그는 인간학과 정치학의 특정 측면을 과신, 과장하고 변증법적 유물론의 자의적인 조합이나 특별한 과장을 밀고 나간 사람입니다.

그러나, 우리가 스탈린과 스탈린주의를 비판할 때 주의할 것이 있습니다. 스탈린은 철학과 제반 과학에 폭넓은 교양과 나름대로의 깊이를 가졌으며, 공산주의 내 좌·우익에 대한 비판, 투쟁에서 비교적 균형을 취했던 인물이라는 점입니다. 따라서 도식주의·획일주의·패권주의 요소를 포함한, 그에 대한 비판은 정서적이기보다 지적이어야 합니다. 현실 사회주의의 공과와 악업, 또는 현실 사회주의의 실패 그 자체에 대한 책임이 전적으로 스탈린 및 스탈린주의에 원죄처럼 부과되는 것은 과히 적절치 않다는 것입니다.

4

레닌주의라 함은 맑스주의의 구체화·체계화와 함께, 앞서 언급한 프롤레타리아 전위당 이론, 세계 혁명의 후진 자본주의 우회전략을 펼친 제국주의론, 사회주의 국가 건설 및 미래의 그 폐지 등에 대한 국가론, 제국주의 시대의 민족 및 식민지 이론 등 독창적 부분을 포괄하여 말하는 것입니다. 제국주의론은 1916년 저작 『자본주의 최고단계로서의 제국주의』에 잘 전개돼 있습

〈파업〉(1924)의 한 장면

니다.

여기서는 우리가 가장 관심을 기울이는 변증법적 유물론에 주력해서 언급할까 합니다. 레닌은 생전에 『경제학·철학 수고』, 『독일 이데올로기』, 『자연변증법』 등의 맑스주의 철학의 중요한 고전에 접할 기회가 없었습니다. 『경제·철학 수고』가 처음 공표된 것이 1932년, 『독일 이데올로기』의 제1장이 독일어로 처음 공표된 것이 1926년, 그 전부가 공표된 것은 1932년의 일이었죠. 또한 『자연변증법』도 일부는 공표되어 있었으나 전부가 공표된 것은 1925년이 되어서입니다. 그럼에도 불구하고 그는 『유물론과 경험비판론』에서 마하·아베나리우스 등의 절충주의 및 경험비판론과 싸우면서, 변증법적 유물론의 원칙들을 옹호했을 뿐 아니라, 많은 점에서 유물론의 이론적 발전에 공헌했습니다. 특히 변증법적 유물론의 인식론상의 기본적 문제들을 둘러싼 새롭고 창의적인 전개를 보여 주었습니다. 그리고 『철학노트』에서 변증법을 체계적으로 정리했습니다.

레닌이 아인슈타인과 하이젠베르크에 앞서 상대성 원리, 불확정성 원리의 시·공 개념을 자신의 변증법적 유물론 체계에 반영시키지 못한 것은, 시대적 제한으로서 당연한 것입니다. 현재까지도 좌·우파 철학 어느 쪽에서든, 현대 물리학의 성과를 인식론과 존재론에 제대로, 충분히 반영시키지 못하고 있는 실정입니다. 절대 시간, 절대 공간의 부분적인 파괴는 에른스트 마하의 성과를 인정하여 레닌이 1908년 『유물론과 경험비판론』에서 불충분하게나마 정리를 시도한 혜안이 발견됩니다.

이제 변증법적 유물론의 과학적 지평이 달라졌습니다. 혁명의 상황과 개념도 현실 사회주의의 실패 훨씬 이전부터 달라졌습니다. 그렇다면 문화의 전략도 달라질 수밖에 없습니다. 레닌과 레닌주의의 천재성, 그리고 원리적 보편성, 또 맑스주의 계승의 정통성을 일단 인정한다 하더라도 '구체적 보편성' 문제만큼은 시대적 제한성을 부인할 수 없습니다. 부인한다면 그것은 교조주의에 다름 아닙니다. 사상·학문·이론·예술적으로 그리고 정치·사회사적으로, 맑스·레닌주의의 기본원리는 현대에 미칩니다. 그러나 맑스·레닌주의는 현대 이전의(또 현대화가 아직도 숙제인) 근대적 사상 체계로 보아야 할 것입니다.

현실 사회주의의 대강이 무너지고, 남아있는 중국·북한·베트남·쿠바 4인방도 맑스·레닌주의 원리로부터 수정과 변질이 가해졌습니다. 사회주의의 재래 再來가 점쳐지는 러시아 등지에서도 프롤레타리아 폭력 혁명 대신 선거 혁명이 추구되고 있습니다. 경제 때문에 무너졌거나 무너지려 하고, 다시 경제 때문에 좌익이나 중도좌익이 집권하려 합니다. 경제가 자본주의 몰락과 사회주의 성패의 기반이자 시험대가 될 것이란 맑스·레닌의 분석과 전망은 전혀 틀리지 않았습니다. 그러나 두 사람 모두 인간존재(그 뿌리깊은 이기심 같은 것)와 자본주의(특히 그 역동성, 중층적 메카니즘)에 대한 이해가 완전치 못했다는 것은 아쉬움 이상의 차원입니다. 즉, 현대화 문제 이전에도 맑스·레닌주의의 원리와 테제에 지엽적인 것 이상의 중요한 오류가 있었다는 입장인데요. 교조주의 극복을 위한 '단서' 확보라는 차원에서도 그 오류들은 검토될 필요가 있습니다.

안토니오 그람시의 진지전·장기전, 앤소니 기든스의 '제3의 길,' 사회자본주의나 사회주의 시장경제, 또 그 어떤 것도 아닌, 다른 노선을 모색한다 하더라도 개혁과 진보를 꿈꾸는 사람에게 레닌은 여전히 무거운 숙제이자 화두인 것 같습니다. 새로운 길, 또는 현대화의 과제와 관련해서, 현대 시민사회에 있어 계급 일원론적 결정론을 지양하여 '계급적·민중적 다원주의'로, 계획경제와 프롤레타리아 독재의 폐쇄성·배타성을 지양하여 '역동성 dynamism의 사회 민주주의 경제·정치'로 나아가는 길을 모색하는 그림이나 패러다임을 찾아보자는 것입니다. 이제 이러한 맥락을 기억하면서 동시대의 또다른 혁명가라 할 수 있는 에이젠슈테인으로 넘어가 보기로 합시다.

5

20세기 초 이탈리아에서 싹튼 미래주의는 사회주의 혁명 전야의 러시아 전위예술가들을 자극해 시인 마야코프스키를 리더로 하는 급진적 미래파를 형성시킵니다. 일체의 전통주의나 과거의 향수로부터 단절하여, 현대적이고 노동자적인 속도주의 물질문명 지향을 주창했죠. 이 러시아 미래주의와 연관된 <노동자 극단>이 10월혁명 직후 보그다노프에 의해 결성됩니다. 그리고 1922년경 미래주의는, 작자의 세계관과 주제의식에 따라 세상을 조합하고 구성하자는 급진적 구성주의로 전화됩니다.

내전 중인 1919년 산업의 국유화가 선포된 뒤, 모든 예술은 국가의 지원을 받으며 '인민에게 혁명의 대의와 결과를 고취시키고 교육하는' 사회적 목적성을 지니게 되었죠. 내전 중임에도 불구하고, 구정권의 해소에 의해 해방된 자유롭고 창조적인 예술 경향과 희망, 또 프롤레타리아 독재를 수행함에도 불구하고 표현의 자유를 허용하며, 또한 과거와의 무조건적 단절을 경계하는 레닌의 결정은, 당시 아방가르드의 창조적 에너지로 흡수됐습니다. 1920년 내전이 종결되고 있었던 공산당대회 결의에서는 영화가 계몽·선동·선전의 강력한 수단으로 규정됐습니다.

레닌, 트로츠키, 그리고 교육위원장이었던 루나차르스키는 미래주의 그

룹을 비판하고 압박하는 한편으로, <노동자 극단>의 '대중 축제 형식' 공연
활동에 대해 정부의 공식 지원을 중단시켰습니다. 1923년의 일이었죠. 이
과정에서 드러난 레닌의 예술관은 이렇습니다. "인류의 모든 발전 과정에서
창조된 문화들의 명확하고 지적인 이해 없이 어떻게 프롤레타리아 문화가
가능하겠는가?"라고 반문하며, "스펙터클 자체는 아무런 해가 없으나, 대중
축제는 이디까지나 괜찮은 오락일 뿐 위대한 예술 표현일 수가 없다"라고
지적했습니다. 다른 한편으로, 레닌은 사회주의 정치·군사 혁명의 성공 이
후에 직결 수행되는 문화 혁명 과정에서(러시아는 내전으로 문화 혁명 수행
에 막대한 차질을 빚었지만), 영화를 제일 중시했던 것 같습니다. 광범위한
문맹 대중을 포함한 민중에게 영화는 가장 다가가기 쉬운 예술 형식이자
교육 형식이기 때문이었죠. 급진적 구성주의 <LEF>에 드나들던 에이젠슈
테인과 지가 베르토프, 그리고 <쿨레쇼프 워크샵>의 일원인 V. I. 푸도프킨
등 젊은 소비에트 영화 작가들은, 레닌과 당의 그러한 기대에 맞는 사회주의
적 영화 양식의 창조에 힘썼습니다.

　레닌은, 스탈린의 획일·패권·독단·폭력적이고, 행정가적인 멘탈리티와
권력 행사에 대해 우려를 표시했으나 그런 우려를 실행에 옮기지 못하고,
1924년 1월 사망했습니다. 그로 인해 1926년부터 실권을 잡은 스탈린에 의
해 상황은 달라지기 시작합니다. 영화학자 아모스 보겔의 표현을 빌리자면,
"역사상 유례가 없는, 국가와 아방가르드의 결합"이 불과 7~8년의 일시적
인 것으로 그치게 된 거죠. 그는 반대파를 확실히 제거한 1928년부터 자신과
당의 무오류, 곧 절대주의를 사회 일반에 펼치기 시작합니다. 절대주의는
철학·예술·과학·역사 및 출판·연극·영화에 있어서 모든 비판적 의견의 억
압과 함께, 엄격하고도 획일적인 정통성의 강제로 나타났죠. 민중 사관은

붕괴되고 영웅 사관이 사회를 지배하게 되었습니다.

스탈린의 강력한 집중과 통일, 그리고 드라이브는 사실상 '위로부터의 혁명'이라 할 것인데, 신경제정책 이후 '사회주의 초기 축적' 과정에서 스탈린식 드라이브는 상당한 성과를 거둡니다. 생산력의 비약적 증대는 예전의 원시적 러시아에게 근대 문명의 물질적 기초를 제공하는 것이었죠. 또 2차 대전 전승국으로서, 막대한 '보너스'까지 안겨주었습니다. 하지만, 그러한 성취나 업적에도 불구하고, 암운이 드리워집니다. 권력과 혁명, 또는 포괄적 사회·문화의 물신화·관료주의화가 소련사회 기저에서 물질적·정신적 장기 침체의 지반과 메커니즘으로 자리잡게·된 것이죠.

6

에이젠슈테인 Sergei M. Eisenstein은, 셰익스피어 이래의 예술적 대천재라 불리우는 독일의 베르톨트 브레히트와 같은 해(1898년)에 태어났습니다. 그는 시인, 극작가, 연극연출가이자, 미학자로서 활동의 영역이 다르고 폭이 더 넓었던 브레히트와 더불어 맑스·레닌주의 미학을 이론과 현장에 적용시켰던 대표적 인물이죠. 그리고 볼셰비키 혁명 시대와, 스탈린 시대의 영화적 상징이요, 변증법적 몽타쥬 이론과 그 기법의 창시자였습니다.

브레히트는 서사극 이론 및 그 소격효과 기법으로 연극 등 공연 예술 부문에서 아리스토텔레스적이고 부르주아적인 미학을 전복시키며, 한편으로 지적이고 비판적인 감상법을 제창한 인물입니다. 이념의 시대가 가버린 오늘날에도, 심지어 향후 몇 십년 동안에도 전통 미학을 대체한 현대 예술, 현대 미학의 핵심으로서 계속 숭배 받을 겁니다. 현재까지는 좌·우를 막론

하고 모더니스트들에게 그 위상이 '절대적'이지 않은가요?

문학, 연극 등 다른 예술보다 그 탄생이 2천년 이상 뒤졌고, 현대화되기까지는 30~50년 가량 뒤늦은 '기계예술'인 영화에서, 에이젠슈테인이 이룩한 위치와 업적은 무엇일까요? 연극 무대 미술가와 연출가로 출발해, 연극·영화 이론가를 넘어, 과학과 예술의 결합을 추구했던 미학자였지만 그의 업적은 영화에 집중돼 있습니다. 현대 영화의 출발, 곧 프랑스 누벨 바그와 이탈리아 뉴시네마의 원년이 1959년인 만큼, 1948년에 50세의 젊은 나이로 죽은 그의 영화적 업적은 또한 '고전주의'의 틀 안에 갇혀 있습니다. 그렇다고 미국의 D. 그리피스처럼 고전적 영화 문법의 창시자나 영화의 아버지로서의 위치를 지닌 것도 아니어서, 그의 업적은 다소 폄하되는 경향이 있죠. 그러나 그는 독창적인 몽타쥬 촬영과 편집의 개척뿐 아니라, 이념과 세계관을 담아내는 대중 매체로서의 영화가 훌륭한 선전·선동의 무기가 된다고 믿고 실천한 측면에서, 아울러 할리우드로 대표되며 성장해가는 제국주의 영화 미학은 물론, 스탈린 시대의 '관제' 미학과 투쟁해낸 측면에서 독보적이었습니다. 한 마디로 맑스·레닌주의의 변증법적 유물론 및 사적 유물론의 영화 언어를 개척한 대표적이고 상징적 인물이라 할 수 있습니다.

그러한 면은 맑스·레닌주의 영화 언어의 개척과 현대화에 고심한 누벨 바그 감독 장 뤽 고다르, 남미 제3영화의 이론가 겸 감독 페르난도 솔라나스 등에 전승되었죠. 물론 몽타쥬 기법은 우디 앨런, 프랜시스 코폴라, 브라이언 드 팔마 등 수많은 영화 창작자에게 셀 수 없을 정도로 인용되었구요.

일군의 영화학자는 영화사에 네번의 혁명이 있었다고 말합니다. 그 작품들로 데이비드. W. 그리피스의 <국가의 탄생>(1915), 에이젠슈테인의 <전함 포템킨>(1925), 오슨 웰즈의 <시민 케인>(1941), 알랭 레네의 <히로시

〈전함 포템킨〉(1925)의 한 장면

〈폭군 이반〉(1945)의 한 장면

마 내 사랑>(1959)을 들고 있습니다. 특히 <전함 포템킨>은 역설적이게도, 부르주아 영화권에서조차 1940년대까지 거의 최고의 걸작으로 평가받기도 했습니다.

오늘날 공개적으로 에이젠슈테인의 후예임을 내세우는 감독은 거의 없습니다. 쇼트 shot와 쇼트, 씬 scene과 씬의 갈등과 충돌로써 현실의 모순과 그것의 정-반-합을 표현해 내는 역동적인 형식과 과격한 이미지가 탈이념 시대에 맞지 않는 걸까요? 그것은 아마도 그와 함께, '고요함'과 '냉철함'을 추구하는 전통적이거나 브레히트적인 미학과, 그의 '인력(끌어당김)'과 '파토스'의 몽타쥬 미학이 서로 배치되기 때문일 겁니다. 재미있게도, 대중을 영상과 메시지 속으로 끌어당기고 휘어잡는 인력의 몽타쥬 효과는 할리우드 대중 영화나 상업 광고물에 변형된 방식으로 가장 널리 쓰이고 있습니다.

7

논리적으로 'A+B=A&B'의 리얼리티와 세계관을 반영하고, 영화적으로는 사물의 배치와 구성, 곧 '그림 만들기'의 미학에 주력하는 것이 미장센의 미학입니다. 'A+B=A&B'라 하는 것은 'A와 B가 만나면 A 그리고 B, 곧 A와 B의 합이 된다'는 형식논리학을 뜻하죠. 미장센은, 굳이 말하자면, 화면구도 정도로 번역되는데 주로 촬영의 측면에서 거론됩니다. 미장센의 미학은 예술 사조 측면에서는 자연주의와 '경향적'으로 가깝습니다.

원래 프랑스 용어로 '편집'이란 뜻에서 출발한 몽타쥬 montage는, 러시아에서 국립영화학교의 교수로 있는 레프 쿨레쇼프의 이론적 선구에 의해 개척되었습니다. 'A+B'는 'A&B 이상'이라는 논리학과 리얼리티와 세계관을 반영했죠. 영화적으로는 두 개의 사물이나 사실, 또는 장면의 병치와 연결, 곧 '그림 잇기'에 주력했습니다. 그리하여 서술상 비유적 의미를 끌어내거나(쿨레쇼프), 편집·구성상, 조형적 상징 및 리듬과 음악적 율동을 끌어냈죠. 모두들 'A+B=A+B+ α'를 추구한 것입니다. 자연주의와 심리주의에 반하며 상징주의적 양식화를 추구하는 몽타쥬 미학은 영화뿐 아니라 소비에트 초기 모든 예술의 지배적 양식이 되었습니다.

그러나 에이젠슈테인은 변증법, 특히 헤겔과 레닌 그리고 데보린(1920년대의 전투적 헤겔주의자)의 그것에 주목했습니다. 'A+B=C'라는, 갈등과 충돌로써 종합화(제3의 개념과 효과)를 얻어내는 역동적 세계관의 반영이었죠. 그는 말했습니다. "두 개의 주어진 요소들의 충돌로부터 개념이 발생한다. 그래서 몽타쥬는 갈등이다. 모든 예술의 근본이 갈등인 것처럼."

에이젠슈테인에게서 더욱 주목되는 개념은 이러한 몽타쥬 자체보다는 몽타쥬의 효과, 곧 인력(관객의 끌어당김)에 있었습니다. 주로 극단적 클로즈 업과 극단적 롱 쇼트의 결합을 주특징으로 하는 이 '끌어당김의 몽타쥬'는, 영화 안에서 전복된 영상과 전복된 관객의 충돌과 통일을 이뤄보자는 것입니다. 그럼으로써 작가의 의도나 메시지를 매체적, 대중적으로 구현해보자는 것이죠. 강렬하고 고무된 감정으로 끌어올리는 '파토스의 구성'과 사고 방식의 변증법적 변화를 일깨우는 '지적 몽타쥬'로써 관객의 정서적, 지적 효과를 '비약'시키는 것이죠. 그것은 선동·선전 영화의 목표이자 이상이기도 합니다.

에이젠슈테인은 몽타쥬 이론과 기법의 교과서라 할 수 있는 <파업>(1924)과 <전함 포템킨>(1925)으로 세간의 놀라운 칭송을 받으며 출세길에 들어섰습니다. 그러나 <10월>(1928)에서 "혁명의 대의 표출보다는 엘리트주의자의 형식실험이 도드라진다"는 스탈린의 비판을 감수해야 했습니다. 농촌의 기계화와 집산주의 운동을 다룬 <낡은 것과 새로운 것(일명 '전선')>(1929)도 당으로부터 '리얼리티의 결여'나 '농부에 대한 공감 부족' 운운되며 비판받았습니다. 그리고 <멕시코 만세>(1930/1932)와 <베진 초원>(1935/1937) 두 작품의 미완성이라는 불운을 겪어야 했습니다. 그러나 중세의 민족영웅을 중심으로 한 러시아의 대단결을 그린 선전영화 <알렉산더 네프스키>(1938)에서 스탈린의 기립박수와 레닌 상을, 또 <이반 대제 1부>(1944)로써 스탈린 상을 수상하는 영예를 얻었습니다. 그러나 짜르 이반의 전횡과 공포정치가 마치 스탈린의 그것을 비유한다는 '오해'를 사 <이반 대제 2부>(1946)는 상영이 중지되고, 그 3부는 소각처리되고 말았습니다.

　　전 생애에 걸쳐 에이젠슈테인의 이론은 대체로 일관된 흐름을 보이고 있습니다. 그의 최우선 명제는 항상 충돌이나 대립이었으며, 따라서 에이젠슈테인이 1930년을 전후로 인식론적 대전환을 하였다는 보드웰 David Bordwell의 다음과 같은 주장은 그 근거가 빈약하다고 봐야 합니다.

　　가장 중요한 것은 변증법적 인식론을 버리면서 그의 몽타쥬에서 '긴장 tension'의 개념이 사라진 것이다. 이제 그는 '유기론 organicism'을 강조한다. [……] 예술적 요소들은 서로 충돌하지 않고, 혼합되도록 배합될 것이며, 그 목적은 '균열 friction'이 아닌 '융합 fusion'이다. [……] 이제부터 몽타쥬는 조화와 '통합 unity'을 말하는 것이다.

　　보드웰의 1975년 한 논문에서의, 이러한 견해에 대해 김용수 박사는 다음과 같이 반박하고 있습니다.

〈전함 포템킨〉 촬영 중인 에이젠슈테인

에이젠슈테인 자신을 그린 그림

보드웰은 에이젠슈테인의 몽타쥬 이론이, 1930년까지는 '유물론 materialism'의 영향 아래 충돌이나 대립을 강조하였으나, 그 이후 '관념연합론자 심리학 associationist psychology'의 입장을 취해 조화와 통합에 집착한 것으로 보았다. 이것은 커다란 오류가 아닐 수 없다. 에이젠슈테인이 후기에 와서 조화를 이야기 할 때 그것은 항상 '조화로운 대위법'을 의미하는 것이었다. [……] 여기서 주의할 점은 에이젠슈테인이 말하는 '조화'가 전통적인 의미에서의 조화가 아니라는 점이다. 그것은 항상 상충되는 것들의 조화 혹은 '통합'으로, 대위법적 조화라고 할 수 있다.

레닌과 에이젠슈테인, 변증법을 창조 행위의 원천이자 무기로 삼았던 혁명가와 예술가, 이들에게 정치적 혁명과 문화적 혁명의 융합은 그저 불가능한 프로젝트에 지나지 않는 것이었을까요? 아니면, 이 둘은 애시당초 나눌 수 없는 하나의 무엇이었을까요?

더 읽을 만한 책들

和田春樹, 이동환 엮음, 『러시아 혁명과 레닌의 사상』(지양사, 1986)
이 책은 '러시아 혁명'과 '레닌의 사상', 두 부분으로 구성되어 있다. 1부에서는 1905년 혁명에서 10월혁명 직후까지 러시아 혁명의 전반적인 과정을, 제2부에서는 레닌 사상의 형성과 발전 과정을 순차적으로 검토하고 있다.

레닌, 김민호 옮김, 『무엇을 할 것인가』(백두, 1988)
이 책은 레닌이 1900년 활동을 재개하면서, 정치적 상황의 변화에 신속하게 대응할 수 있도록 정치 조직과 활동가들이 어떻게 해야 할 것인가를 서술한 글이다. 동시에 그 당시 경제주의자들에 대한 비판이 담겨있다.

레닌, 김영철 옮김, 『국가와 혁명』(논장, 1988)
레닌이 1917년에 쓴 이 저작은 새로운 소비에트 사회주의 국가의 수립이라는 당면 과제를 안고 있던 러시아 프롤레타리아트에게, 수정주의자와 기회주의자로부터 맑스주의 국가론을 옹호하고, 프랑스 및 러시아의 혁명 경험 위에서 맑스주의 국가론을 발전시킬 필요성을 강조하기 위해서 집필된 책이다.

에이젠슈테인, 김석만 편역, 『세르게이 에이젠슈쩨인 : 감독노트』(예하, 1991)
세르게이 에이젠슈테인이 지은 이 책은 에이젠슈테인 자신이 그의 삶과 영화에 관한 기록을 담은 자전적인 감독노트이다. 그의 영화 감독으로서의 인생과, 그가 만든 모든 작품에 대한 제작 과정과 도판들이 실려 있다.

김용수, 『영화에서의 몽타주 이론』(열화당, 1996)

이 책은 1920년대 이후, 소비에트에서 발전한 다양한 몽타쥬 이론들을 체계적으로 검토하고 정리하면서, 그것의 핵심적 개념과 원리들을 설명하고 있다. 특히 쿨레쇼프, 푸도프킨, 그리고 에이젠슈테인으로 이어지는 몽타쥬 이론에 대한 소개를 통해서 몽타쥬 이론을 제대로 알 수 있는 지침서가 될 수 있다.

4

러시아 혁명(2) : 트로츠키와 마야코프스키

이 글을 쓴 **이득재**는 고려대 노어노문학를 졸업하고, 동대학원에서 「바흐찐과 타자」로 박사 학위를 받았다. 현재 대구 효성카톨릭대 노어노문학과 조교수로 있다. 그 밖에 계간 『문화과학』 편집위원으로도 활동하고 있다.

1

우리는 너나할 것 없이 20세기를 마감하는 순간으로 다가가고 있습니다. 20세기의 역사는 그 시작부터 우주의 빅뱅처럼 인류와 개인들이 각자의 욕망에 의해 발산되고 분산되어가는 운동으로 시작했고, 21세기를 맞이하면서 이제 그러한 운동들이 욕망을 넘어 서로서로 손을 잡는 연대성의 움직임으로 변해가고 있습니다. 프랑스의 사회학자인 에드가 모랭의 말을 빌리면, 20세기의 역사를 우리는 발산과 수축의 시대라고 부를 수 있을 것입니다.

그렇다면 20세기의 포문을 연 발산과 분산의 시대는 어디에서 먼저 시작되었을까요? 18세기에 프랑스 혁명이 있었고 19세기에 독일 혁명과 파리 꼬뮌의 역사가 있었다면, 20세기의 역사는 무엇보다도 러시아에서 시작되었다고 말해야 할 것입니다. 20세기 초 러시아에서 두 차례나 일어난 1905년 2월혁명과 1917년 10월혁명이 바로 그것입니다. 지금 러시아에 가보면 세계 3대 박물관 중의 하나인 예르미타쥬(Hermitage, 은둔자의 뜻)라는 곳이 있습니다. 이곳은 예전에 '겨울 궁전'이라고 불렸던 곳인데, 1905년 2월혁명은 겨울 궁전 앞에서 1200여 명이 군대의 발포에 의해 사망한 채 실패로 끝나고 말았습니다. 우리가 보통 이야기하는 러시아 혁명이란, 그래서 그로부터 12년이 흐른 후 레닌의 사회민주당 내 다수당이 이끌어 과거의 짜르 체제를 무너뜨리고 로마노프 왕조의 시대가 종식한 1917년 10월혁명을 말합니다.

'혁명'이란 무엇일까요? 우리에게도 1960년 4·19혁명이 있었고, 1968년 프랑스 5월혁명이 있었으며, 혁명은 아니지만 1989년의 동구의 몰락과 1991년 구소련이 붕괴하는 혁명적인 사건들을 경험했습니다. 우리는 보통 혁명을 국가 권력의 장악으로 파악합니다. 그러나 국가 권력을 이전에 장악하고 있던 사람들의 입장에서 보면 혁명은 쿠데타로 여겨집니다. 그렇다고 해서 10월혁명이 쿠데타라는 뜻은 아닙니다. 10월혁명은 도시 중심의 노동자 계급들이 연대해 니꼴라이 2세로 대표되는 짜르 체제라는 기존 권력 체계를 붕괴시킨 정치적인 사건이었습니다. 물론 러시아의 짜르 체제가 무너진 데에는 1914년에 일어난 제1차대전도 한 몫을 거들긴 했지만, 러시아의 프롤레타리아트들이 스스로를 조직하고 레닌이 그들을 이끌지 않았다면 불가능했을 혁명이 10월혁명이었습니다. 러시아의 짜르 체제는 러시아 정교, 가부장제 사회와 더불어 10월혁명 이전에 러시아를 유지시켜온 중요한 3대 지주였습니다. 10월혁명이 일어나기 전에 러시아를 지배했던 계급은 극소수였습니다. 1913년 러시아 전 인구 중 80%가 농민이었고, 공업·광업·운송업에 종사하는 사람은 10%였으며 그 나머지는 짜르, 귀족, 대지주, 사제들이었습니다. 지금으로 하면 한국을 지배하는 것이 1%의 부패 세력이라는 말과 같습니다. 그런 상황이 1917년 10월혁명 이후 트로츠키의 말을 빌리면, "혁명이 부르주아 계급들을 전복시키게"된 것입니다. 트로츠키는 1917년 10월혁명 이후인 1918년 3월에 국방위원 겸 적군을 실질적으로 창설한 정치가이자 공산당의 지도자들 중의 하나였습니다.

러시아 혁명의 이야기를 더 진행시키지는 않겠습니다. 그러나 한 가지 분명한 사실은 10월혁명이 옐친식의 쿠데타가 아니라 기존 권력 체계를

붕괴시키는데 성공한 정치적인 의미의 혁명이었다는 사실입니다. 그런데
의문이 하나 생겨납니다. 노동자 계급과 농민 계급이 부르주아 계급을 정치
적으로 타도한 이 사건이, 그래서 10월혁명 후 1985년 고르바초프 정권이
들어설 때까지 '노동자 국가,' '프롤레타리아 독재에 성공한 나라'로 '알고있
던' 구소련이 무슨 이유로 또다시 붕괴했고, 혁명의 전통을 강조했던 트로츠
키가 『배반당한 혁명』에서 그 당시의 러시아를 프랑스 보나파르트 체제에
비교한 후 '타락한 노동자 국가'라고 규정한 까닭은 무엇일까요? 다시 말해
'노동자 국가'와 '타락한 노동자 국가'간의 차이는 무엇일까요? 부르주아
계급은 혁명 후 소멸되었고 러시아는 노동자 국가답게 노동자의 권익을
보호했던 것일까요? 답은 그렇지 않았다는 것입니다. 부르주아 계급은 소멸
되기는커녕 신경제정책시기에 '네프맨'으로 부활했고 국가가 노동자들의
파업을 막아서는 안 된다는 애초의 약속은 전시 공산주의, 제1차 경제개발
계획 이후 점점 변질되어가기 시작했습니다. 스탈린이 정권을 잡은 후 열린
노동조합 대회 때마다(1932~49년까지 열린 열번의 대회) 노동조합은 임금
결정에 있어서 아무런 발언권도 갖지 못했고, 관료적 형식주의의 소산인
단체 협약에 따라 모든 문제를 정부와 당이 결정했던 것이 바로 그러한
예에 속합니다. 그러나 정작 우리가 여기서 문제삼는 것은, 정치적이고 경제
적인 영역에서 일어난 이러한 일련의 사건들이 문화적인 영역에서 어떻게
전개되었고, 그 영역에서 트로츠키와 마야코프스키의 관계는 무엇이었으
며, 마야코프스키는 시인이자 예술가로서 어떤 역할을 했는가를 살펴보는
일입니다.

2

러시아에서 통칭 '혁명 시인'으로 일컬어지는 마야코프스키는 10월혁명이
일어난 1917년도 저물 무렵 페트로그라드(레닌그라드)에서 모스크바로 오
게 됩니다. 1895년 지금의 그루지야 공화국에 속하는 바그다드라는 벽촌에
서 태어나 어려서부터 산지기였던 아버지를 따라 산 속을 돌아다녔던 마야
코프스키는 그 당시 처음으로 구경하게 된 도시인 모스크바의 광경을 다음
과 같이 묘사합니다.

> 눈 덮인 거리. 사람의 그림자조차도 얼씬거리지 않는 모스크바. 전기도 끊어졌다.
> 타버린 건물. 식료품가게에도, 옷가게에도 물건들이 보이지 않는다. 쇼윈도우마
> 다 총탄이 뚫고 지나가 유리들이 깨져 있다. 기아, 봉쇄, 역병이 유행하고 전투와
> 테러, 승리와 패배가 교차하는 혁명과 반혁명의 끊임없는 내전, 예술은 어디에도
> 없었다.(「나 자신」)

혁명 후, 실제 상황은 마야코프스키가 위에서 진술한 대로였습니다. 기
존에 나오던 모든 신문과 잡지들은 발행 정지를 당했으며 인쇄소는 몰수되
어 국유화되고 책을 찍어낼 종이가 부족한 사태까지 벌어졌습니다. 마야코
프스키의 말처럼 문화 영역에서 예술 활동이 이루어질 수 있는 기반이 송두
리째 뽑힌 상황이었던 것입니다. 이 시대는 '문학까페'가 무수하게 많아 시
인들이 자작시를 낭송하고 타틀린 같은 화가들이 새로운 실내장식을 하던
때였습니다. 마야코프스키도 이러한 까페에서 자작시를 낭송했는데, 1918
년 3월 마야코프스키는 『미래주의자 신문』을 발행하고 노동자들에게 공개
서한을 보냅니다. 마야코프스키가 1909년부터 카프리와 볼로냐에서 생겨나

고 있던 <프롤레타리아 문화>라는 조직을 의식하며, 카프리와 볼로냐의 프롤레타리아 시인들 이외에 노동자 문화를 꾸리는 모든 일꾼들에게 보낸 이 서한은 오랜 기간에 걸친 억압에서 해방은 되었으면서도 종래의 예술 의식에서 벗어나지 못하고 있는 노동자 문학 일꾼들에게 보낸 일종의 공개 장이자 도전장이었습니다. 이것은 19세기 러시아 문학을 부르주아 문학으 로 보면서도 그 문학의 비판적인 정신을 계승하려고 하던 레닌의 원칙과 전혀 다르게 19세기의 과거 문학을 무조건 부르주아 문학으로 매도하던 마야코프스키의 태도와 모든 문제를 '나'의 입장에서 재건시키려고 했던 마야코프스키의 모습이 잘 드러나있는 서한이었습니다. 이 문제는 뒤에서 더 자세히 다루기로 하고 먼저 마야코프스키의 서한을 읽어 보겠습니다.

동지 여러분! 전쟁과 혁명으로 두번에 걸친 사건은 우리의 정신과 우리의 도시를 황폐하게 만들어 버렸습니다. 어저께까지만 해도 호사스럽기만 하던 겨울 궁전 도 지금은 다 타버려 흉칙한 몰골만 드러내 보이고 있습니다. 폐허가 되버린 도시는 새로운 건설자를 기다리고 있습니다. 노예 근성은 혁명의 용이 일으킨 소용돌이에 의해 송두리째 정신에서 뽑혔습니다. 민중의 정신은 파종을 기다리 고 있습니다. 러시아의 유산을 물려받은 여러분들, 오늘날 전세계의 주인공이 된(저는 이렇게 확신하고 있습니다) 여러분들을 향해 질문을 던지고자 합니다. 어제의 다 타버린 잿더미 위에 여러분들은 어떠한 환상적인 건물을 세울 것입니 까? 여러분들의 창에서 어떤 노래, 어떤 음악이 흘러나오게 할 것입니까? 어떠한 성서로 여러분들의 정신을 열어 젖혀 보일 것입니까?

마야코프스키의 '마야끄'란 러시아어로 '등대'라는 뜻인데, 등대하면 바 다를 지키는 등대지기를 우리는 떠올릴 수 있습니다. 위에서 마야코프스키

가 밝힌 '새로운 건설자'는 누구일까요? 그것은 바로 마야코프스키 자신이
거나 마야코프스키가 이끌었던 미래주의 그룹입니다. 마야코프스키는 1918
년 '노동자 시인'이라는 제목의 시에서 다음과 같이 말한 적이 있습니다.

> 시인에게 외치는 소리
> "선반 옆에 서 있는 너를 보면 좋을 거야.
> 그러면 시는 뭐지?
> 그건 아무 것도 아니다!
> 아마 일하는 것이 힘에 부치겠지……"
> 나도 하나의 공장이다…….
> 우리는 목수들이 아닌가……?
> 하지만 시인들이 하는 일은——더욱 훌륭한 일인데…….
> 광산 위에서 불을 켜고 쉭쉭거리는 쇠를 담금질하는 것
> 그건 정말 중요한 노동이지…….
> 누가 더 높지? 시인, 아니면
> 사람들에게 물질적 이익을 가져다주는 기술자?
> 둘 다
> 심장은 발동기
> 영혼은 아주 복잡한 원동기
> 우리는 똑같이, 노동대중의 동지들.
> 프롤레타리아의 몸과 마음들이다…….
> 언어의 물로 방아를 돌려라!

이 시와 바로 위의 '공개서한'이나 모스크바에 대한 묘사를 잘 비교해

보세요. 폭풍칠 때 소용돌이를 일으키는 바다를 혁명의 상징으로 사용할 수 있다면 그 혁명을 지키는 것은 등대지기, 그것도 마야코프스키라는 한 사람만으로 된다는 뜻을 그러한 비교에서 얻을 수 있지 않을까요? 물론 마야코프스키는 <프롤레타리아 문화>를 적대시한 것은 아닙니다. 더군다나 초창기인 1910년대 초 미래주의를 비롯한 러시아 아방가르드와 <프롤레타리아 문화> 사이에는 공통점──과거에 대한 능멸, 새로운 형식과 기계시대에 대한 표현을 창조하려는 의지──까지 있었습니다. 그럼에도 불구하고 「노동자 시인」에서는 언어, 노동에 대한, 프롤레타리아에 대한 대단히 모순된 마야코프스키의 견해가 느껴지지 않습니까? 시인과 기술자 둘 다 높고 중요하다고 하면서도 "시인들이 하는 일은 더욱 훌륭한 일인데"라고 말하는 애매모호한 태도, 이 태도가 훗날 마야코프스키의 운명을 결정한 씨앗이 되었을 수도 있습니다. "나도 하나의 공장이다"라는 직설적인 마야코프스키의 이 말은 훗날 마야코프스키가 예술가로서 러시아에서 독주하면서 다른 문학 조직들이나 당 지도부와 충돌하게 되는 계기를 열어주게 됩니다. 그러니까 트로츠키가 자신의 저서인 『문학과 혁명』에서 미래주의에 대한 항목을 따로 만들어 마야코프스키를 비롯한 미래주의자들을 가리켜 이야기하는 대목들을 주목해 볼 필요가 있습니다.

"노동자 계급과는 아무 관계도 없는 부르주아적인 보헤미안"
"체질적으로 10월혁명과 연결되어 있는 시인들이 미래주의자들"
"미래주의가 스스로를 혁명적인 전통의 일부로 여기지는 않는다는 사실이 문제의 핵심이다. 미래주의가 혁명 안에서 침몰될 동안 우리는 혁명에 참여했다. [……] 그는 프롤레타리아 혁명에 자신의 혁명적인 개성을 쏟아 넣었지만 혁명과

마야코프스키 (1893~1930)

융합하지는 않았다."

레닌, 트로츠키를 포함한 당 지도부, 10월혁명 후 3개월이 지난 다음에 교육인민위원회 의장에 선임된 루나차르스키는 혁명의 핵심적인 측면을 짜르 체제의 정당성을 위기로 몰고가 정치 권력을 획득하는 것으로 생각했습니다. 이러한 당 지도부의 견해와 다른 조직들간의 갈등은 <프롤레타리아 문화>의 이론적인 지주였던 보그다노프와 레닌의 논쟁, 지금은 해체된 구소련의 <소련공산당 청년동맹>이 '제2의 당'으로 성장할지 모르므로 경계해야 한다고 경고한 바 있고 미래주의는 혁명의 전통과 물리적으로 결합했을지는 몰라도 화학적으로는 결합하지 않았다고 비판한 트로츠키, 마야코프스키를 사춘기 소년 쯤으로 생각했던 루나차르스키 등은 10월혁명을 전후하여 정치적인 혁명을 문화 혁명으로 확산시키는데 어떤 역할을 했을까요? 혹은 이 점을 거꾸로 뒤집어서 러시아 문학 예술 전체를 놓고 볼 때 러시아 아방가르드는 '10월의 연극'이니 하면서 10월혁명을 문화 예술적으로 실천하려고 했음에도 불구하고 왜 1940년 메이에르홀드가 처형되면서 비극적인 종말을 맞이하게 되었을까요? "예술은 어디에도 없었다"는 마야코프스키의 소감은 아마도 소감 이상의 절규이었을 것입니다. 이러한 마야코프스키의 절규는 혁명 이후 러시아 아방가르드 운동으로 분출합니다.

이 때 중요한 것은 1917년 10월 이후 러시아 아방가르드가 끝나기 전에 '사회주의 리얼리즘 시기'가 있었다는 사실과 레닌이 죽은 후 혁명의 전통이 일탈 과정을 겪어나가고 그 과정에서 러시아 아방가르드 운동이 죽어갈 수밖에 없었다는 사실을 먼저 염두에 두어야 한다는 점입니다. 지금도 모스크바에 가면 고리키 공원 맞은 편에 있는 미술관에 러시아 아방가르드 운동

당시 그 유명했던 말레비치의 '절대회화'라는 그림 단 한 점이 전시되어 있습니다. 이 그림은 둥그렇게 생긴 미술관 전시장을 둘러보는 사람들의 눈에 처음으로 들어오는데, 1910년대부터 1930년대 초를 수놓았던 러시아 아방가르드의 '과거'의 역사와, 다른 많은 사회주의 리얼리즘 회화들과 달리 '홀로' 단 한 장이 전시장에 걸려있는 '현재'의 모습은 그야말로 보는 이들로 하여금 많은 생각을 하게 해줍니다. 따라서 1981년 러시아를 망명해 독일에서 활동 중인 보리스 그로이스가 『아방가르드와 현대성』에서 다음과 같이 말하는 것도 무리는 아닙니다.

이 때문에 러시아의 모든 전문가들 ──물론 서구나 혹은 서구에서 중요하게 간주된 학문적인 사유에 열광적인 사람을 제외하면── 은 오늘날까지도 아방가르드의 재부활을 필요하다거나 바람직하다고 생각하지 않는다. 이러한 점에 있어서 말레비치의 입장은 정말로 '지고했다'. 그는 자신의 작품에 작가로서의 최대의 믿음을 부여했다. 그러나 그것은 너무 빨리 낡은 것으로 되었다.

이러한 과거와 현재가 분열된 역사의 원인을 우리는 어디서 찾아야 할까요? <프롤레타리아 문화>의 운동과 마야코프스키의 활동, 여러 화가와 1920년대 러시아 음악계를 수놓았던 스트라빈스키 등의 활동만이 러시아 아방가르드 운동의 전부가 아닙니다. 마야코프스키가 중심이 되어서 1912년 내놓은 미래주의자들의 선언문인 「사회적 취향에 따귀를 갈겨라」에서부터 메이에르홀드가 처형된 1940년까지 문학 예술 분야에서 일어난 러시아 아방가르드의 역사는 한 페이지에 담을 수 없는 수많은 사건들로 이루어져 있습니다.

위에서 우리는 마야코프스키의 말을 빌어 혁명의 문화적인 전제조건들이 전무한 상태에서 정치적인 의미에서의 10월혁명이 성공을 거두었다는 점을 지적한 바 있습니다. 그러나 문제의 핵심은 다음과 같은 사실에 있습니다. 트로츠키가 『배반당한 혁명』에서 주장하는 대로 10월혁명은 1917년 이후 당이 진리의 독점권을 차지하면서 혁명의 전통을 배반하는 과정을 밟았고, 레닌이 죽은 후 스탈린 시대에 이르러서는 '신화'가 되었으며 러시아 아방가르드 운동은 그 운동대로 몰락하고 말았는데, 사실은 그 붕괴의 원인이 사회주의 리얼리즘이 탄생한 원인과 같다는 사실입니다. 당이 1920년대에 들어서면서 정치 영역에서 혁명의 '신화'화를 통해 절대 권력을 추구한 것처럼 러시아 아방가르드 운동은 문학 예술 영역에서 절대 권력을 추구했으며 따라서 폭발적으로 일어난, 가히 '문화적 혁명'이라고까지 부를 수 있는 러시아 아방가르드 운동은 20세기 초 러시아에서 10월혁명과 영원한 '평행선'을 달릴 수밖에 없었습니다. 그러나 문제는 정치적인 혁명이 문화적인 혁명의 성공을 자동적으로 보장해 주거나 보장해 주지 않은 차원이 아니라, 혁명과 아방가르드 운동은 서로 '평행선'의 관계를 갖고 있었는데 그 평행선의 속성을 잘 살펴보아야 한다는 데 있습니다. 겉으로는 두 측면이 서로 갈등을 빚어 러시아 아방가르드 운동이 붕괴한 것처럼 보이지만 속내상 두 측면들이 서로의 공통점을 갖고 있었고 이로 인해 러시아 아방가르드 운동이 혁명을 '신화'화시키는 데 사실상 기여하는 꼴이 되고 말았다는 점이 바로 그 평행선의 본질입니다. 평행선이란 것이 영원히 만날 수 없는 것이라고 할 때, 결국은 만나서 하나가 되고 만 기이한 평행선이었던 것이죠.

3

이제부터는 위에서 말한 것을 다시 차근차근 풀어보기로 합시다. '신화'라고 하면 우리는 노드럽 프라이의『신화문학론』을 생각하기 쉽습니다. 그러나 노드럽 프라이의 논의는 문화가 아니라 문학이므로『상징형태들의 철학』을 쓴 캇시러의 논의를 따라가 보겠습니다. 생애 말년에 독일에서 나치가 탄생하던 것을 경험한 바 있는 캇시러에게 있어서, 신화란 언어를 묘사의 층위에서 정서적인 층위로 이동시키는 데 기반을 둔 '지배자의 기술'입니다. 이러한 기술이 발휘되면 사회생활이 의식화 儀式化되고 이념적인 가치들이 선과 악의 구체적인 이미지들로 대체되며, 과학적이고 철학적인 주장들에 바탕을 둔 일종의 예언 같은 것이 발달하게 됩니다. 1930년대 구소련의 일상생활이 의식화되고 전례없이 이데올로기로 집중되어가던 스탈린 시대가 바로 그러한 경우였습니다. 이것을 우리 식으로 말하면 IMF와 더불어 화제가 된 '박정희 신드롬'에서 알 수 있듯이, 박정희 시대의 '개발 독재'가 바로 그런 경우입니다. 이 시대에 우리에게 '경제 개발'이란 하나의 '신화'였습니다. 스탈린 시대의 이러한 측면을 그린 미할코프의 영화 <위선의 태양>이나 <이너 써클>을 비디오 가게에서 구입해 보는 것이 '백문이불여일견' 식이 되지 않을까 하는 생각을 해봅니다. 영화로 보면, '사회생활의 의식화'가 무엇인지 쉽게 이해될 수 있겠으나,『생각하는 갈대』의 저자로서 1991년부터 우리에게 알려졌고 우리나라에도 다녀간 보리스 카갈리츠키의 말을 빌려 보면 다음과 같이 이야기할 수 있겠습니다.

수많은 가족들이 공동주택에 모여 살고 있을 때, 국가는 당시로서는 아름답다고 생각되었던 거대한 건축물들을 세우고 있었다. 이 건축물의 기능은 시민들에게 집단생활이 개인생활보다 더 매력적으로 보이도록 하는 것이었다. 개인생활이 힘들고 가난하고 비참하면 할수록 이들에게 집단생활은 그만큼 더 매력적으로 보일 수밖에 없었다. 이처럼 제2의 생활은 제1의 생활 못지 않게, 아니 어떤 의미에서는 더욱 더 현실적인 것이었다. 모스크바에는 궁전의 홀 같은 주차장들을 갖춘 장엄한 중심가가 세워졌고 그 치장은 '노멘클라투라'의 취향에 따라서 세워졌다. 소련의 고층 건물은 '스탈린식 바로크' 스타일로 세워졌다. 축제 분위기가 한껏 고조된 공휴일의 대중 집회도 동일한 목적에 기여했다. 연극, 영화, 미술, 그리고 문학도 동일한 감정을 고조시켜야 했다.

보리스 카갈리츠키의 이상의 지적은 스탈린 시대에 지어진 러시아의 건물이 왜 그토록 웅장하고 장엄한 위용을 갖추고 있는가를 탁월하게 통찰한 대목입니다. 독일의 벤야민이라면 이것을 '정치의 미학화'라고 불렀겠죠. 그러나 어쨌든 카갈리츠키가 밝힌 '스탈린식 바로크'란 것은 결국 건축 분야를 통해 사회생활의 의식화를 구체화한 것이었습니다. 일상생활의 이데올로기화에 대해서도 카갈리츠키의 이상의 지적에서 충분하게 이해할 수 있으리라고 생각합니다. 이렇게 제2의 현실이 제1의 현실보다 더욱 '현실적인' 것처럼 보일 수밖에 없었던 스탈린 시대의 모습은 혁명이 신화로 둔갑한 결과였던 것입니다.

이렇게 혁명이 신화화된 이유는 어디에서 찾을 수 있을까요? 그것은 첫째, 광범위한 국민의 밑으로부터의 의견을 모아 지지를 받으려고 하던 레닌의 민주집중제가 전쟁이라는 외적인 상황으로 인하여 위축되어 갔으며 둘째, 1917년~18년 사이의 '실수'로 인해 혁명의 전통이 변질되다가 결국 혁명이 관료주의로 전락하고 만 사실들을 그 원인으로 돌릴 수 있습니다.

1917~18년 사이의 실수란 1918년 2월 검열관계법 자체가 폐지되었음에도 불구하고 언론의 자유가 계속 침해되는데, 이러한 반민주적인 사건들에 대해 볼셰비키가 아무런 '조치'도 취하지 않았던 사실을 가리킵니다. 이러한 사정은 그후 내전 기간 동안에 더욱 심화되어 트로츠키가 『배반당한 혁명』에서 '테르미도르의 반동'이라고 부르기도 했고, 한나 아렌트가 『전체주의의 기원』에서 계몽 절대주의에 비교하기도 했으며, 1920년대에 파리로 망명했던 러시아 철학자 베르쟈예프가 '새로운 중세'라고도 불렀던 스탈린 시대가 열리게 된 것입니다.

혁명의 전통이 민주주의 원칙에서 멀어져가던 시기에, 레닌은 볼셰비키에 적대적인 계급들의 정치적 자유를 더욱 제한해야 한다고 생각했지만(레닌은 1909년 보그다노프가 카프리와 볼로냐에서 이끌던 <프롤레타리아 문화>의 회원수가 40만 명으로 늘어나면서 이 조직이 당에 위협적으로 커버렸다는 인식 하에 보그다노프를 경계하기도 했던 사실도 염두에 두십시요), 사실 이보다 더욱 위험한 적인 관료 계층이 커가고 있다는 사실을 과소평가했었습니다. 관료들을 숙청했지만 관료들의 숫자는 늘어만 갔고, 나중에는 안토니오 그람시가 말한 대로 "관료 중심주의가 국가를 지배하는" 꼴이 되고 말았던 것입니다. 레닌은 죽기 얼마 전, 이 문제를 간파하고 1922년 제11차 당대회에서 스탈린의 비호 아래 급속하게 커진 당·국가 기구를 신랄하게 풍자했지만, 결국 이 대회에서 스탈린은 공산당 총서기장으로 임명되고, 레닌은 1924년 죽고 말았습니다. 그렇다면 민주집중제가 민주주의로 발전하지 못하고, 혁명이 관료주의로 타락한 것을 전쟁이나 내전 같은 외적인 상황 탓으로 인한 실수만으로 돌릴 수 있을까요? 레닌의 실수는 관료주의에 대한 접근법에서 중대한 결함을 갖고 있었다는 것입니다.

러시아는 중앙 계획경제 노선에 따라서 경제를 발전시키기 위해 새로운 행정
기구와 추가의 행정 관료를 필요로 하는 후진 국가였다. 이러한 후진 국가에
내재하는 요인들이 결합하면서 공무원 수의 증가와 국가생활에 대한 이들의
지배력의 비대화가 촉진되었다. 이는 관료 계층이 실질적인 권력의 사회적 기초
가 됨을 의미했다. 하지만 레닌은 이러한 점을 깨닫지 못하였다. 사회적 기초
없는 '순수한' 정치 권력은 존재할 수 없다.

이런 식의 실수는 레닌에게서만 발견되었던 것이 아닙니다. 스탈린 시
대를 비판했고 혁명의 전통을 강조했던 트로츠키도 터키로 망명 가기 전
결국 '당은 언제나 옳다'라는 유명한 공식으로 표현되는 '당의 물신화'를
처음으로 이데올로기화시킨 장본인이 되고 말았던 사실을 염두에 둘 필요
가 있습니다.

4

지금까지 우리는 민주주의 없는 프롤레타리아 독재가 관료주의로 이어지는
과정을 혁명의 신화화 과정과 당의 물신화 과정을 통해 살펴보았습니다.
이 과정에서 스탈린이 당의 절대 권력을 쥐고 스탈린주의를 출범시켰던
것에 대해서는 더 이상 깊이 들어가지 않겠습니다. 이번 장의 제목이 '트로
츠키와 마야코프스키'인지라, 형식이 내용을 지배하는 방식을 도저히 뚫고
나가기가 어렵기도 하고 혁명의 과정 전체를 계속 이야기하는 것이 부담스
러울 수도 있으니 말입니다. 이제부터는 머리도 식힐 겸, 트로츠키와 마야코
프스키의 개인적인 관계를 본론의 취지에서 벗어나지 않는 범위 안에서

이야기하고 나서 마야코프스키를 비롯한 러시아 아방가르드가 절대 권력을
추구한 예들을 살핀 후, 마야코프스키를 비롯한 러시아 아방가르드 운동이
스탈린에게 그 문학 예술에서의 절대 권력을 넘겨줌으로써 종말을 맞이하
게 되는 이야기를 하면서 이 장을 마치도록 하겠습니다.

　　앞서 말한 대로 마야코프스키는 자기자신을 공장, 혁명 등과 동일시했
습니다. 마야코프스키기 쓴 시들 중에 자기자신을 작품의 제목으로 하여
만든 것들이 있는 것은 이런 사정과 무관하지 않습니다. 위에서 본 「나 자신」
이라든가 『블라지미르 마야코프스키 : 비극』 혹은, 「여러 상이한 마야코프스
키에 관하여」, 「나 자신에 관한 몇 마디」 등이 그러한 예에 속합니다. 마야코
프스키는 1895년에 태어나 1930년 4월 37세의 나이로 권총 자살한 시인입니
다. 그는 레닌을 구세주로 생각했고, 트로츠키, 루나차르스키를 레닌의 사도
쯤으로 이해하고 있었습니다. 마야코프스키와 트로츠키의 관계는 스탈린과
고리키, 레닌과 고리키, 스탈린과 쇼스타코비치처럼 직접적인 개인접촉은
없었던 사이였습니다. 그러나 트로츠키는 앞서 말한 대로 『문학과 혁명』에
서 마야코프스키를 가리켜 '좌익소아병자'로 몰아붙였고 마야코프스키는
자신의 마지막 희곡작품인 『목욕탕』에서 트로츠키를 염두에 두고 관료주의
적인 인물인 포베도노시코프를 그렸습니다. 그러니까 간접적인 관계는 서
로 갖고 있었던 셈이죠. 이러한 간접적인 관계에 의한 트로츠키의 비판에도
불구하고 마야코프스키는 관료주의가 문학 예술계 안에도 침투하던 상황을
문학을 통해 비판했던 점에서 일단 긍정적이라고 말할 수 있겠습니다. 마야
코프스키의 자살노트에는 <라프>(1929년에 만들어진 문학 예술단체로서
1909년 <프롤레타리아 문화> 이래 기존의 문학 예술 조직을 흡수통합시킨
가장 큰 규모의 조직)에게 보낸 편지의 글귀가 담겨 있는데, 여기서 그는

자신의 작품인 『목욕탕』을 가리켜 "이제서야 프롤레타리아트에 합류한 지
식인에게서 자주 볼 수 있는 기만적이고 쁘띠부르주아적인 작품"이라고
혹평한 예르밀로프라는 비평가 이름을 직접 거론하면서 그 당시 관료주의
문제가 문학 예술계로 번져가던 상황을 다음과 같이 그리고 있습니다.

> 떼거리 관료주의자들을 깨끗이 청소하는 것이 쉽진 않지. 그만큼 필요한 목욕탕
> 도 없고 비누도 모자라 예르밀로프 같은 비평가들이 관료주의자들을 안락하게
> 살도록 돕는 거야.

마야코프스키는 희곡 작품에서만이 아니라 시에서도 관료주의에 대한
비판을 했습니다. 1922년 『이즈베스티야』 신문에 처음으로 실린 「줄창 회의
만 하는 자들」이란 시에서 소수의 관료들이 실질적인 결과물들은 만들어내
지 못한 채 숱한 회의로 시간이나 허비하는 무능한 모습들에 러시아 시민들
이 분개하는 감정을 토로했던 것입니다. 1922년은 레닌의 병이 발병하던
때인데, 레닌은 이 시를 신문에서 우연히 읽고 다음과 같이 말하였습니다.
"난 이 시가 좋은지 어쩐지는 모르지만, 정치적인 관점에서 보면 절대적으
로 올바르다는 것을 보증한다." 레닌은 "그 자는 항상 떠들어대고 비틀린
표현만 만들어내지"라고 마야코프스키를 냉소적으로 바라다보기도 했었습
니다. 레닌보다는 트로츠키가 문학 예술에 대해 더 식견이 있던 것으로 여겨
지는데, 마야코프스키에 대한 정치가들의 견해가 서로 달랐던 것은 아닙니
다. 가령 마야코프스키의 「1억 5천만」에 대한 트로츠키나 레닌의 평가는
거의 일치했습니다. 트로츠키는 아무런 뚜렷한 의도도 없이 세계를 두 계급
으로 양분한 이 시를 두고 '말장난'에 불과한 시라고 혹평했고 레닌은 이

트로츠키 Leon Trotsky(1879~1940)

시를 5천 부나 찍은 루나차르스키의 면전에 대고 "부끄럽지도 않느냐"고 비판했던 것입니다. 트로츠키의 한 가지 비판을 예로 들어볼까요. "온 세상의 부를 탈취하라! 마야코프스키는 이렇게 스스럼없이 사회주의를 얘기한다. 그러나 탈취한다는 것은 마치 도둑처럼 남의 것을 제 호주머니에 넣어버린다는 뜻이다. 토지와 농장의 집단적 몰수 여부에 대해 언급할 때 이런 표현이 적절한가?"

사회주의에 대한 마야코프스키의 견해가 미숙하다 하더라도, 혁명의 전통이 관료주의로 타락한 것을 문학 예술 형태를 통해 통찰한 것은 마야코프스키였습니다. 물론 여기서 정작 중요한 것은 트로츠키와 레닌의 마야코프스키에 대한 견해가 아닙니다. 마야코프스키가 혁명을 문화적인 형태들을 통해 지속적으로 발전시켜 나갈 조건들이 완전히 붕괴한 상태에서, 예술적인 의무감을 느끼고 오늘날의 타스 통신인 로스타에 들어가 만든 수많은 플래카드와 표어들, 그리고 시와 시나리오, 에세이들은 그에 대한 정치적이고 문학적인 비판에 앞서는 일이라고 하겠습니다. 러시아가 모라토리움을 선언한 이후 지금은 거리의 여자로 들끓고 있는 모스크바의 중심지인 트베르스카야 거리에, 1919년부터 마야코프스키는 '로스타 창문'으로 불리는 '풍자의 창'(『한겨레신문』에 연재되는 풍자적인 박재동의 만화를 확대시킨 것으로 생각하면 됩니다)을 선보였습니다. 현재와 과거를 비교하면 격세지감이 있는 일이겠습니다만은, 어쨌든 마야코프스키가 석유난로 하나로 버티던 추운 아틀리에에서 불태우던 문학 예술의 혼은 그를 일단 긍정적으로 평가하기에 충분하다고 할 수 있겠습니다. 과거의 예술을 무조건 부르주아 문학으로 매도하고, 과거의 문학에서는 건질 것이 하나도 없다고 주장한 미래주의 시인인 마야코프스키. 레닌이 이해하지 못할 시인이라고 냉소로 치부해버리고, 트로츠키가 그 개인주의적 성향을 꼬집고, 루나차르스키가 혹독하게 비판했다고 하더라도 말입니다. 이것은 어쩌면 정치적으로는 진보적이었으되, 문학적으로는 보수적이었던 정치가들과 문학 예술적으로 새로운 것을 늘 추구하고 실험하던 미래주의를 포함한 아방가르드 운동이 충돌한 갈등의 한 표현에 지나지 않을 수도 있습니다.

그러니 이러한 표면적인 갈등이 마야코프스키의 운명을 36세의 젊은 나이에 비극적인 권총 자살로 이끌었던 유일한 이유는 아닙니다. 그 주된 원인은 이미 마야코프스키가 위에서 본 자살노트에서 밝혔던 것처럼 당의 절대 권력과 관료주의를 둘러싼 갈등과 투쟁이 문화 영역 전반을 잠식했다는 사실입니다. 마야코프스키를 비롯한 러시아 아방가르드 운동이 붕괴하게 된 원인은 일차적으로 여기에 있습니다. 이 점에 대해서는 일찌기 안토니오 그람시가 「감옥으로부터 보낸 편지」에서 다음과 같이 지적한 바 있습니다.

이러한 국가들의 경우에는 단일 집권당이 직접적으로 정치적인 기능을 하는 것이 아니라 선전 활동과 공공질서 유지처럼 기술적인 기능을 수행하거나 도덕적·문화적 영향력을 행사하는 것만으로 만족하고 있는 듯이 보인다. 한마디로 정치적 기능이 간접적인 것이다.[……]어쨌든 이런 당의 경우에는 문화적 기능이 지배적일 수밖에 없으며 이는 정치언어가 은어화됨을 의미한다. 달리 말하자면 정치적인 문제들이 문화적인 것으로 위장되어 나타나고 따라서 해결할 수 없는 것이 되고 만다.

보리스 카갈리츠키는 이 점을 "정치 투쟁이 예술과 문화 영역 전반으로 이전되고 이후로는 그것이 '만성화'되기에 이른다"고 표현합니다. 그러니까 국가 관료 집단은 끊임없이 문화를 종속시키려고 하고, 문화에 대한 압력을 가중시키는데, 이러한 종속의 요구와 압력의 본질을 간파하지 못한 채 마야코프스키는 예술을 혁명과 지나치게 동일시하는 오류를 범하고 말았던 것입니다. 문학 예술이 관료들과 결탁하고 있는 상황에서 마야코프스키는 사회주의를 순진무구하게 이해했듯이, 정치 투쟁이 문화적인 것으로 위장되어 나타나는 것을 통찰하지 못하고 예술의 정치화, 혁명에 대한 예술의 무조건적인 복무를 주장했던 것입니다.

혁명 초기에는 물론 문화의 자율성이 보장되어 있었습니다. 그러나 불과 일 년도 안 되어 문학 예술계와 정치 권력간에 갈등의 씨앗이 생기기 시작했습니다. 루나차르스키가 교육 인민위원회 안에 둔 <이조>(조형예술 분과)는 애초에 혁명 전에 공인되고 있었던 <미술가 동맹>과 자율적인 관계를 설정하려고 했었습니다. 그러나 1918년 6월 <미술가 동맹>이 루나차르스키와 수 차례 교섭을 가진 후 자신들이 완전한 자치권을 가지고 <이조>를 지배하는 것이 보증되지 않는 한 볼셰비키정권에 협력할 수 없다는 회신을 루나차르스키에게 보냈습니다. 그러자 루나차르스키는 <미술가 동맹>과 교섭을 더이상 진행시키는 것을 포기, 혁명 직후 볼셰비키 정권을 지지하던 미래주의자들을 중심으로 하는 아방가르드 운동에 속하는 사람들을 중심으로 <이조>를 조직하기로 하고 파리시절 입체파 화가로 유명했던 쉬테렌베르그에게 <이조>라는 조직을 완전히 위임하였습니다. 그후 쉬테렌베르그는 많은 아방가르디스트들에게 <이조>의 중요한 직책을 주고 페트로그라드와 모스크바에 그 지부를 두었습니다. <이조>의 페트로그라드 지부에 바로 마야코프스키가 회원으로 들어갔던 것입니다. 이 지부에서는 『코뮌의

예술』이라는 주간지가 발행되었는데 사실은 <이조> 페트로그라드지부의
기관지였고 마야코프스키 개인으로 보자면 이때부터를 프롤레타리아 예술
을 건설하려고 하는 마야코프스키의 '앙가쥬망'(참여문학)시기라고 부를 수
있습니다. 위에서 말한 「노동자시인」은 바로 이 기관지에 실렸던 것입니다.
그리고 '제3인터내셔널 기념비'라는 설치물로 유명한 러시아 아방가르디스
트 타틀린은 모스크바지부의 책임자였습니다. 아방가르드 사진작가로 유명
하고 <구성주의>그룹을 결성한 것으로도 유명한 로드첸코나 위에서 말한
말레비치도 모스크바지부의 회원들이었습니다.

　문제는, 이렇게 아방가르드 미술가들, 혹은 전문적인 미술가들은 아니
지만 마야코프스키 등과 같은 사람들이 <이조>의 회원으로 발을 들여놓으
면서 이들이 정치 권력 문제를 문화 영역에서 '대리'하기 시작했다는 것입니
다. 그리고 이보다 정작 더 큰 문제는 이들이 문학과 예술 등 문화 영역
안에서 스스로를 '반 半공식적인' 지도자들이라고 생각했다는 데 있습니다.
문화 영역들 중에서 미술 분야를 필두로 발생하기 시작한 이러한 문제들은
러시아 아방가르드 운동의 후기로 갈수록 심화되기 시작하였습니다. 이 시
기에 우리는 발터 벤야민의 『생산자로서의 작가』에 영향을 끼쳤고 베르톨
트 브레히트의 '서사극 이론'에 사실상의 결정적인 영향을 미친 트레지야코
프(브레히트는 트레지야코프가 중국에서 1926년에 무대에 올린 <중국이여
포효하라>를 보고 서사극 이론을 개발하기 시작한 것입니다), 트레지야코
프를 비롯한 추작, 아르바토프 등이 주장한 '생산주의 예술론'을 만날 수
있습니다. 트레지야코프의 연극을 연출했고 교육 인민위원회 연극부장을
맡기도 했으며, 한때는 '러시아 인민예술가'라는 칭호를 얻기도 했지만, 그
가 주장한 '연극의 10월'과 다르게 처형되고 만 메이에르홀드도 볼 수 있습

니다. 이들 생산주의자들이라고 불리는 아방가르디스트들 —— 추작, 아르바토프, 트레지야코프 —— 은 1923년에 마야코프스키가 주도한 <예술좌익전선>(LEF)에도 참여한 바 있습니다. 러시아 아방가르디스트들의 문화 운동은 문학, 미술, 연극, 음악 분야에만 해당하지 않습니다. 그것은 장식예술, 건축, 디자인, 영화, 무대장치, 패션 분야에서도 일어났습니다. 러시아 아방가르드 운동의 역사는 더 거슬러 올라가게 되면 1905년부터 열린 수많은 전시회들, 선언문들, 새로 만들어진 조직들(1920년의 <국립고등미술스튜디오>, <예술문화연구소> 등)에서도 그 많은 이론과 실천의 규모를 짐작할 수 있습니다.

트로츠키는 이러한 시대를 "우리 시대는 거창한 목표들로 가득 찬 시대이다"라고 표현했습니다. 트로츠키의 이 말은 아방가르드 운동을 긍정하는 것이 아닙니다. 그가 보기에 미래주의란 "매우 먼 미래의 이야기"이기 때문입니다. 생산주의자인 추작에 대해서도 트로츠키는 "인텔리겐챠와 대중의 분리"를 그가 보지 못했다고 비판합니다. 트로츠키는 『문학과 혁명』에서 "남녀 배우들과 무대장치와 잡다한 소품들을 싣고 다니는 마차들을 뒤에 달고 앞에는 기갑부대의 군인들이 가는" 모습을 통해 일반적으로 "예술의 위치는 역사 진행의 후미에 놓여 있다"는 통찰력을 보여주는데, 이 통찰력에 따르면 러시아가 "문화의 가, 나, 다도 준비되어 있지 않고," "예술적인 준비도 되어있지 않은 대중들"의 상황과 달리 아방가르드 운동은 전위로서 역사를 '앞에서' 끌어가려고 하는 모순을 갖고 있었다는 것입니다. 모파상이 에펠탑을 증오했다는 얘기를 하면서 트로츠키가 위에서 말한 타틀린을 비판하는 것도 마찬가지입니다. 러시아는 미래에는 어떨런지 몰라도 아직까지는 "우리 시대의 위대한 정신을 적절하게 표현할 거대한 건축물 건설"에 소비에트 공화국이 착수할만한 경제적 여건을 갖추고 있지 않다는 것입니다. 그러니까 러시아가 "삶에서 가장 긴박하고 필요한 욕구(먹고 사는 문제)가 해결"되었는지 아닌지를 따져봐야 한다는 것입니다. 이런 상황을 무시한 웅장한 양식은 장식적인 것에 그칠 뿐 실질적인 것이 되지 못한다는 것입니다. 또, 산업과 예술간의 벽이 무너질 것은 분명하지만 생산주의자들이 기술에 예술을 종속시킨 것은 잘못된 것이라는 깃이 트로츠키의 입장이었습니다.

마야코프스키만이 아니라 러시아 아방가르드 운동에 대한 트로츠키의 견해를 간략하게 살펴보았는데, 이것도 러시아 아방가르드 운동의 운명과 연결되어 있다고 말할 수 있습니다. 그러나 핵심은 '문화의 관료화' 그리고 이로 인한 문학 예술 단체들의 권력 경쟁에 있다고 하겠습니다. 이것을 가장 첨예하게 느낀 사람이 바로 마야코프스키였습니다. 러시아 아방가르드의 역사 초기만 해도 이것은 이념의 차이를 바탕에 깐 갈등과 경쟁이었습니다. 그리고 트로츠키를 비롯한 당 집행부의 입장은 문학 예술에서 '복수주의'를 인정하는 것이었습니다. 그래서 <혁명적 소련예술가연합체>(AChRR)는 전통적인 방식(톨스토이식의 심리주의)과 아방가르드적인 방식을 서로 결합시키려고도 하였습니다. 1925년 <전 러시아 프롤레타리아 작가협회>(BAPP)의 하부조직으로 결성된 <러시아 프롤레타리아 작가협회>(RAPP)가 1929년 러시아의 모든 문학 예술 조직들 중에서 당의 노선에 가장 가까운 조직으로 공식 인정되면서, 아직은 약하지만 양적으로는 가장 큰 조직으로 성장하게 됩니다. 마야코프스키는 이와 같은 때인 1929년에 기존의 <예술좌익전선>(LEF)을 버리고 <예술혁명전선>(REF)을 조직하는데(이 사이에 <신레프>시기가 있었는데 1928년 마야코프스키는 이 조직을 포기합니다), 이때는 마야코프스키가 죽음의 문턱에 거의 다다른 시점이었습니다. 이때에 마야코프스키는 과거에 자기가 영입했던 이론가들——로드첸코, 추작, 아르바토프——과 벌인 생산적인 이전의 논쟁을 포기하고, "일체의 비정치적인 경향들과 투쟁하겠다"고 선언합니다. 그러나 다시 몇 달 후, 마야코프스키는 <REF>도 포기하고, <REF>의 누구와 한마디 상의도 없이 <RAPP>에 가입하겠다고 홀홀단신으로 리베진스키를 찾아갑니다. 마야코프스키가 자살하기 두세 달 전의 일입니다. <REF>의 회원들은 이를 두고 마야코프스키가 <REF>를 '배반'하고 <RAPP>에 '투항한 것'이라고 분노했습니다.

　과연 마야코프스키는 문학적인 권력으로 성장해 있던 <RAPP>라는 조직에 투항한 것일까요, 아니면 마야코프스키가 이끌던 여러 조직들 그 자체도 이미 정치 권력을 대리하면서 정치 권력화해버린 것일까요? 여기서 저는 마야코프스키에 관한 한 조직의 정치 권력화를 이중적으로 해석해야 한다고 생각합니다. 첫째는 <LEF>를 비롯한 마야코프스키의 조직들은 다른 아방가르드 운동 단체들처럼 정치 권력화했다고 생각합니다. 루나차르스키가 아방가르디스트들을 <이조>에 끌어들인 후, 러시아 아방가르디스트들은 볼셰비키당에 일단 협조적이려고 했습니다. 그러나 정치가 아닌 문학 예술 영역 안에서 문학 예술의 절대적인 권력을 꿈꾸는 점은 당의 입장에서 볼 때 못마땅한 일이었습니다. 특히 미래주의자들이 "19세기의 문학을 기선에서 내던져 버리자"고 했을 때, 이 슬로건은 당 지도부에게 단지 과거의 심리적 리얼리즘 같은 문학을 폐기하겠다는 외침으로만 들린 것이 아니라 소비에트적인 '새로운 인간'을 형성하고 교육시키는 데 필요한 문학 예술적인 '생산 수단'을 포기하겠다는 정치적인 발언으로 들렸던 것입니다. 당의 이러한 불만은 트로츠키의 입을 통해서도 나타납니다. "[……]<레프>는 속임수

를 쓰고 이것저것 내키는 대로 시도하고──다음 말에 기분 상하지 않기를
── 지나치게 이론상의 허세를 부리고 있다."

두번째는, 러시아 아방가르디스트들이 자신의 권력에 세계 자체를 종속
시키려고 했듯이(이 점은 러시아 아방가르드의 상징인 말레비치의 「검은
평방」에서 나타납니다. 말레비치의 '절대 회화' 혹은 '비대상적인 회화'는,
예술가란 예술의 질료에 대한 절대권력을 갖고 있는 자로서, 아방가르드에
게 있어서 그 질료란 단지 붓이나 물감인 것이 아니라 "거리는 붓이고, 광장
은 팔레트다"라는 주장에서 볼 수 있듯이), 현실 자체가 질료인 까닭에 아방
가르디스트들은 필연적으로 현실에 대한 절대 권력을 주장하게 되는 것입
니다. 보리스 그로이스는 『아방가르드와 현대성』에서 이것을 두고 "세계
자체에 대한 권력 요청"으로 파악합니다. 그러나 그가 "새로운 현실을 위한
총체적인 입안이라는 아방가르드의 프로젝트가 현실적인 정치 권력에 넘겨
지게 되었다"고 말하는 대목은 위에서 그람시나 카갈리츠키가 밝힌 '정치
언어의 은유화'나 '문화와 정치 투쟁의 대체' 효과로 봐야 할 것입니다. 이
효과의 이데올로기를 간파하지 못한 것이 아방가르드 미학의 약점이었는
데, 그 결과로 인해 새로운 세계를 구성하겠다고 나선 트로츠키의 말대로
면, "혁명적인 예술의 독보적인 전달자로 자처하던" 아방가르드 예술가들
은 군사적, 정치적인 차원에서 '예술적으로 포화된 총체적인 현실'의 대권을
잡은 자인 스탈린에게 자신의 자리를 양도하게 되는 것입니다. 물론 아방가
르드와 사회주의 리얼리즘의 관계에 대해서는 더 깊은 연구가 필요합니다
(이것에 관해서는 『스탈린시대의 문화』가 있지만 번역판이 없어서 유감입
니다).

마야코프스키는 순교자, 세계 지배자, 그리스도와 같은 힘을 가진 마야

코프스키라는 '나' 안에 세계 자체를 가두어 버리려고 했던 것입니다. 따라서 마야코프스키가 <RAPP>를 '혼자' 찾아갔었다는 사실은 그 조직에 투항한 것이 아니라, 마야코프스키라는 '개인'의 자격으로 '저항하려고' 했던 것이 아니냐는 질문을 던지게 만듭니다. 당시 <RAPP>를 찾아온 마야코프스키에 대해 리베진스키는 훗날 이렇게 회고했습니다. "라프의 지도자들은 라프에 가입하겠다고 온 마야코프스키를 적잖이 걱정어린 눈길로 바라다 보았다. 우리는 우리의 허약한 배가(<라프> 조직의 허약성을 가리킴) 저런 코끼리에 의해 상처입지 않도록 하는 것이 관심사였다." 물론 마야코프스키는 그때 냉대를 받고 좌초했던 것인데, 이로 인해 더이상 문화 영역에서 할 일이 없어졌고, 자신이 존재해야 할 이유를 찾지 못했던 상황이 결국 그로 하여금 자살하게 만들었던 것이 아닌가 추측도 해봅니다. 마야코프스키의 자살은 개인적으로 불행한 일이었지만 러시아 아방가르드 운동 자체에게도 그 종언을 알리는 불안한 조짐이었습니다. 마야코프스키를 비롯한 러시아 아방가르디스트들은 당시 혁명의 본질이 흐려지고 신화로 변질되어 가는 과정에서 세계 전체를 예술적으로 조직화하고 정치화하려는 욕망을 분출시켰습니다. 그러나 그 욕망은 (정치)권력과 연결되었고(스스로들을 당의 사회적 과제에 충실한 전문가로만 이해한 것이 그런 예인데, 마야코프스키가 당시 자기가 만든 '풍자의 창'을 가지고 『로스타』를 찾아간 것도 그러한 경우입니다. 후고 후퍼트에 따르면 마야코프스키는 그 당시 제미안 베드늬가 『프라우다』지 한 면 전체를 자신의 시로 메우는 그런 역할을 하고 싶어 위에서 말한 『줄창 회의만 하는 자들』이란 시를 들고 『이즈베스티야』 편집국을 찾아갔었다고 말하고 있습니다), 이미 정치권력이 설치해 놓은 '덫'에 걸리고 말았던 것입니다. 그러니까 러시아 아방가르드는 혁명의 신화

화 과정에 사실상 기여한 꼴이 되면서 바로 그러한 이유로 해서 붕괴하게
된 것입니다(보리스 그로이스가 아방가르드 미학의 약점을 꼬집은 앞의
이야기를 참고하십시요).

마지막으로 이 글을 마치면서 마야코프스키가 자신의 운명을 예언한
간단한 두 편의 시들을 소개할까 합니다.

나는 원한다, 조국이 날 이해하게 되길,
조국이 원치 않는다면, 그땐……
그냥 조국을 지나가는 수밖에,
비스듬히 내리는 비처럼!

나에게 '나'는 너무나 하잘 것 없어.
나는 나를 자꾸만 떠나려 하네.
여보세요!
누구십니까? 어머니?

어머니! 아들이 앓고 있어요.
어머니! 아들의 마음이 불타고 있어요.
동생 리우디아와 올리아에게
난 갈 곳이 없다고 전해주세요.

더 읽을 만한 책들

후코 후퍼트, 김희숙 옮김, 『나의 혁명 나의 노래』(역사비평사, 1993)
마야코프스키에 대한 책 중에서 우리말로 번역된 유일한 마야코프스키 자서전으로
서 일정한 관점이 있다기보다는 쉽게 접할 수 있도록 마야코프스키의 일생을 그의
작품과 함께 이야기한 책이다.

보리스 파스테르나크, 안정효 옮김, 『어느 시인의 죽음』(까치, 1977)
『닥터 지바고』로 유명한 보리스 파스테르나크가 평생 자기의 분신으로 신격화했던
마야코프스키의 죽음에 관하여 쓴 책으로, 이 책에는 마야코프스키만이 아니라 파스
테르나크 자신, 마야코프스키와의 만남을 포함해 러시아 문학에 대한 이야기가 기록
되어 있다.

보리스 카갈리츠키, 안양노 옮김, 『생각하는 갈대』(역사비평사, 1991)
우리에게도 잘 알려져 있고, 러시아의 대표적인 지식인들 중의 한 사람인 보리스
카갈리츠키가 1917년 러시아 혁명과 그 결과를 관료주의와 러시아 내의 반체제
운동이라는 관점에서 밝히고 러시아 역사의 탈출구를 모색한 책.

레온 트로츠키, 김성훈 옮김, 『배반당한 혁명』(갈무리, 1995)
레닌, 부하린과 더불어 러시아 혁명을 이끌었던 러시아 혁명가들 중 한 사람으로서
국제 공산주의운동을 낳았던 트로츠키가 쓴 저서. 이 책은 그가 스탈린 시대를 프랑
스의 테르미도르 반동시기로 규정한 것으로 유명하다. 스탈린 시대를 역사적으로
이해하는데 필요한 책.

존 버거, 김채현 옮김, 『사회주의 리얼리즘』(열화당, 1991)

이 책은 미술 분야에 반영된 사회주의 리얼리즘의 역사를 제도와 작품의 관점에서
정리한 책으로, 같은 출판사에서 나온 『글라스노스트』와 더불어 러시아 미술의 흐름
을 알 수 있는 책.

5

중국 혁명 : 루쉰과 마오

이 글을 쓴 **유중하**는 연세대 중어중문학과를 졸업하고, 동대학원에서 「노신 전기 문학 연구」로 박사 학위를 받았다. 현재 연세대 중어중문학과 교수로 있다. 지은 책으로는 『중국 현대 문학의 이해』와 『루쉰, 민족혼에 살다』가 있으며, 〈민족예술인총연합〉에서도 강의를 계속하고 있다.

1

이 책의 전체 주제는 '혁명의 문화사'입니다. 그리고 제게 맡겨진 주제는 중국의 루쉰과 마오쩌둥을 중심으로 그 주제에 맞추어 이야기하라는 것이고요. 우선 이런 이야기부터 하고 들어가기로 합시다. '혁명'이라는 말은 무엇을 의미할까요? 우리가 오늘 이야기할 대목은 중국에 관한 것일 테니까, 중국적인 방법으로 접근할 수 없을까 하는 점도 강조되어야겠군요. 우리가 80년대의 이른바 '모래시계' 세대들이 표방한 바 있는 NLPDR이니, 혹은 NDR 아니면 PDR이니 하는 말에서 R이라는 영문 알파벳이 의미하는 것이 영어의 revolution임은 새삼 설명이 필요치 않을 겁니다. 그리고 여기에는 시민이라든가, 민중, 혹은 프롤레타리아 등 각기 주도하는 계급 구성과 민주, 혹은 민족 등 지향해야 할 이념형들이 제시되어 있었습니다. 하지만 오늘 우리가 택할 접근법은 이와는 약간 색깔이 다른 것입니다. 조금 전에 중국적인 방법이라는 표현을 쓴 바 있는데, 아마 동아시아적 특성이랄까, 아니면 적어도 서구의 그것과는 약간 다른 접근 경로를 구상해 보자는 것이죠.

우선 변혁 變革이니, 혁명 革命이니 하는 말의 뜻부터 풀이하기로 합시다. 예컨대 "한국 사회에는 지난 30년 동안 거대한 변화가 있었다"라는 문장이 있다고 해봅시다. 변화 變化라는 말은 변 變+화 化로 이루어져 있는데,

변 變과 화 化는, 실은 의미가 약간 다릅니다. 화 化는 서서히 눈에 띄지 않게 바뀌는 것을 의미하고, 변 變은 급격한 바뀌어짐을 의미합니다. 바뀌어지는 것은 같은데, 속도가 다르다는 뜻입니다. 이렇게 속도가 다른 두 글자를 합성해서 통칭 바뀌어지는 것을 의미하게 오늘날 쓰이고 있는 셈이죠. 그렇다면 혁 革이라는 말은 어떨까요? 혁명 革命이라고 했을 때, 그 명 命이란 본래의 의미로 돌아가자면 오직 특별한 의미, 곧 천명의 의미가 가장 시원이 됩니다. 오로지 하늘만이 내릴 수 있는 그런 것을 명 命이라 일컫는 것입니다. 따라서 혁명 革命이란 하늘의 명을 바꿔 버리는 것을 의미하죠. 하늘의 명이란, 이를 테면 봄에는 꽃이 피고 가을에는 열매가 맺는 그런 포괄적인 자연 현상 같은 것이 대표적이라 할 터인데, 이를 바꾼다는 의미라면 실로 거대한 바꾸어짐이라 할 수밖에 없을 것입니다. 아울러 이러한 바뀌어짐이 만일 봄에 열매 맺고, 가을에 꽃피는 식으로 이루어진다면, 가히 파천황 破天荒의 것이면서, 동시에 급진적 혹은 근본적이라 하지 않을 수 없겠습니다. 영어로 '급진적인'이라는 뜻을 가진 단어가 'radical'이라면, 그 어근을 이루는 rad가 바로 root, 곧 뿌리라는 뜻을 숨기고 있다는 것입니다. '근본적'이라는 한자어에 뿌리 근 根과 뿌리라는 그림이 글자에 새겨져 있는 본 本으로 이루어져 있음도 흥미롭다고 하겠습니다. 위와 아래를 완전히 뒤집어서 그 위치를 근본적으로 그리고 신속하고 철저하게 바꾼다면, 그런 위치의 변화를 일컬어 혁명적이라고 할 수 있지 않을까요? 예컨대 "민중이 주인되는 세상을 건설하자"는 구호가 있다고 칩시다. 극소수의 지배 집단이 윗자리에 있고, 그 아래에 많은 민중이 노예처럼 생활하고 있다면 거기에 불만을 품은 대다수 민중이 제자리를 찾기 위해 윗자리에서 거들먹거리는 소수의 부류를 밑으로 끌어내리고 자신이 주인이 되는 것이 바로 혁명이라는 말에 그대로 담겨 있다는 말입니다.

그 다음으로는 '혁명의 문화사'라고 했으니까 '문화'라는 것의 의미로 넘어갑시다. 문화라는 말은 근대적 용어입니다. 동아시아의 고전적 저작에서 문화라는 말은 그리 쓰임새가 많지 않았다는 의미이죠. 그래서 여기에서는 문화의 화 化를 떼어내 버리고 문 文을 가지고 의미를 살피는 경로를 취하고자 합니다. 중국의 고전적 문예비평서의 압권으로 불리우는 『문심조룡 文心彫龍』이라는 책의 한 구절을 참조하는 것이 좋을 듯합니다. 그 책의 「원도原道」라는 글에 있는 "人文之元, 肇自太極," 곧 "인간의 문 文의 기원은 태극으로부터 비롯된다"는 구절이 그것입니다. 이 구절에서 문 文을 포괄적으로 문화라 해석해도 그리 큰 무리는 아닐 듯 싶은데, 보다 중요한 대목은 그 문화라는 것이 태극에서 비롯된다는 진술입니다. 혁명이라는 것이 문의 한 행태라고 할진대, 그 혁명 역시 태극의 원리를 통해 규명할 수 있겠다는 것이, 이 글에서의 두번째 취지인 셈이죠. 태극이란 우리가 익히 보다시피 우리 나라의 태극기가 그대로 명확하게 드러내줍니다. 태극이 음 陰과 양 陽이 하나의 원리로 통합되어 있는 그림이라는 점은 잘 알려진 사실입니다.

2

그렇다면 대관절 중국 혁명의 문화사가 이런 음양의 원리와 어떻게 만나는 걸까요? 오늘 저에게 맡겨진 두 인물이 마오쩌뚱과 루쉰입니다. 여기서 루쉰이 쓴 글을 한편 같이 읽어 봅시다.

마지막으로 대장간의 화로를 열던 날에는 얼마나 사람을 놀라게 하는 일이 벌어졌던지! 한 줄기 흰 김이 화르르 하늘로 올라가는데 땅도 흔들리는 것을 느꼈단다.
그 하얀 김은 하늘로 오르자 흰 구름으로 변하여 이곳을 뒤덮더니, 점차 분홍빛을
나타내며 모든 것을 복사꽃처럼 붉게 비쳤어. 우리 집의 시꺼먼 야로 속에는
새빨간 검 두 자루가 누워 있었지. 네 아버님이 거기다 정화수를 떠서 천천히
뿌리시니, 그 검은 푸지직 소리를 내며 점차 푸른 빛으로 변해갔단다. 이렇게
한 지 이레 낮 이레 밤이 지나자, 검은 보이지 않게 되었구나. 자세히 보았더니,
아직 야로 속에 있기는 하였지만 하도 푸르고 투명해서 마치 누 조각 얼음 같았단
다.

우리가 읽은 인용문은 루쉰의 작품 『주검 鑄劍』 가운데 한 구절입니다.
주검은, '칼劍을 형틀로 찍어낸다 鑄'는 뜻에서 알 수 있듯이, 무력에 의한
세력의 확보를 지향함을 뜻합니다. 소설이라는 문文, 곧 글쓰기를 통해 루
쉰이 칼을 만들어내고자 했다는 점은 중국 혁명의 문화적 성격이 바로 폭력
의 사용과 무관하지 않음을 의미하는 것입니다. 마오쩌둥이 "혁명이란 자수
를 놓거나 장기를 두는 것이 아니라, 총칼을 손에 쥐고 적을 타도하는 것"이
라고 천명한 것이 「호남성 농민운동 시찰보고」라는 문건인데, 그로부터 중
국 혁명사에서 문화 혁명은 폭력적 지향과 불가분한 관계에 놓여 있었던
겁니다. 이를 테면 '문학을 위한 문학'이라든가 혹은 '예술을 위한 예술'이라
는 서구적 자리매김은 통할 수가 없었던 것이죠.
　그런데 읽는 이로 하여금 주의를 요하는 대목은 바로 그 '검'이 만들어지
는 과정입니다. 검은 쇠로 만듭니다. 쇠를 쇳물로 녹여낸 다음, 거푸집 같은
틀에 부어 검의 꼴을 만든다는 것이죠. 시간이 경과하면서 쇳물이 식어 고정
된 검의 형태로 굳어지면 다시 야로에 집어넣어 열을 가한 뒤 물에 담궈

식힌 다음 다시 두드려 검으로서 갖추어야 할 강도를 높이는 과정을 거치지 않습니까. 아마도 이 과정은 반복될 테죠. 그리고 이것이 검으로 만들어지는 제대로 된 일련의 제작 공정일 것입니다. 이 과정에서 이렇듯 검은 불과 물의 갈마든 세례와도 같은 통과 의례를 거칩니다. 그러면서 불은 쇠를 이완시키지만, 그 이완 작용은 동시에 쇠와 쇠 사이에 반드시 있기 마련인 틈과 새를 메워 하나로 잇는 작용을 할 것입니다. 그렇게 한 다음은 어떤 과정이 필요할까요? 메워진 틈과 새를 다시 물로 단단하게 응결시키지 않으면 안 됩니다. 이렇게 해서 검은 빈틈이 없이 밀도를 갖추는 동시에 그 강도를 구비하게 되는 것이죠. 검을 만드는 일은 열기와 냉기를 번갈아 쇠에 작용시키는 일, 그리고 그것을 만드는 사람이 두드림으로써 비로소 완성됨을 알 수 있습니다. 결론적으로, 검을 만드는 과정은 지속과 반복, 그리고 냉과 열의 교대 작용이기도 한 겁니다.

　그렇다면 이러한 과정은 「주검」이라는 작품을 통해 일회적으로 혹은 돌발적으로 형상화되었던 것일까요? 루쉰의 작품 연보에 의하면 현재까지 알려진 루쉰의 글쓰기 가운데 가장 초유의 것은 1898년의 『알검생잡기』라는 단문 4측입니다. 당시 루쉰은 남경에서 광무철로학당에 재학 중이었습니다. 이 글들의 내용은 차치하고라도 글을 쓴 주체가 '알검생 戞劍生'으로 명기되고 있다는 점은 그 검의 이미지를 29년을 격한 이후, 1927년 4월 탈고된 작품 「주검」에까지 루쉰이 가슴에 품고 있었다는 것이라 이해할 수 있는 것인데, 이름을 통해 마음에 새긴 검이 구체적 형상으로 나타나는 데 29년이 걸린 셈입니다. 그렇다면 이 29년 동안, 다시 말해 한 세대에 맞먹는 시간이 흐르는 동안 루쉰의 작품 가운데서 그 검의 이미지는 어떻게 변모되면서 지속되어왔던 것일까요? 그 검은 불과 물에 의해 어떤 단련 과정을 거쳐왔던

53세 때의 루쉰

것일까요? 그 단련 과정은 루쉰의 창작 생애 및 중국 혁명사와 어떻게 관련되고 있었던 것일까요? 여기서 「불얼음 火的氷」이라는 루쉰의 시를 한 수 읽기로 합시다.

> 움직이는 불, 그것은 녹아버린 산호 珊瑚인가?
> 한 가운데는 푸른 흰 빛, 산호의 심장 같고, 온몸은 붉은 빛이라 산호의 고기 같으며, 바깥쪽은 약간 검은 빛을 띠어서 산호초라네.
> 그런 건 그런데, 잡으려면 손을 데인다지.
> 아지 못할 찬 것을 만나 불은 곧바로 얼음이 되어버렸지.
> 한 가운데는 푸르른 흰 빛, 산호의 심장 같고, 온몸은 붉은 빛이라 산호의 살점 같으며, 바깥쪽은 약간 검은 빛이라 산호초라네.
> 그런 건 그런데, 잡으려면 뜨거운 국물 같은 얼음에 손을 데인다지.
> 불, 얼어버린 불이여, 사람들도 어쩔 수 없고, 그 스스로도 고통스럽겠지?
> 아아, 얼어버린 불이여.
> 아, 아아, 얼은 불의 사람이여.

기묘한 이미지라 아니 할 수 없을 겁니다. 얼은 불이라니요? 불이 얼 수가 있는 건가요? 하지만 우리가 따지고자 하는 건 물리나 화학 시간에서 불을 얼릴 수 있는가 하는 문제는 아닙니다. 위의 시는 북경에서 발간되던 『국민공보』의 신문예란에 1919년 8월 19일자로, 다시 말해, 5·4운동이 발발한 지 3개월 정도를 지난 시점에 발표된 것입니다. 이 작품에는 그것이 담겨져 있는 『자언자어 自言自語』라는 작품집 제목에서 시사받듯이, 겉으로 표나게 드러내기 힘든 당시 루쉰의 내면적 심회가 감추어져 있습니다. 그러한 내면적 심회의 굴절은 5·4라는 현상과 무관할 수 없을 터이고, 따라서 이

시에도 역시 루쉰의 5·4에 대한 인식과 가치평가가 나타나고 있다는 것이죠. 그것은 주로 '불'로 나타납니다. 하지만 그 '불'은 '얼어버린 불'로, '산호초'의 형상을 하고 있습니다. 5·4운동의 열기 속에서 루쉰은 '얼어버린 불'을 느끼고, 그것을 시의 형태를 통해 드러낸 것으로 읽혀지고 있습니다. 위의 시가 발표되기 직전, 루쉰은 「수감록 隨感錄 41」에서 이미 "일을 할 수 있는 사람은 일을 하고 소리를 낼 수 있는 사람은 소리를 내며, 열이 있으면 있는 만큼 빛을 내야 한다. 설사 그 빛이 반딧불 크기만 하다고 해도 어둠 속에서 약간이나마 빛을 뿌릴 수는 있을 것이니, 횃불이 나타날 때까지 기다릴 필요가 없다"고, 5·4기의 청년들을 향해 설파한 바 있습니다. 또한 우리는 이 「수감록 41」을 위시하여 5·4시기에 쓰여진 일련의 「수감록」 작품이 실린 루쉰 최초의 잡감집의 제목이 다름 아닌 『열풍 熱風』, 곧 '뜨거운 바람'이라는 점에서도 바로 이러한 '불'의 이미지를 연상시킬 수 있지 않을까요?

「불 얼음」이 발표된 시점으로부터 약 6년 여 후인, 1925년 5월 4일 루쉰은 자신이 실질적으로 주재하던 잡지 『어사 語絲』에 「죽은 불 死火」을 발표합니다. 『야초』라는 시집에 실리게 되는데, 연작 23수 중 「죽은 불」은 열두 번째 작품으로 『야초』의 중간 지점에 위치해 있습니다. 이미 제목에서도 시사 받듯이, 이 「죽은 불」은 앞서의 「불 얼음」과 좋은 대조를 이루는 작품입니다. 우리는 「죽은 불」에서 「불 얼음」으로부터 이어지는 시적 영상을 그릴 수 있을 것입니다.

꿈 속에서 나는 얼음산을 뛰어 돌아다니고 있었다.

그것은 거대한 얼음산인데, 위로는 차가운 하늘에 닿고, 하늘에는 고기 비늘을 겹친 듯한 언 구름이 가득 차 있었다. 기슭에는 얼음 나무 숲이 있었는데, 그

가지나 잎은 송백 松柏과 비슷하였다. 모두가 얼음처럼 차갑고, 모두가 창백하였다.

그러자 갑자기 나는 얼음의 골짜기로 떨어졌다.

상하 사방이 모두가 얼음처럼 차갑고 창백하였다. 더구나 창백한 얼음 위 전면에 무수한 붉은 그림자가 산호 珊瑚의 그물처럼 얽혀 있었다. 발아래를 보니, 거기에는 불꽃이 있었다.

그것은 죽은 불꽃이었다. 한창 타고 있는 형상을 하고 있었으나 흔들거리지 않고, 전체가 산호 가지처럼 얼어붙어 있었으며, 더구나 끄트머리에는 검은 연기까지 달라붙어 있었다. 화택 火宅에서 나오자마자 응결한 것 같았다. 이리하여 사방의 얼음 벽에 반사되고 다시 역으로 반사되어 무수한 그림자를 이루며, 얼음의 골짜기를 붉은 산호빛으로 물들이고 있었다.

하하하!

어릴 때부터 나는 쾌속선이 가르는 파도나 용광로가 뿜어내는 불꽃을 보는 것을 좋아하였다. 보는 것을 좋아할 뿐 아니라, 찬찬히 살펴보고 싶었다. 유감스럽게도 그것들은 시시각각으로 변화하여 정형을 유지할 수가 없었다. 아무리 보고 또 보아도 선명한 인상은 남지 않았다.

죽은 불이여, 먼저, 최초로, 너를 붙들었단 말이다!

나는 죽음의 불꽃을 주워들고 자세히 살펴보려 하였으나, 그 냉기가 내 손가락을 태웠다. 그러나 꾹 참고 그것을 호주머니에 넣었다. 갑자기 얼음 골짜기 전체가 청백 일색으로 변하였다. 그렇게 하면서 나는 얼음 골짜기를 **빠져나올** 방법을 궁리하고 있었다.

내 몸에서 검은 연기가 한 줄기 솟아나더니 실뱀같이 솟아올랐다. 경각에, 얼음 골짜기 전체에 다시 붉은 연꽃의 불꽃이 흐르고 불바다가 나를 감쌌다. 고개를 숙이고 보니, 죽음의 불이 다시 타기 시작하여 내 옷을 태우고 얼음 위로 흘러나가고 있었다.

"여어, 벗이여! 그대는 자신의 열기로 나를 깨워주었군 그래." 그는 말하였다.
나는 황급히 답례를 하고 그의 이름을 물었다.

"나는 전에, 사람이 얼음 골짜기에 나를 버려서 말이지," 물음에는 대답하지
않고 그는 말하였다. "나를 버린 자는 진작 멸망하여 없어졌어. 나는 하마터면
얼어죽을 판이었어. 그대가 열기를 주어서 다시 타오르게 하지 않았더라면 나는
꼼짝없이 멸망하였을 거야."

"그대가 깨어나 주어서 나도 기쁘이. 지금 얼음 골짜기를 나갈 방법을 궁리하고
있던 참이야. 나는 그대를 데리고 나가서 영원히 얼어붙을 일이 없이 영원히
탈 수 있게 해주고 싶군."

"아니야, 아니야! 그리 되면 나는 다 타버릴 거야."

"다 타버린다면 안 될 일이군. 그렇다면 역시 여기에 남겨 두지."

"아니야, 아니야! 그리 되면 나는 얼어죽게 돼."

"그렇다면 어떻게 하면 좋겠나?"

"그런데 그대 자신은 어떻게 할 셈인가?" 그는 반문하였다.

"말하지 않았나, 나는 얼음 골짜기를 나가고 싶다고……"

"그렇다면 나는 차라리 타버리겠네!"

그는 붉은 혜성처럼 튀어오르더니 나와 더불어 얼음 골짜기에서 뛰쳐나갔다.
갑자기 커다란 돌의 수레가 달려오더니 나를 바퀴로 깔아 뭉겠다. 그러나 죽기
직전에 나는 그 수레가 얼음 골짜기로 굴러떨어지는 것을 보았다.

"하하하! 그대들은 이제 죽음의 불은 만날 수 없게 된 거야." 이리 되기를 바라고
있었던 듯이 나는 회심의 미소를 지었다.

앞서 「불 얼음」에서 나타나는 푸른색, 흰색, 붉은색의 배치에 의한 시각
적 색채 감각이나 산호초가 되어 굳어 버린 불의 형체, 얼음과 불의 기이한
결합구조 등은 그대로 「죽은 불」에서도 연장되어 나타나고 있음을 알 수

있습니다. 그럼에도 불구하고 「죽은 불」은 「얼은 불」의 단순지속형은 아닙니다. 그것은 다음과 같은 몇 가지 변화를 수반하고 있는 것이죠.

첫째, 작중의 불이 보다 구체적이고도 동적인 인격화의 형상으로, 다시 말해 성격을 가진 작품 내적 성격을 행사하는 주체로 드러난다는 점입니다. 「얼은 불」에서의 그 '불'도 마지막 행에서는 "아, 아아, 얼어버린 불의 인간이여"라 했음에도, 그 '불'은 동작의 주체라기보다는 시적 화자인 작자의 관찰의 대상으로 고정된 채 정태적 피사체에 그칩니다. 그런데 「죽은 불」에서는 그 '불'이 '죽음→재생'이라는 일종의 부활 구조를 보여주면서 작중 화자인 '나'와 대화를 교환하는 관계 속에 위치지워지는 것이라 보는 것입니다.

둘째, 작중 화자인 '나'의 작품 내로의 등장입니다. '나'는 얼음 골짜기로 떨어져 죽어 있는 상태의 '불'을 발견하고 그것을 찬찬히 살펴 본 다음, 얼은 불의 냉기에 손가락을 태우면서 그 불을 호주머니에 넣어서는 골짜기를 빠져나옵니다. 그리고는 "커다란 돌 수레"의 바퀴에 깔려죽기에 이르죠. 앞서의 얼어서 가사 상태에 빠져 있는 불을 구하는 과정에서 '나'는 죽음에 이른다는 의미입니다.

셋째, 전체적 작품의 구도를 보면, '나'와 '죽은 불'이 서로 상호 교차됩니다. 그 상호 교차의 결과는 삶과 죽음의 교차입니다. 곧 '죽은 불'은 가사 상태에서 부활로, '나'는 삶에서 죽음으로 이어지면서 그것이 만나는 구도를 보이는 것이죠.

그러면 여기서 작품 「주검」으로부터 「불 얼음」 및 「죽은 불」로 이어지는 이미지를 관통하는 것이 무엇인지 다가올 듯합니다. 차가운 기운과 뜨거운 기운, 곧 냉기와 열기가 갈마들면서 무엇인가의 완성을 향해 나아가고 있지 않은가 하는 겁니다. 여기서 이런 두 개의 기운을 어떻게 설명하는가, 혹시

이 두 기운을 앞서 언급한 바 있는 "人文之元, 肇自太極," 곧, "인간의 문
文의 기원은 태극으로부터 비롯된다"는 구절과 연관시킬 수는 없을까요?
이를 다시 풀자면, 음양의 원리로 설명이 가능할지도 모른다는 겁니다. 좀더
비근한 예를 들기로 합시다. 사우나를 한다고 할 때, 냉탕과 온탕에 번갈아
들어가는 걸 연상하면 어떨까요? 칼을 만드는 원리를 루쉰은 찬 기운과
더운 기운을 빈갈아 교체하면서 그리고자 했던 것은 아닐까요? 루쉰은 이렇
게 말한 적이 있습니다. "개혁이 최고도로 빠를라치면 역시 불과 검이다."
개혁이 속도가 최고도로 빠르다면 그것을 일컬어 우리는 혁명이라 할 수
있을 겁니다. 강제적인 힘에 의해 뒷받침된 것이야말로 혁명이 아니겠습니
까? 거기에 필요한 것이 불, 곧 「죽은 불」에서 보듯이 "불 얼음"을 녹여내어
그걸로 빚어낸 칼의 힘을 통한 것이라 보는 겁니다.

3

이제 두번째 주제로 들어가기로 합시다. 그것 역시 루쉰이 그린 그림으로부
터 출발하는 것이 필요하겠습니다. 다음의 장면을 보기로 합시다.

어느 때였던가, 나는 마침 화면에서, 오래 전에 헤어졌던 많은 중국인들을 갑자기
보게 되었다. 가운데에 한 사람이 묶여 있고, 주위엔 많은 사람들이 둘러서 있는
장면이었다. 모두 건장한 체격이긴 했지만 넋이 빠진 듯 멍청한 표정들이었다.
해설에 의하면, 묶여 있는 중국 사람은 러시아를 위해 군사상의 기밀을 정탐했기
때문에, 본보기를 보이기 위해 일본군이 목을 자르려 한다는 것이었다. 둘러선
사람들은 이 본보기가 되는 큰 일을 구경하러 온 것이라고 했다.

위의 인용부는 루쉰의 문학으로의 장의 이전을 거론할 때마다 인용되곤 하는 구절입니다. 당시 루쉰은 일본 유학 중이었습니다. 하지만 유학 시절 초기에 그는 문학 지망생은 결코 아니었습니다. 의학을 전공하기 위해 일본 의 센다이 의학전문학교에 재학 중이었던 것입니다. 그러던 어느 날 마침 강의가 휴강하는 바람에 그 짬을 이용해 학교측에서 학생들에게 환등기를 통해 슬라이드를 보여준 일이 있었습니다. 거기서 루쉰은 러시아 군대의 첩자 노릇을 했다는 죄목으로 일본군에 의해 중국인이 처형당하는 장면을 목도한 것이죠. 그 사건을 일컬어 중국 문학사에서는 이른바 '환등기 사건' 이라 명명하고 있습니다. 이 사건이야말로 의사 루쉰으로부터 작가 루쉰으 로의 탄생을 계기짓는 중요한 사건이었습니다. 말하자면 작가 루쉰이 탄생 되는, 칼 융의 표현을 빌자면, '원형적인'(아키타이플 archetypal) 한 사건이 아니었을까 합니다. 그러나 보다 중요한 것은 이 사건이 루쉰에게 준 충격의 파장이 그의 문학으로의 존재 이전을 추동시킨 데서 그치는 것이 아니라, 작품의 형상화를 위해 구체적으로 기능하는 모티브로까지 퍼져 나갔다는 것입니다. 아마도 거기에 루쉰의 작가로서의 면모가 일찍부터 자라나고 있 었던 것은 아닌가 하는 것이죠. 물론 그 모티브는 '본보기 示衆'라는 장면입 니다. 거기서 루쉰은 당시 중국인이 처해 있던 상황의 본질에 해당되는 측면 을 자기 방식대로 포착해버린 셈이라고 할 수 있습니다. 그리하여 그는 육체 를 치료하는 분야인 의학을 포기하는 대신, 국민성의 개조라는 정신상태의 치료를 자신의 '업'으로 삼는 문학으로의 길에 입문하게 되는 것이죠. 루쉰 의 이러한 착안은 이후 자신의 작품 세계에서 지속적인 모티브로 현상하게 됩니다. 여기서 루쉰은 기묘한 구도 하나를 그립니다. 그것은 두 사람이 대립하고 있는 가운데 그 주위를 많은 구경꾼들이 둘러싼 채 구경하는 장면

지앙자오히가 그린 아큐 초상화와 1931년 일본에서 출판된 〈아큐정전〉

으로, 이러한 장면상의 구도는 이후 단편 소설 「약」에서도 그대로 이어집니다.

두세 명씩 서성대던 사람들도 눈 깜짝할 사이에 한데 어울려 조수처럼 앞으로 몰려갔는데 정 丁자 삼거리에 이르자 멈춰서서 반원형으로 빙 둘러섰다. 노전도 그쪽으로 눈을 돌렸다. 하지만 한데 무리를 이룬 사람들의 등만이 보일 뿐이었다. 모두들 목을 길게 빼고 있었는데, 그 모양은 마치 수많은 오리떼가 보이지 않는 손에 목이 잡혀 매달려 있는 듯했다. 잠시 조용했다. 이윽고 무슨 소리가 나는 듯하더니 다시 술렁이기 시작했다. 쾅하는 소리가 나더니 모두들 후퇴하여 노전이 서있는 곳까지 흩어져 왔는데, 그 바람에 하마터면 그는 밀려 넘어질 뻔했다.

'환등기 사건'이 루쉰의 뇌리에 강인한 인상을 준 것은 1906년 초반 무렵이고, 이로부터 소설 「약」이 집필된 것은 1919년의 일입니다. 루쉰은 이 장면에서 얻어진 이미지를 자신의 뇌리에 간직한 채 장장 13년을 마치 소가 먹이를 반복하여 되새김질하듯이 반추하고 있다고나 할까요. 위의 장면은, 혁명가 하유 夏瑜의 피로 적신 만두를 먹고 나서도 끝내 폐병에서 회생하지 못한 채 죽고마는 운명을 가진 화소전 華小栓의 아버지 화노전 華老栓이, 그 피에 적신 만두를 돈으로 구입하기 위해 기다리면서 그의 시선에 비쳐지는 광경을 그린 것입니다.

가을철 이른 새벽, 한 무리의 사람들이 처형 장소를 배회하다가 처형 대상이 나타나자, 한자의 정 丁이라는 글자처럼 생긴 삼거리에 반원형으로 빙 둘러서서 처형 장면을 감상하고 있습니다. 여기서 처형이 가져다 줄 어떤 한 인간――그것이 혁명가이건, 아니면 그 밖의 다른 부류의 인간이건――
의 죽음에 이르는 경위와 그 결과, 죽음에 처해진 인간의 신원 따위는 그들
에게는 아무런 의미도 없습니다. 말하자면 죽음과 죽임이라는 특정한 행위
의 진행 과정 자체만이 그들의 호기심 혹은 눈요기의 대상인 셈이죠. 이런
사정은 아들에게 먹일 만두에 적셔지는 피가 누구의 피인가, 어떻게 흘려진
피인가에 대해 전혀 무의식의 상태에 놓여 있는 화노전의 경우에 있어서도
거의 대동소이합니다. 심지어 화노전은 자신의 앞에서 벌어지는 광경이 어
떤 광경인지조차 모르고 있습니다. 한데 몰려 있는 사람들의 모습은 화노전
에게 이름도 없고 얼굴도 드러나지 않으며 오로지 "등"만이 눈에 비칩니다.
그 무리들의 형상에서 앞 모습은 부재하며 등 뒤의 모습만이 드러나고 있습
니다. 그들의 목은 마치 오리떼가 누군가의 보이지 않는 손에 의해 목이
길게 빼어져 있는 것으로 그려집니다. 다시 말해, 그들의 "길게 빼어져 있는
목"은 언젠가는 그 누군가에 의해 뽑힐지도 모르는 운명을 가진 것이라는
암시가 은밀하게 감추어져 있는 것이라고 볼 수도 있는 겁니다.

  소설 「약」에서 혁명가 하유의 모습은 작가 루쉰에 의해 단 한 차례도
직접적으로 형상화되지 않습니다. 다만 화노전이 운영하는 찻집의 "뒤쪽
탁자에 앉아 있던 스무 살 남짓한 젊은이," 곧 익명의 화자의 전언 가운데
'이 청나라의 천하는 우리들 모두의 것이다'라는 귀절이 간접화법으로 처리
되는 등 간접적으로 타인에 의해 비쳐진 모습이 그려지고 있을 따름입니다.
혁명가 하유는 이렇게 이름 없는 작중 인물의 대사 가운데로 용해되어 사라
져 버립니다. 하유의 죽음이 처리되는 과정은 곧 하유를 제외한 모든 작중
인물에 의해 삶과 죽음의 의미 전체가, 마치 거대한 파도에 한 방울의 피가
섞여 회석되어 흔적조차 없어지듯이 무화 無化되어버리고 마는 그런 것이

었습니다.

루쉰이 「약」의 이런 장면을 통해 무엇을 되새기고자 했던 것인가는 이로써 분명해집니다. 작중에 한번도 스스로의 형상을 내밀지 않은 하유가 실은 루쉰의 동향인으로 신해 혁명에 참가했던 여류 혁명가 추근秋瑾을 대상으로 했다는 것은 여러 고증을 통해 알려진 바 있습니다. 추근의 처형이 이루어진 장소는 바로 루쉰의 고향이기도 한 샤오싱 紹興의 고헌정구 古軒亭口라는 곳이기도 합니다. 추근의 처형이 있었던 시점은 1907년. 루쉰은 추근의 서거 당시 도쿄에 있었습니다. 그리고 추근은 자신의 처형에 앞서 세 가지 조건을 제시했는데, 그 가운데 하나가 바로 "자신의 수급을 조리돌리지 말라 不能以首級示衆"는 것이었습니다. 이렇게 보자면 '환등기 사건'을 통해 각인된 이미지가 추근의 죽음이라는 구체적 사건과 결합되면서 그 의미가 소설적 형상화에 이르고 있음을 알 수 있습니다.

그런데 문제는 이러한 구도가 이후에도 지속적으로 루쉰 작품 속에서 출현하고 있다는 사실입니다. 이를테면 『야초』 가운데 「복수」라는 작품과 「복수 2」, 혹은 「조리 돌리기」라는 작품에서도 여전히 이어집니다. 특히 「복수 2」는 기독교의 성경 가운데 예수가 이스라엘 백성들에 의해 둘러싸인 채 십자가에 못박혀 처형당하는 장면을 그리고 있습니다. 로마 총독 빌라도가 예수를 십자가에 못박는 장면은 성경의 본질적 핵심에 해당되는 장면이 아닐까요? 그렇다면 루쉰은 왜 이 장면에 그토록 집착을 보였을까요? 그 장면의 의미는 과연 오늘 우리의 주제와 무슨 연관이 있는 걸까요? 모르긴 몰라도 이런 의문이 떠올라야 자연스럽다고 할 수 있을 겁니다.

우선 첫번째로 인물 분석을 해보기로 합시다. 먼저 가운데 자리에 위치한 인물들의 공통점이랄까 그런 것이 있을까요? '환등기 사건'에서 일본군

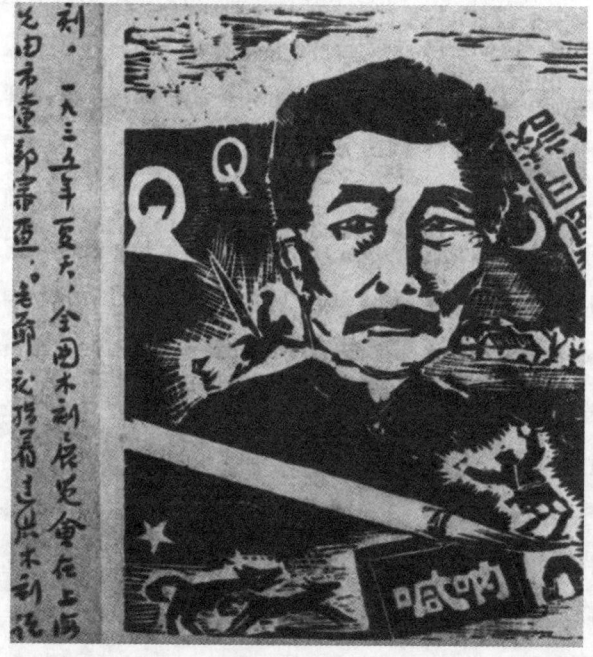

1915년 창간된 잡지 〈신청년〉과 카오바이의 루쉰 목판

에 의해 처형당하는 인물은 러시아 군대의 첩자 노릇을 했다는 명목으로 죽음에 처해집니다. 두번째 작품 「약」에서 문제가 되는 인물은 신해 혁명 당시의 여류 혁명가인 추근이고요. 세번째 「복수 2」에서는 예수가 바로 장본인입니다. 이들의 공통점은 물론 죽음에 처해진다는 것입니다. 여기서 첫번째 '환등기 사건'에서 러시아 군대의 첩자 노릇을 한 인물에 대해 이런 추리를 해본다면 어떨까 합니다. 당시 일본은 러일 전쟁에서 승리를 거두었습니다. 그보다 몇 해 전 일본은 청일 전쟁에서 이겨 마침내 청나라를 무릎 꿇게 합니다. 청일 전쟁의 승리의 대가로 일본에 할양된 것이 바로 대만이었으니까요. 청나라는 얼마 전까지만 해도 업신여기고 있던 한낱 섬나라인 일본에 패했다는 사실에 커다란 충격을 입었습니다. 그리하여 러시아와 일본 사이에 전쟁이 벌어지자 어떤 중국인이 그 설욕을 위해 러시아의 편에 서서 무슨 일인가를 했다고 칩시다. 그리고 그 일이 발각되어 일본에 의해 처형을 당했다면? 어쨌든 나라를 위하는 마음이 있었을 테죠. 이런 가정에서 보자면, 사람들에 의해 둘러싸인 채 처형당하는 인물들은 무엇인가 대의명분을 위해서 자기를 바친 사람들입니다. 혁명가가 되었건 성인이 되었건 사정은 마찬가지가 아닐까요? 이런 죽음을 우리는 무엇이라 부를 수 있을까요? 일본의 유수한 루쉰 연구자 가운데 한 사람인 다께우찌 요시미 竹內好는 루쉰 문학에서 어떤 종교적 속죄의 마음을 읽어냅니다. 헌신이랄까, 아니면 순교, 그것도 아니면 희생이라고 할 수도 있을 겁니다. 루쉰에게 이런 인물은 전사 戰士, 곧 '싸우는 사람'의 형상으로 비쳐졌던 듯합니다. 동시에 자신의 운명적 죽음을 깨달은 사람, 말하자면 스스로의 죽음을 먼저 자각한 사람, 곧 선각자였다는 말입니다.

그 선각자의 주변에서 그 전사이자, 혁명가 혹은 성자가 죽어가는 장면을 구경하는 구경꾼이 있습니다. 그들은 사람들의 죽음이라는 결코 범상치 않은 사건을 연극의 관객 觀客처럼 즐기고 있을 따름입니다. 여기서 관객이라는 말 가운데 '객 客'이라는 말에 유의할 필요가 있습니다. 객의 맞은 편의 글자는 '주 主'겠죠. 다시 말하자면, 주인된 자리에 서 있지 못한 존재라는 말입니다. 선각자와 어리석은 용중 庸衆 사이의 관계망이 바로 루쉰이 지속적으로 그리고자 했던 그림이라는 뜻입니다. 우리가 앞서 '혁명의 문화사'란 말을 인문적으로 푼다고 한 말을 상기해봅시다. 인문 人文이라는 말은 흔히 '휴머니즘'이라는 영어로 풀이되곤 합니다. 그런데 이 말을 우리네 동아시아의 고유한 의미로 풀면 '사람과 사람 사이의 무늬'로 풀 수 있습니다. '문'이라는 말은 본시 무늬를 뜻하는 문 文의 의미를 지니고 있었으니까요. 중국현대사, 곧 중국 혁명사에서 루쉰은 사람과 사람 사이의 관계를 주체와 객체로 나뉘어 그림을 그리되, 그 그림의 구도를 가운데 두 사람이 서로 생사를 걸고 있고 그 주위에 둥그렇게 둘러서서 그걸 구경하고 있는 그림으로 그린 겁니다.

4

이제 마오쩌뚱으로 넘어가 봅시다. 그러기 위해서 우리는 마오쩌뚱의 다음과 같은 사 詞 한 수를 감상하지 않으면 안 됩니다.

산 아래로 깃발로 어지러이 날리고,　　　　　山下旌旗在望
산 꼭대기에는 북소리, 호각소리.　　　　　山頭鼓角相聞
적군이 천겹 만겹 에워싸고 있지만,　　　　　敵軍圍困萬千重

나는 태산처럼 끄떡도 없네.	我自巋然不動
일찌감치 방어망 삼엄하게 구축해 놓은데다가,	早已森嚴壁壘
군중들의 뜻이 성을 쌓아놓은 듯한 때문.	更加衆志成城
황양계(黃洋界) 위쪽으로 포성소리 들리더니,	黃洋界上礮聲隆
들려오는 소식에 의하면 적군은 밤새 물러났다지.	報道敵軍宵遁

마오쩌뚱은 비록 직업적인 시인이나 문학인이라고 할 수는 없지만, 위와 같은 형식의 사, 다시 말해서 중국의 고전적 문학 장르의 한 형태로서 송나라 무렵 전성기를 누렸던 노래말을 수십 수 남기고 있습니다. 위의 작품은 「서강월 西江月」, 곧 '서쪽 강 위에 뜬 달'이라는 고전적 가락에 노랫말을 맞추어 넣은 작품으로 그 부제는 '정강산 井岡山'입니다. 정강산이라는 산은 쟝시성 江西省에 위치하고 있는 험준한 산악지대인데, 마오쩌뚱은 국민당의 장졔스 蔣介石 군대에 의해 이리로 쫓겨들어 힘을 비축하던 1928년 가을 이 사를 썼으며, 위의 내용은 전투의 열기가 가라앉은 다음 비교적 여유를 느끼면서 쓰여진 것임을 알 수 있습니다. 그런데 마오쩌뚱의 사 작품들 가운데 굳이 위의 작품을 읽는 이유는 여섯째 행의 "군중들의 뜻이 성을 쌓아놓은 듯한 때문"이라는 구절에 주목하기 위해서입니다. 당시 장졔스가 이끄는 국민당 군대에 맞선 중국 공산당의 홍군은 세력 면에서 열세를 면치 못하고 있었습니다. 그럼에도 마오쩌뚱이 이토록 여유만만한 태도를 보일 수 있었던 것은 바로 정강산을 중심으로 한 인근 농촌 마을의 농민들이 마오쩌뚱의 편에 서 있다고 확신하고 있었던 데서 비롯되는 것이죠. 농민 군중들이 한 마음으로 뭉쳐 중국 공산당의 뒤를 받쳐주고 있다고 생각했던 것입니다. 이곳 정강산에서 마오쩌뚱은 자신의 혁명 전략의 기본이 되는 요체, 곧 '대

연안 시절 집무를 보고 있는 마오

중노선 大衆路線'이라는 방식을 자각하게 되는 것입니다. 이를테면 국민당 군대는 지나가는 마을마다 약탈을 일삼으면서 피해를 주는 데 반해, 공산당의 홍군은 만일 농가에서 먹을 것을 빌리게 되면 반드시 다음 기회에 갚는다는 규칙을 세워 두 군대 사이에 차별점을 농민들의 가슴 속에 심어주었고, 그렇게 해서 농민들 대부분은 공산당의 군대에 대해서 호감을 가지는 반면 국민당 군대에 대해서는 고개를 가로젓는 식이었습니다.

이렇게 해서 마오쩌뚱의 '대중 노선'은 향후 중국 공산당의 모든 행동, 정치, 경제, 군사 방면에서 지도적인 위치를 차지하게 되고, 이는 문학과 예술 분야에서도 예외가 아니었습니다. 그리고 문학 예술 분야에서 이러한 군중 노선이 확고한 모습으로 자리를 잡게 되는 것은 마오쩌뚱이 행한 한 강연을 통해서인데, 이 강연을 일컬어 흔히 「옌안문예강화 延安文藝講話」라 부르는 것이죠. 「옌안문예강화」에서 압권은 아무래도 다음과 같은 구절이 아닌가 합니다.

그러나 우리는 반드시 그들을 깨우쳐 주어야 한다. 모든 혁명적 예술가는 오로지 대중과 밀접한 관계를 맺어 대중을 표현하며, 자신으로 하여금 대중의 충실한 대변자라는 사실을 인식할 때, 비로소 그들의 공장이 의의를 지닌다는 것, 대중을 대표하는 자만이 대중을 교육할 수 있으며, 대중의 학생이 됨으로써만이 대중의 선생이 될 수 있다는 것, 그리고 만일 자신을 대중의 주인으로 여기는나머지 '하등인 下等人'의 머리 위에서 거들먹거리는 귀족으로 생각한다면, 그들이 아무리 많은 재능을 지니고 있건 상관없이 대중에게는 필요치 않은 존재이며, 그들의 공작은 아무런 장래성이 없다는 것.

혁명적 예술가에게 중국 공산당이 보내는 호소인 셈인데, 거기서 중요한 것은 대중과 혁명적 예술가 사이의 관계입니다. 선생과 학생, 주인과 손님의 관계가 교묘하게 역전되고 있음을 볼 수 있는 것입니다. 대중의 학생이 됨으로써 대중의 선생이 될 수 있다는 것은 어떤 의미를 지닐까요? 일찍이 1930년대 <중국좌익작가연맹> 시절 취치우바이崔秋白라는 중국 공산당의 문예조직가가 "이들 혁명적 지식분자 ──소자산 계급 ── 는 아지도 노동자 계급의 대오 가운데로 뛰어들어갈 결정을 내리지 못하고 있으며, 여전히 스스로를 대중의 교사로 자처한 나머지, 대중에게 다가가서 학습한다는 것을 근본적으로 인정하려 들지 않고 있는 것이다. 그리하여 그들은 입으로는 대중화를 찬성하고 있지만, 실제로는 대중화에 반대하여 대중화를 가로막고 있는 실정인 것이다"라고 지식인 혹은 지식인 출신 작가들에게 신랄한 비판을 행한 장면과 맥락을 같이 하는 것이죠. 취치우바이에 의하면 "실제로 대중은 지식분자 작가보다 혁명을 훨씬 더 잘 이해하고 있으며, 어디서부터 혁명 투쟁을 시작할 것인가를 분명하게 깨닫고 있는 것"이라는 현실 진단에서 비롯된 것입니다.

5

이러한 정황에 대해서 우리는 두 가지 정도로 요약하여 그 의미를 발견할 수 있을 듯합니다. 첫째, 서구적인 상황과의 대비를 이루어 주목할 필요가 있습니다. 서구에서는 알다시피 계몽주의라는 사조가 근대를 주도한 바 있습니다. 계몽 啓蒙이라는 말에서 몽 蒙이라는 글자의 의미는 '어리다,' 혹은 '어둡다'는 두 의미를 가집니다. 무지몽매한 대중에게 빛, 다시 말해 지식을 제공하여 어리석고 어두운 상태로부터 해방케 함이라는 뜻으로 풀 수 있을 겁니다. 계몽이라는 말이 영어로 enlightenment로 되어 있는 것은 먼저 지식을 입수한, 다른 말로 하면 깨달음에 도달한 '선지식,' 혹은 선생, 그것도 아니면 선각자가 주변의 대중들에게 가르침 혹은 교화를 베풀어 새로운 상태로 이끌고 가는 것을 의미하는 것 아니겠습니까? 말하자면, 일종의 '아래로의' 방향을 지니고 있는 겁니다. 그런데 마오쩌뚱이나 취치우바이를 보면, 그 방향성이 뒤집어지고 있음을 알 수 있습니다. 대중이야말로 주체이며, 지식인 출신의 작가가 대중의 선생이 아니라 학생이라는 겁니다. 서구적 계몽주의와는 다른 방향성을 취하고 있다는 것이죠. 이는 우리네 동아시아의 고유한 인간관계의 작동방식이 아닌가 합니다. 만해선사가 「님의 침묵」에서 뭐라고 설파했습니까. 중생의 님이 부처가 아니라, 중생이 부처의 님이라고 말입니다.

둘째, 그렇다면 취치우바이와 마오쩌뚱이 주창한 '대중 노선'적 접근법은 앞서 루쉰이 그린 그림과 어떻게 접맥시킬 수 있을까요? 다시 말해서, 한 가운데 두 사람이 적대하고 있고, 그 주위를 대중이 둘러싼 채 구경하고 있는 구도와 다수의 대중이 선생이고 주인인 형국으로, 가운데 있는 소수의 지식분자 작가가 그들에게서 배워야 한다는 논리의 차이를 어떻게 설명할 수 있을까요? 여기서 우리가 간과할 수 없는 사실은 중국 혁명사를 하나의 거대한 과정으로 놓고 사고하지 않으면 안 된다는 점일 것입니다. 말하자면, 루쉰은 문제제기를 한 겁니다. 대중과 선각자 사이에 가로놓여 있는 만리장성과 같은 장벽을 발견했다는 것이죠. 그 장벽을 어떻게 제거할 것인가가 문제로 제기된 겁니다. 작가란 존재는 문제를 해결하는 책무를 질 필요는 없지 않은가, 다시 말해, 옳게 문제제기를 하는 과제가 자신의 고유한 몫이라는 뜻이죠. 그걸 해결하는 책무는 조직적 과제를 담당하는 별도의 해결자에게 요구되는 것이고, 거기서 취치우바이와 마오쩌뚱이라는 조직 전문가가 등장한 겁니다. 그 조직화의 방책이 바로 '대중 노선,' 곧 대중이야말로 지식인, 혹은 선각자의 스승이라는 사실의 구체화에 다름 아닌 것입니다.

셋째, 그렇다면 오늘의 강의 첫머리에서 이야기한 우리의 동아시아의 고유한 접근법과 이러한 과정 사이에는 어떤 관련이 있을까요? 사람을 죽이는 광경을 흥미진진하게 구경하는 루쉰의 여러 그림과 마오쩌뚱이 혁명적 예술가에게 대중의 교사가 되기 전에 대중의 학생이 되라는 주문이 어떻게 하나의 그림으로 통합되어 동아시아적 원리로 설명될 수 있겠는가 하는 겁니다. 자, 여기서 우리가 근자에 이르러 서서히 주목을 받고 있는 '기氣'라는 것과 연관지어보기로 합시다. 기의 운동 방식은 크게, 흩어지고 散 모이는 聚 걸로 요약할 수 있을 듯합니다. 무슨 일인가가 흥미롭고 호기심을 자극하면, 사람들의 관심이 그리로 모여들면서 집중되기 마련이죠. 그러다가 그 구경거리가 별볼일 없어지면 시들해지면서 뿔뿔이 흩어지곤 합니다. 그런데 그런 구경거리가 단순히 재미나 호기심의 차원을 넘어서서 대다수 사람들의 생사가 걸린 문제라고 해 봅시다. 당연히 사람들은 그리로 귀를 기울이거나 주목해서 보지 않겠습니까? 혁명의 문화학, 인문학, 인간학이 바로 사람과 사람 사이의 관계, 앞서 말한 '무늬' 같은 것이라고 한다면, 그 무늬에는 기의 이합집산, 다시 말해 취聚와 산散이 있다는 겁니다. 대중의 기란 흔히 우리가 말하는 '끼'와도 무관하지 않습니다. 신명나게 한판 춤을 추는 축제가 바로 루쉰이 그린 그림, 혹은 마오쩌뚱이 취한 대중 노선과 무관하지 않을 것이라는 이야기죠.

이번 장은 이걸로 마치는 것으로 하겠습니다. 다시 한번 그런 신바람

나는 '끼'의 모임이 앞으로 없으라는 법도 없죠. 지금은 그 '끼'가 잠잠하게
자고 있는 시기가 아닐까요?

더 읽을 만한 책들

유세종 · 권형준 공역, 『루쉰』(문학과 지성사, 1988)
루쉰에 관한 국내외 연구자의 연구 논문 모음집. 전문적으로 루쉰에 관해 연구하려
는 독자들이 읽어볼 만한 책.

유중하 외, 『민족혼에 살다』(학고재, 1999)
국내의 루쉰을 연구하는 연구자들이 루쉰의 족적을 따라 중국을 여행하면서 받은
소감을 기술한 여행기로 초보자에게 도움이 되는 책.

에드가 스노우, 신공범 옮김, 『중국의 붉은 별』(두레, 1985)
중국 상해에서 기자로 활동했던 에드가 스노우가 지은 책. 마오쩌둥을 중심으로
한 중국 혁명의 황홀경을 맛볼 수 있는 기록 문학의 정수.

루쉰, 김시준 옮김, 『노신 소설집』(서울대 출판부, 1991)
루쉰과 최초로 대면하려는 독자에게 권할 만한 책. 작가의 중국사회에 대한 뜨거운
애정과 비판을 동시에 맛보게 하는 작품집.

6

6월 항쟁과 민중 문화 운동

이 글을 쓴 **이성욱**은 한신대 독문학과 대학원을 졸업했고, 현재 연세대 국문학과 박사 과정에 있다. 〈서울문화이론연구소〉 연구위원이며, 계간 『문화과학』 편집위원으로 있다. 『문화분석의 몇 가지 길들』을 공동 편집했고, 주요 논문으로는 「문학과 키치」, 「우리시대의 죄 혹은 죄의식 ― 조세희론」 등이 있다.

1

이 글의 주제는 '6월 항쟁과 민중 문화 운동'입니다. 이런 제목을 잡은 이유는 아마 6월 항쟁이 한편으로는 80년대, 혹은 그 이전부터 축적되어 오던 문화 운동의 한 폭발 양상이라고 보기 때문인 듯합니다. 물론 6월 항쟁에서의 문화 운동이 여타 부문 운동과의 연관성 속에서 이뤄진 것임에는 틀림없지만요. 하여간 지난 80년대의 문화 운동을 돌아 보면, 6월 항쟁 직전까지, 다른 부문의 변혁 운동도 그러했지만, 아주 왕성하고 격렬한 운동 과정에 다름 아니었습니다. 문화 운동 혹은 문화 예술 운동의 정체란 과연 무엇인가 하는 원론적이고 근본적인 자기 규정의 문제에서부터, 얼핏 보기에는 예술 운동의 속성과는 어울리지 않을 법한 조직 강령, 창작 강령 등의 제정에 이르기까지 그 고민과 모색의 농도는 상당했습니다. 비록 그 논의와 실천의 수준이 그다지 높지 못했다 하더라도 그 열기만큼은 가히 활화산을 방불케 했죠. 그런데 알다시피 80년대 문화 운동은 갑자기 출현한 것이 아닙니다. 그것은 멀리는 일제 때부터 가깝게는 60~70년대의 문화 운동이 꾸준히 누적된 결과입니다. 그런 의미에서 6월 항쟁과 민중 문화 운동의 관계 밑에는 알게 모르게 그런 역사적 맥락이 깊숙히 깔려 있는 것입니다. 문제를 이렇게 보면 80년대의 민중 문화 운동은 대개 두 가지 조건 위에서 형성됩니다. 하나는 지금 말씀드린 역사적 경험의 연속성 속에서 축적되고 존재하는 80년대적 문화 운동입니다. 다른 하나는 '광주' 문제와 직결됩니다. 이는 다른 부문 운동에서도 마찬가지입니다. 즉 소박한 차원의 인권 및 민주주의 문제와 씨름하던 70년대까지의 민주화 운동이 광주 항쟁을 거치면서 본격적으로 계급 문제와 대중 운동의 문제를 고민하게 된 것과 마찬가지로, 문화 운동 역시 '광주 민중 항쟁'의 경험을 통해 문화와 예술 과정에 계급 문제를 중심에 놓기 시작합니다. 맑스주의적 혹은 계급론적 예술 이론이 급격하게 부각되고 일반화되는 맥락이 바로 그것입니다.

사실이 이렇다면, 우리가 오늘 80년대 민중 문화 운동을 이야기한다 했을 경우, 결국 60~70년의 문화 운동 양상을 간략하게나마 검토하지 않을 수 없습니다. 90년대 학번들에게는 80년대 문화 운동조차 실감이 잘 나지 않는 판에, 60~70년대 이야기까지 들으면 그 실감은 더욱 멀어질 것 같기도 합니다. 하지만 어떡합니까? 그것을 생략하고는 80년대 문화 운동의 온전한 면모를 읽어낼 수가 없으니, 역사 공부한다는 셈치고 한번 들어보시기 바랍니다.

2

문화 운동이 이른바 '운동권'에서 자기 자리를 조금씩 자각해 나가기 시작한 것은 아마 70년대 후반부터일 겁니다. 물론 80년대 들어와서는 70년대의 문화 운동이 정체성이나 전체 운동과의 상대적 독자성 및 연관성 등에 대해 분명히 자각하지 못하고 있었다는 반성과 비판이 제기됩니다만, 아무튼 60년대에 비해서는 상대적으로 자신의 '변혁 운동적 위치'에 대한 인식이 좀더 많이 쌓여 갑니다. 그러면 먼저 60년대의 문화 운동적 상황에 대해 일별해 봅시다. 1960년대는 4월혁명과 박정희 군사 쿠데타라는 지극히 상극적인 사건으로 문을 엽니다. 군사 정권의 등장은 모처럼 꽃피기 시작한 민주주의 흐름을 차단하지만, 그렇다고 거기에 대한 저항이 없는 것은 아니었습니다. 우리는 우선 문화 운동적 맥락에서 1963년 11월 서울대에서 있었던 <향토의 식 초혼굿>을 기억할 수 있습니다. 내용은 농촌 운동적인 것이었습니다만, 그 형식은 탈춤 양식을 현대적으로 재연한 것이었죠. 물론 여기에는 민족주 의적 감수성이 기본적 토대로 작용합니다. 이후 64년에는 <한일 굴욕 외교 반대 학생총연합회>가 주최한 <민족적 민주주의 장례식>이 있었습니다. 당시 가장 큰 이슈가 한일 국교 정상화 문제였기에 그런 반응은 당연했습니 다. 그런데 이 행사가 문화 운동적 차원에서 중요한 것은 그 행사, 즉 시위를 연행 양식으로 치러냈다는 것입니다. 상여놀이 비슷하게 말입니다. 이런 연행 과정과 정치 시위의 직접적인 결합은 이후 70~80년대에 빈번히 재현 됩니다. 특히 정치적 가두 시위가 철저히 봉쇄되어 있던 80년대 초·중반, 탈춤을 비롯한 연행 행사는 대개 그 뒤풀이를 시위로 연결시키곤 했는데, 그 원적이 바로 <민족적 민주주의 장례식>인 셈이죠. 이것을 도식적으로 말하면, 문화적 요소와 정치적 요소의 현장적·즉흥적 결합이랄 수 있을 텐 데, 이는 이후 연행 예술의 중요한 원리로 작용하기도 합니다. 물론 그 결합 성이 문화 예술 운동의 독자성과 자율성에 대한 충분한 이해 없이 이뤄진 것이기에 문화 예술의 독자성에 대한 오해를 불러오게 했다는 비판도 있었 지만요.

<향토의식 초혼굿>이나 <민족적 민주주의 장례식> 등의 행사에는 우리 가 지금도 잘 아는 시인 김지하나 국문학자 조동일 등이 참여하고 있었는데,

이들은 동료들과 더불어 <민속극 연구회 말뚝이> 혹은 <우리문화연구회>라는 모임을 조직하면서, 이후 연행 예술 쪽의 문화 운동적 기반을 잡아나갑니다. 여기서 우리는 김지하라는 이름을 주목하게 되는데, 그가 우리에게는 대개 저항적 시인으로 알려져 있습니다만, 그 스스로 말하기는 자신을 광대라고 합니다. 이 말은 다시 말해, 그의 시 작업도 광대 놀음의 한 편이라는 셈인데, 기실 그는 문학만이 아니라 연행 예술 운동에 깊은 관심과 실천을 수행합니다. 김지하 이야기가 나왔으니 자연스럽게 우리는 60년대의 문학이야기로 넘어 갈 수 있겠군요.

문화 운동적 관점으로 60년대의 문학을 이야기하자면, 우리는 신동엽과 김수영, 그리고 『창작과 비평』이라는 세 꼭지점을 만나야 합니다. 사실 그 세 꼭지점이 당대 문학 운동의 좌표 역할을 했다는 데에는 광범한 합의가 이뤄지고 있습니다. 물론 운동이라는 것이 무릇 조직적인 움직임을 내포하고 있는 표현이라는 점을 상기하면, 신동엽이나 김수영, 그리고 당시의 문학이 딱히 운동이라는 개념의 함의에 꼭 맞아떨어지는 것은 아닙니다. 그러나 신동엽의 도저한 민족주의적 태도, 김수영의 철저하고도 정직한 자기 부정의 세계, 그리고 새로운 문학 지형의 건설을 희망하고 나선 『창작과 비평』의 존재는 한국 전쟁 이후 지리멸렬을 면치 못하고 있던 한국 문학의 흐름에 일대 쇄신이었으며, 이후 문학 운동의 어떤 주춧돌 같은 것이었습니다. 한정된 시간에 이런 흐름의 의미를 모두 설명하기는 힘들겠지만, 그러나 지금의 시점으로 보아 아주 흥미로운 대목 하나는 잠시 짚고 넘어갈 필요가 있는데, 그것은 다름 아닌 김수영에 관한 것입니다. 사실 김수영은 이래저래 오해되기도 하고 비판받기도 합니다. 민족 문학 진영에서는 김수영을 민족 시인의 오롯한 전형으로 보고자 합니다. 단지 그의 정신에 깃들어 있는 다소간의 모더니즘적 성향을 탈색한다는 전제하에서요. 김지하가 1970년에 쓴 자신의 시론 <풍자냐 자살이냐>에서 김수영을 여러 미덕에도 불구하고 그릇된 민중관을 소유한 시인이라고 비판하는 것도 그런 맥락에서입니다. 그에 비해 김수영을 일급의 모더니스트로 보는 시각도 병존했습니다. 그를 민족 시인으로 보느냐, 모더니스트로 보느냐 하는 문제는 사실 선택의 문제가 아니라 도대체 문학에서의 정치성이란 무엇인가라는 근원적인 사유에서부터 모더니티 및 모더니즘과 60년대 문학의 관계, 혹은 모더니티와 제3세계 문화 운동의 관련성은 어떤 것인가 등에 이르는, 즉 너비와 깊이를 동반한 통찰이 선행되어야 온전히 해명될 수 있는 문제입니다. 그런 작업이 부재한 채 서로 성급하게 김수영은 우리편이라는, 말하자면 기계적인 정치적 판단을 내리게 됨으로 인해 김수영 문학의 전모에 대한 충분한 이해를 제대로 행하지 못하게 되었습니다.

사실 이는 단순히 60년대만의 문제가 아닙니다. 이는 문화 예술과 정치성의 관계는 도대체 어떤 것인가 하는, 이를테면 시대를 초월하는, 그래서 당대의 조건에 따라 끊임없이 새롭게 사고해야 할 근원적인 질문을 포함하고 있는 것이기에 지금 시점에서도 여전히 유효한 질문이 됩니다. 다만 지난 시절에는 정치적 혹한 속에서 이런 질문에 대해 깊게 생각할 수 있는 여유를 갖지 못했고, 그런 이유 때문이겠지만, 전체적인 변혁 운동의 일정과 원리에 문화 예술을 종속시키는 경향이 득세했었고, 그로 인해 오히려 문화 예술의 풍부한 정치적 기능을 제대로 활용하지 못하는 결과로 이어졌다는 점을 우리는 지금 되새겨 보고 있는 것이죠.

3

70년대는 앞에서 말한, 즉 60년대에 태동한 민족주의적 의식과 문화 예술 영역의 결합 양상이 좀더 대중적으로 확산되는 시기입니다. 70년대 초반부터 후반까지 전국의 대학에 탈춤반이 만들어지는 것에서 그런 양상이 발견됩니다. 사실 그때만 해도 탈춤을 비롯한 평민 예술, 혹은 민중 연행 예술의 재현은 단순한 측면을 많이 가지고 있었습니다. 우리 것에 대한 애정, 혹은 민중적 삶에 대한 낭만적인 태도 등등. 다시 말해 민중이라는 범주에 도사리고 있는 어떤 계급적 의미, 그 의미가 모든 문화 예술의 재현과 해체 및 재구성을 밀어붙이는 아르키메데스의 입점이 될 수 있다는 그 급진성을 제대로 읽어내지는 못했던 것이죠.

문화 예술 매체와 정치적 사건이랄까 그런 것이 서로 결합하게 되는 형국은 70년대 들어 더욱 빈번해 집니다. 그도 그럴 것이 70년대 내내 정치적 억압이 최고조에 달했던 긴급조치의 시대니까요. 『동아일보』 탄압과 관련된 <진동아굿> 같은 것도 그런 것 가운데 하나이지만, 문화 운동사에서 무엇보다 획기적인 계기로 간주되는 것은 긴급조치 9호 선포 이후의 첫 시위였던 이른바 '5·22 사건'입니다. 이는 1975년에 <고 김상진 열사 장례추진위원회>가 주도했던 김상진 열사 장례 행렬이 당국의 탄압으로 차단 당하자 곧바로 정치 시위로 전환되었던 사건인데, 이 사건은 긴급조치 9호 아래 일어났던 최초의 대규모 학생시위라는 중요성 이외에도, 시위를 주동했던 구성원이 대개 연극, 탈춤, 문학 등 학내 문화패를 중심으로 구성되었다는 점에서 의의를 가집니다. 그리고 80년대에 들어 이 사건에 대한 이러저러한 평가가 있었습니다만, 그 평가의 대개는 문화 운동 관련자가 문화적 기능을 통해 저항 운동을 하는 것에 그치는 것이 아니라, 거기서 한 걸음 더 나아가 일종의 직접적 정치 투쟁의 수행자가 되었다는 점에 큰 의미를 두고 있었습니다. 그런데 여기서 우리가 유의해서 볼 대목은 문화적 기능을 통한 저항 운동에서 '한 걸음' 더 나아갔다는 평가, 그리고 그 평가를 낳는 일련의 관점입니다. 이 대목은 당시 문화 운동 관련자들의 무의식이나 문화 운동에 대한 이해와 태도 등을 가늠하는 데에 하나의 단서가 되기도 합니다. 즉, 문화 운동은 직접적 정치 운동에 비해 하위의 투쟁이며, 따라서 문화 운동 관련자들이 직접적 정치 투쟁을 수행했다는 것은 대단히 발전된 행동이라고 본 셈이죠. 또한 당시 문화 운동 관련자들은 정치 운동에 대해 일종의 컴플렉스 같은 것을 가지고 있지 않았나 싶습니다.

만약 그렇다면 70년대의 문화 예술 운동은 자기의 독자성이나 고유함에서 비롯되는 정치적 역할이나 의미보다는 직접적인 정치 운동과의 관계 속에서 자신들의 정체성을 마련하는 데에 더 골몰해 있지 않았나 하는 추측이 가능합니다. 80년대 들어 더 분명해진, 이를테면 문화 운동을 정치 운동에 동원되는 문화 선전대로 바라보는 관념이 벌써 그때부터 싹이 트고 있었다고 볼 수 있다는 것입니다. 어쨌든 그렇기는 하지만 이 사건 관련자들은 이후 학교를 떠나서도 노동 현장이나 농촌 현장, 혹은 종교계 등에 투신하여 문화 예술 운동의 지평을 확대시키는 데에 일정한 기여를 합니다. 요컨대 '현장'과 문화 운동의 결합이 이뤄지는 것이죠. 이후 동일방직 사건, 함평 고구마 사건, 무등산 타잔 사건 등 정치적 문제가 터질 때마다 문화패들은 그것을 문화 운동적 맥락에서 즉각적으로 반영해내곤 했습니다.

사실 이런 발빠른 대응은 하나의 미덕일 수 있습니다. 하지만 그것을 전제로 다른 문제를 살펴 볼 경우, 우선 질문해 볼 수 있는 대목은 문화패의 활동에 민족적, 민중적 정서와 세계관 등이 전면화되는 데 비해 그것이 문화

민주만장행진(1988. 5. 19)

예술의 내용과 형식, 그리고 원리 등에 있어 어떤 미학적 방법과 기예들로 연결되었나 하는 점입니다. 말하자면 본격적인 문화 예술적 고민이 얼마나 충분했는가 하는 점이죠. 물론 여기서 이야기하는 미학적 원리라는 것은 재래의 개념을 염두에 둔 것은 아닙니다. 그런 것에서 연원, 판단되는 전문성이나 답습 또는 반복을 의미한다기보다 당대의 조건, 즉 새로운 사회, 역사적 조건에서 일어나는 문화 예술 운동이라면 거기에 당연히 있어야할 고유한 방식의 토대로서의 새로운 미학적, 운동적 원리입니다. 문제는 그것을 당시의 문화 운동이 얼마나 감당했는가 하는 것이겠죠. 이런 문제를 남겨 놓고 문화 운동은 80년대로 넘어 갑니다.

4

80년대 들어, 문화 운동은 확실히 괄목할 변화를 보입니다. 그 변화는 물론 앞에서 말한 것처럼 광주 항쟁이라는 역사적 분기점에 긴밀하게 관련됩니다. 문화 운동의 과학화라는 모토, 보다 정확하게 말하자면 계급 운동적 관점에서 조직, 운용되는 문화 운동이라는 정식화가 비로소 일반 정서로 자리잡아 갑니다. 물론 이는 민족 문학 운동의 약진과 대학 및 각종 민중 현장에 문화 운동이 삼투되어 갔던 70년대의 성과가 받침이 된 결과이기도 합니다. 하여간 80년대의 문화 운동은 자신이 먼저 운동적 존재였던가라는 자문에서부터 고민을 시작합니다. 물론 당연히 운동이었다고 할 수 있겠죠. 그러나 이때 제기된 질문은 운동 일반이 아니라 문화 운동의 특수성에 관한 질문이기에 그 의미는 상당히 새롭습니다. 그런 질문의 연장선 속에서 도드라진 문제 의식이, 문화 운동은 과연 '문화' 운동인가 아니면 문화 '운동'인가

하는 점이었습니다. 이는 80년대 중반에 이른바 노동 문학이라는 것이 지식인 중심의 문단에 일대 충격을 가하게 되자 노동 문학이 과연 '노동' 문학인가, 노동 '문학'인가 하는 질문이 제기되던 맥락과 유사합니다. 당시 문화패들에게는 이 문제가 해결되지 않고서는 문화 운동이 전체 운동의 부문 운동이라는 일반 명제를 제대로 받아들이기 힘들다고 보았던 것이었습니다. 물론 지금의 시점으로는 문화 운동을 그런 양 측면 중 하나에 대한 강조로 환원하고자 하는 시각에 대해 이해하기 힘들다고 볼 수도 있겠습니다만, 당시의 그런 문제 의식은 논리적 차원이라기보다 역사적 경험의 맥락에서 산출된 아주 구체적인 문제 의식이었습니다. 말하자면 70년대까지 문화 운동이 자기 정체나 활동 방식 등에 걸쳐 많은 혼란을 겪었기에, 앞에서 이야기한 그런 식의 정리를 하지 않고서는 더이상 진전되기 힘들다는 것이 당시의 판단이었던 셈인데, 그것은 결국 당시의 역사적 조건에 대한 적극적 대응이었다고 할 수 있습니다.

여기서 합의는 대충 '문화' 운동보다는 문화 '운동'이 아니겠느냐 하는 쪽으로 모아졌던 것 같습니다. 적어도 80년대 중반까지는요. 즉 운동에 더 강조점을 둔다는 이야기인데, 이는 70년대 문화패들의 운동성이 다른 운동권보다 상대적으로 박약했다고 생각하던 문화패들의 자의식이 반영된 것이 아닐까 싶기도 합니다.

그러면 그때 문화 운동 관련자들이 운동이라는 것을 어떻게 생각했을까요? 이 글을 준비하면서, 80년대 중반 쓰여진 글 하나를 보았는데, 그 글은 문화 운동의 정체, 방법, 노선 등등을 정식화하고자 한 글인데요, 아무튼 그 글에서는 운동을 역사적, 사회적 억압과 문제를 해결하기 위해 해방을 추구하는 존재들의 계획적이고 집단적인 움직임이라고 기술하고 있습니다.

어떻게 보면 아주 일반적인 견해라고 할 수 있습니다. 그런데 여기서 우리가 주목할 것은 '계획적'이라는 표현입니다. 말하자면 당시 운동은 합목적적인 목표 및 방법을 통해 그것을 목적의식적으로 추구해 나가는 것을 일반 원리로 본 셈인데, 문화 운동 혹은 문화 예술 운동의 원리도 그런 일반 원리에 의해 규정되어야 한다는 생각이었습니다. 계획이라는 말에는 어떤 목표를 지향하는 움직임이 관리, 통제되어야 한다는 뉘앙스가 풍겨나오죠. 사실 당시 문화 운동은 고도의 관리와 통제가 보다 발전된 문화 운동을 보장한다고 생각했으며, 또 그것이 발전의 징표로 여겨지기도 했었고, 소위 조직 방법과 조직 노선을 구상하고 제출할 때에도 기본은 그런 생각이었습니다. 당시 레닌의 「당 조직과 당 문헌」을 하나의 원리로 받아들였던 것도 중앙집중적인 당 조직에 의한 지도, 관리, 통제가 가장 합리적, 경제적인 운동, 즉 가장 발전된 운동 형태라고 보았기 때문입니다. 물론 그때에는 당이라는 것이 부르주아 정치의 대표적인 장치라는 것을 제대로 인식하지 못했고, 때문에 당을 꼭지점에 두는 조직 형태에 대한 관념이 그 실상에 있어서는 변혁 운동과 상치될 수도 있다는 생각 역시 할 수 있을 때는 아니었죠. 역사적 한계의 산물이라고나 할까요.

　그런데 이 계획적이라는 말은 혹시 문화 예술 운동의 본성이랄까 속성 같은 것에 위배되는 것이 아닌가 하는 생각을 할 수도 있습니다. 일반적인 이야기를 해봅시다. 물론 당시의 문화 운동이 좁은 의미의 예술 운동은 아니지만, 그래도 예술 운동적 의미가 상당한 것은 사실이었습니다. 하지만 예술 혹은 예술가라는 존재는 어떤 성격을 내포하고 있습니까? 아마 요즘 잘 쓰는 말로 하면, 예술은 곧 탈주이며, 예술가는 곧 탈주자라 할만 할 겁니다. 예술 혹은 예술가는 어떤 체제, 시스템 혹은 이념적 모형에 대한 영원한

비판자 혹은 해체주의자로서의 운명을 타고 난 존재라는 것이죠. 예술가의
본성을 곧 아나키스트로 보는 까닭도 이와 무관하지 않습니다.

　다른 식으로 비유해 보면 이렇습니다. 아시다시피 역사적으로 아방가르
드 운동이라는 것은 19세기 말에서 20세기 초에 출현했던 일단의 예술 운동
경향입니다. 점차 닫힌 제도로 각질화되어가는, 그래서 예술적 역동성을
점차 상실해가는 근대 예술을 전복하려는 욕망의 움직임이었죠. 그런데 역
설적인 것은 아방가르드 운동은 자신의 목표가 실현되는 날 스스로 해체되
어 버린다는 것 아닙니까? 혁신과 해체의 운명을 한 몸에 안고 태어난 운명
인 셈이죠. 즉 기존 예술 제도를 전복하려는 그 이단성이 현실로 되는 순간,
그것은 더이상 아방가르드로 존재하지 못한다는 것이죠. 비유하자면, 반체
제적 움직임이 일단의 현실적 승리를 획득하고 나면 그것은 지배 체제의
일부가 되는 것이기에 더이상 반체제의 성격을 지니지 못한다는 겁니다.
아방가르드의 이런 운명은 아방가르드라는 특정 예술 사조나 경향에만 국
한되는 것은 아닙니다. 예술 일반이 그럴 것입니다. 마치 시지프스의 바위처
럼 말입니다.

　이야기를 다시 돌려, 앞에서 말한 계획이라는 것은 오히려 예술의 그런
속성을 차단하거나 억지하는 조건이 될 수 있다는 겁니다. 계획이라는 관념
은 특정한 사회이든, 아니면 특정한 역사적 단계이든 하여간 어떤 종국적
혹은 목적론적 모형의 관념을 전제하는 것이 상례인데, 그것에 무작정 찬동
할 경우 예술 혹은 예술 운동은 그런 목적론적 모형에 일방적으로 규정,
관리, 통제되기 십상인 셈이죠. 80년대 들어 문화 운동의 열쇠말 중의 하나
인 '복무'라는 말이 두루 쓰였던 것도 예술 및 예술가의 활동이 그런 목적과
계획을 위해 배치, 안배되어야 한다는 일반적 정서 때문이었습니다. 참고로

말씀드리면, 그때 문화 운동권에서는 일종의 강박 혹은 핵심적인 쟁점 같은 것이 하나 있었는데, 그것은 사상 투쟁이나 논쟁을 통해 사상을 통일해야 한다는 생각이었습니다. 사상 통일이 선행되어야만 그에 조응하는 문화 예술 작품과 운동 방법이 산출될 수 있다고 본 것이죠. 요컨대 사상 통일과 문화 운동의 조율이 곧 계획성을 진작시키는 조건으로 본 것입니다. 여담이지만 80년대 문화 운동에서 가장 모욕적인 언사가 '너는 자유주의자야, 너는 무정부주의자야' 같은 말이었습니다. 이를 다른 식으로 표현하면 '너는 무계획주의자야' 정도가 될까요?

각설하고 요약하면, 문화 운동은 전체 변혁 운동이라는 보편적 과제의 특수한 부분으로서 그 특수한 부분의 과제는 모두 보편적 과제로 환원, 수렴되어야 한다는 것이 당시의 생각이었습니다. 사고와 실천의 기본 구도가 그럴 때 특수한 부분 운동의 모든 것은 언제나 보편적 운동 및 원리에 조회, 관리되어야 하고, 그것을 위해 자신의 운동 일정과 방법을 계획해야 했던 것입니다. 요컨대 보편적 과제로서의 전체적 변혁 운동과 특수한 과제로서의 부문 운동인 문화 운동은 서로 창의적인 긴장 관계를 모색했던 것이 아니라 거대한 톱니바퀴의 아귀가 아주 잘 맞아떨어지는, 어떤 물리적인 통일을 꾀했다고 볼 수 있습니다.

5

80년대 문화 운동의 첫째 과제는 물론 사회의 변혁입니다. 그 과제를 위해 우선 문화 운동이 수행하는 과제는 크게 보아 대항 이데올로기의 생산, 문화적 권리의 획득, 변혁 운동의 전략과 전술에 따른 선전·선동으로 일별해 볼 수 있습니다. 그리고 이것들은 상호 연결되어 있을 수밖에 없었습니다. 이를 위해 필요한 것은 대중 접촉면의 확대, 노동 운동을 비롯한 여타 운동과의 긴밀한 연대, 그리고 문화 예술에 대한 재개념화 등이었습니다. 대중 접촉면의 확대는 우선 공개적인 대중 조직 및 장르, 영역별 단체의 대규모 발족으로 시작합니다. 84년경부터 <민중문화운동협의회>를 비롯해 <민요 연구회>, 노래패 <새벽>, 춤패 <신>, 굿패 <비나리>, <서울영화집단>, 풍물 패 <터울림>, <서울미술공동체>, 미술동인 <두렁> 등의 출현이 그것입니다. 이들 문화 집단들은 내부적으로는 전문적 기능 강화와 독자적인 미학성의 모색을 꾀하는 동시에 외부적으로 문화 예술 과정에 대한 대중의 참여를 유도하고 촉진하는 프로그램을 계발해 나갑니다. 대중 접촉 확대, 부문 운동과의 긴밀한 연대, 문화 예술의 재개념화 등은 사실 서로 맞물려 있는 일이 었습니다. 대중 접촉의 강화는 당연히 문화 예술에 대한 개념과 그것의 생산, 유통, 향수의 방식을 이전과 다른 방식으로 전환시키는 것을 요청합니다. 기존 예술 개념에 깃들어 있는 엘리트주의적 속성을 인정할 경우 대중의 예술 생산과 향수는 가능치 않기 때문입니다. 또한 부문 운동과의 연대는 결국 전체 변혁 운동의 동일한 목적을 공유하는 전제에서 출발하는데, 문화 예술 운동은 그럴 경우 문화 예술을 일종의 선전·선동 활동으로 전환시켜야 한다는 요청이 또한 들어옵니다. 대중의 문화 예술, 선전·선동의 기능 등은 따라서 문화 예술에 대한 구래의 개념을 해체하고 재개념화 해야만 논리적, 현실적 설득력을 얻게 됩니다. 이런 식으로 맞물려 있다는 것이죠.

하지만 문화 운동의 큰 맥락으로는 예의 과제들이 합의될 수 있었지만 좀더 구체적인 영역으로 들어가게 되면, 미학적 관점, 조직론, 연대 방법 등에 대한 관점의 차이가 드러나게 됩니다. 그 차이의 내용은, 예컨대 80년

대 문화 운동의 두 경향이었던 <민중문화운동연합>(이하 민문연)과 <한국
문화운동연구소>(이하 한문연)의 활동 방식을 비교해보면 어느 정도 분명
해지는데, 미술 운동가 라원식은 이를 다음과 같이 정리하고 있습니다.

> <한국문화운동연구소>의 주장은 이렇다. 건설 과정에 있는 <서울지역노동조합
> 협의회>는 지도 역량이 미성숙되어 있으며, 노동조합의 문예 써클을 올바로
> 성장시키고 담보하기에는 역부족이다. 그리고 개량주의와 조합주의에 매몰될
> 위험이 있다. 노동조합 운동의 주체 역량을 강화하기 위해서는 현 단계 노동조합
> 의 문예 써클을 책임있게 성장시킬 수 있는 노동자 문화 운동 중심체가 별도로
> 필요하다. 그러므로 노문공위(<노동자문화공동실천위원회> : 인용자)의 역할은
> 이를 전망하고 예비할 수 있는 교육, 조직 사업을 펼쳐나가는 것이다.
> 여기에 반하여 <민문연>, <노동자 문화 상담실>과 <민미협>, <노동미술진흥단>
> 은 다른 주장을 폈다. 현 단계 <서울지역노동조합협의회> 건설준비위의 지도
> 역량이 미성숙되어 있다 할지라도 문화 운동 단체는 노동 운동의 일부분으로
> 진행되는 노동자 문화 활동의 강화를 위해 지원, 협력을 할 수 있을 뿐 조직,
> 지도 할 수는 없다. 노조 문예 써클의 전체 지도는 향후 노조협의회의 문화국(단위
> 노조 문화부장 협의모임)에서 담보하여야 하며, 개별 단위노조 문예 써클의 지도
> 는 노조 문화부장을 매개로 노조 지도부에서 담보하여야 한다. 문화 예술 운동
> 단체는 이들의 지도 역량 강화에 협력할 뿐이다. 노동자 문화 운동의 중심체를
> 노동 운동의 중심체와 별도로 설정하는 것은 지도 노선의 혼란을 야기할 수
> 있으며, 노동조합의 역량을 가두조직으로 누출시킬 우려가 있다.

이 인용문은 결국 노동 운동과의 결합 방식과 그 방식에 의해 규정되는
문화 운동의 방법 등에 관련된 차이를 언급하고 있습니다. 그런데 이 차이는

이한열 열사의 장례식장. 서울대 이애주 교수의 해방춤(1987. 7. 9 연세대)

한편으로 문화 운동 개념에 대한 <민문연>과 <한문연>의 다른 관점에 의한 것이기도 합니다. 전자는 문화 운동을 이를테면, 지배 이데올로기에 대한 대항 이데올로기를 생산해야 한다, 문화 예술은 그 이데올로기 생산과 그것을 통한 변혁 운동의 진전에 복무해야 한다, 이 복무의 효율성은 감동 깊은 예술 작품을 생산할 수 있는 전문성의 고양, 그리고 생산과 유통, 향수를 아우르는 문화 예술 과정에 대중적 참여를 확장해야 하고 그를 통해 대중의 계급적 각성을 촉발해야 한다 등등으로 사고하고 있습니다. 굳이 좁혀서 이야기하면 예술 운동 쪽에 가깝다고 할 수 있습니다. 그에 비해 후자는 문화 운동을 일종의 일상 생활 바꾸기 운동으로 봅니다. 말하자면 문화를 삶의 총체적인 생활 양식으로 보는 관점인데, 그 일상 생활이 비민족적, 비민주적, 비민중적 과정을 강요받고 있기에, 따라서 문화 운동은 민족주의, 민주주의, 민중성 등을 고양시키는 일을 해야 한다는 것이죠. 그래서 예술 운동 중심의 문화 운동을 문화주의로 보기도 하는데, 이는 후자의 문화 운동적 관점에 의하면 자연스러운 귀결이기도 합니다. 이런 관점과 토대 위에서 수행하는 문화 운동 방법론은 생활 문화 운동의 양상을 띠게 되는데 우리 것 입고 우리 것 먹자는 운동, 다시 말해 주체성을 강조하는 운동은 그런 맥락에서 나온 것입니다. 이런 차이는 87년 6월 항쟁 이전까지 지속되다가 어느 정도 해결됩니다. 흥미로운 점은 그 차이가 어떤 단일한 관점과 방법으로 모아짐으로 인해 해결되었다기보다, 87년 이후 노동 운동의 비약적 발전에 의해, 다시 말해 외부적 정세의 변화에 의해 문제 상황의 상당 부분이 소멸되었다는 것입니다. 물론 지금의 관점에서 보면 예술 작품의 선전·선동 활동을 통해 계급적 각성을 꾀하는 것과 일상 생활 바꾸기 운동 등이 왜 서로 대립해야 하느냐는 물음을 던질 만도 합니다. 그것은 문화 운동에 동시

에 필요한 일이고 또 과제라고 본다면 그렇죠. 하지만 당시의 급박한 조건에
서는 먼저 운동의 단기적인 효율성을 생각하지 않을 수 없었고, 그러다보니
양 측면이 동시적 과제라는 생각보다는 어느 한쪽으로 빨리 역량이 모아져
야 한다고 생각했던 것입니다.

6

지금까지 우리는 80년대 문화 운동의 양상과 특징을 살펴 본 셈입니다. 지금
우리가 80년대의 문화 운동을 이야기하는 것은 결국 지금의 위치에서 그것을
어떻게 볼 것이며 동시에 90년대적 혹은 그 다음 시기의 문제와 어떻게
관련시켜 볼 것인가 하는 관심과 연관됩니다. 다 아는 이야기지만 90년대
들어 가장 두드러진 것은, 소위 신세대적 경향이 함축하듯이 나, 개인, 개별,
개체, 이런 범주들의 독자성, 고유성 등이 부각된 점입니다. 도식적으로 말하
자면, 80년대가 역사적 진실의 구현에 매진한 연대였다면, 90년대 개인의
진실을 모색하는 시기였다고나 할까요? 물론 이것은 다만 비유를 위한 도식
일 뿐입니다. 그런데 개인 범주의 부각에 대해 90년대 초기의 반응은 상당히
비판적인 관점으로 일관했습니다. 사회성, 역사성의 상대적 위축을 우려해서
였기도 했고, 또한 그것이 위축되어서는 저항, 변혁 등의 문제 의식이 묽어진
다고 보았기 때문이죠. 그런데 과연 개인의 진실에 대한 새로운 각성이
저항이나 변혁 등과 아무 상관이 없는 것일까요? 저는 그렇지 않다고 봅니다.
대개 우리는 80년대와 90년대가 아주 날카롭게 단절되었다고 보는 편에
익숙합니다. 하지만 저는 그것이 단절된 것이 아니라 동일한 연속선에 있는,
다른 두 형태의 과정이라고 보고 싶습니다. 연속적이라고 하면 양자를 이어

주는 어떤 매개나 고리가 있어야 할 것인데, 우리는 그것을 결국 저항이라는 범주로 표현할 수 있지 않을까요? 80년대는 저항이 집단의 형태로 나타났다면, 90년대는 외견상 개인의 형태로 저항이 표출된다고 보는 것이죠.

그런 맥락을 소위 서구의 68혁명, 혹은 60년대의 반문화 운동의 경험과 비교해 보면 어떨까 싶었습니다. 68혁명과 반문화를 우회로로 삼으면 몇 가지 단서나 암시를 얻을 듯도 합니다. 다시 한번 도식적 정리를 빌린다면, 80년대가 요구했던 인간형은 투사형 인간형입니다. 그에 비해 90년대가 지향했던 것은 미학적 인간형 같은 것으로 볼 수 있습니다. 이 두 가지는 겉으로 보기에 대단히 대립적으로 보이지만 꼭 그렇지만도 않다는 겁니다. 대립적이라기보다 상호 보족적일 수밖에 없다는 것을 68혁명이나 반문화 운동의 경험이 일러준다는 것이죠. 60년대는 정치적으로도 문화적으로도 격동의 연대였습니다. 월러스틴이 역사상 진정한 혁명은 두 개밖에 없다고 주장할 때 그 중 하나가 68혁명 아닙니까? 어쨌든 60년대는 유럽이나 미국이나 지배 체제에 대한 급진적인 저항이 이전의 방식과는 다른 방식으로 폭발하던 때입니다. 한편으로는 종래의 혁명 형태와 크게 다르지 않았던 베트남 전쟁, 쿠바 혁명 등도 있었고, 제3세계의 민족 해방 투쟁도 비약적으로 나타났지만 말입니다.

그런데 우리가 눈여겨 볼 것은 68혁명이나, 미국의 반문화 운동의 지향성입니다. 이 운동들은 아버지의 문화를 만들어 내는 자본주의 체제 혹은 서구의 전통적인 문화 생산 양식뿐만 아니라 현존 사회주의도 전면 부정합니다. 둘 다 개인의 자유를 비롯한 자발성 등을 억압한다고 본 것이죠. 자본주의적 지배 문화의 질서, 즉 캘빈주의에 입각한 청교도주의가 강요하는 인간형, 다시 말해 검약, 축적, 생산을 존재론의 근거로 삼는 호모 이코노미

쿠스로서의 인간형에 대한 전면 부정은 그런 까닭에서였습니다. 이런 인간형으로 만드는 체제는 소련을 비롯한 현존 사회주의도 마찬가지라고 본 것이죠. 그러면서 그 운동이 제시하는 것은 새로운 공동체 논리를 통한 새로운 정치의 건설, 그리고 그 정치를 수행하는 새로운 인간형의 지향이었습니다. 새로운 공동체의 특징 중 하나를 심미적 공동체로 요약할 수도 있을 듯합니다. 이것이 가장 극단적으로 드러났던 형태는 1969년에 있었던 우드스탁 페스티발입니다. 2박 3일 동안 연 인원 몇십만 명이 모인 이 자발적 공화국과 정서적 연대감을 갖는 당시의 급진주의자들의 행동은 역사, 사회 등의 범주가 개인을 배제하지 않고, 또 개인이 공동체의 미덕을 거부하지 않는 새로운 정치적, 문화적 실험의 한 양상이었습니다. 여기서 집단과 개인에 대한 종래의 구분법은 거부됩니다. 또 투사형 인간과 심미적 인간이라는 기존의 구분 방식 역시 부정됩니다. 이들은 심미적인 것이 어떻게 하면 정치적이 되고, 거꾸로 정치적인 것이 어떻게 하면 심미적이 것이 될 수 있는가 하는 데에 관심을 기울인 셈입니다. 기존의 익숙한 시각을 따를 경우, 사람들은 정치적인 것에는 집단을, 심미적인 것에는 개인을 연결시키기 십상입니다. 우드스탁 공동체로 상징되는 60년대의 문화 운동은 그런 통념을 거부한 것이죠. 그 운동은 새로운 정치성, 새로운 심미성을 모색한 것입니다. 68혁명 때 프랑스 청년들이 기존 문명으로 상징되는 아스팔트를 뜯어내고 자연으로 돌아가자고 외친 것도 마찬가지의 맥락입니다. 그 청년들은 정치적인 동시에 심미적인 인간, 심미적인 동시에 정치적인 인간을 욕망한 것이라 할 수 있을 것입니다.

기존 자본주의 체제는 미학적 인간을 절대 용납하지 않습니다. 미학적 인간은 격리되거나 교화, 유폐, 감금의 대상이 될 뿐입니다. 이런 사람이 많아지면 사회가 작동하지 않기 때문입니다. 혹시 여러분들 중에 맑스의 사위인 폴 라파르그가 쓴『게으를 수 있는 권리』라는 책을 읽어보신 분이 있을지 모르겠습니다. 그런 권리를 누리고자 하는 사람은 아마, 자본주의 원리는 열심히 생산하고 축적하는 것이다, 그것이 미덕으로 강요되고 그러므로 인간의 즐거움은 계속 유예되고 연기되어야 할 것으로 치부된다, 만족과 쾌락의 유예가 바로 자본주의의 작동 원리이다, 따라서 게으름을 통해 그런 작동 원리를 거부해야 한다라고 생각할 것입니다. 잉여 가치의 생산과 축적만이 제1원리이고, 그것을 위해 사회 성원 모두가 조직을 강요 당하는 사회에서 미학적 인간으로 살아가려는 것은 당연히 불가피한 마찰과 저항을 불러일으킵니다. 80년대 식으로 이야기하는 계급적 세계관에 입각한 목적의식성이 충만하지 않아도 저항의 동기와 계기는 촉발되는 것이죠. 물론 그 저항의 강도와 지속성 여부에 대한 논의는 또다른 사안이지만요.

정리해보면, 자본주의 사회는 미학적 인간을 금지합니다. 단 문화적 스노비즘에 자족하는 인간형은 허용합니다만, 하여간 노동하는 인간, 생산·축적하는 인간형이라는, 기존 체제에 가장 적절한 주체 형태를 주문하고 생산하는 자본주의 입장에서 보면, 그에 반대되는 심미적 인간은 속히 수선되어야 하거나, 아니면 사회 불안 요소로서 일종의 잠재적 뇌관이 될 수 있기에 소거해야 할 인간형입니다. 물론 이런 인간형은 60년대 특유의 양상이 아니라, 그 이전에도 간간이 출현했습니다만, 그것은 소수였기에 사회적 영향력이 미미했죠. 그러나 60년대는 바로 그런 인간형을 대량으로 출현시킵니다. 즉 대중화가 비로소 가능해졌고 그렇기에 지배 체제의 동요도 그만큼 커졌던 것입니다. 바로 그런 대량 출현이 우리 사회에서는 90년대에 들어 보이기 시작한 것입니다. 이런 인간형은 한편으로는 심미성에 몰두하지만 그 몰두가 다른 한편으로는 지배 체제와의 갈등, 마찰을 예비하고 있습니다. 자생적인 탈주 욕망이 촉발되는 근거가 되는 지점이라고 할 수 있는 것이죠.

한편 앞에서 우리는 대개 80년대와 90년대를 연속적으로 보기보다 불연속적으로 보는 경향이 우세하다고 했는데, 이는 물론 세계사적 변화 때문이기도 할 겁니다. 80년대 말에 일어난 현존 사회주의권의 붕괴는 사회주의 전통과의 단절을 가장 확실하게 요구하는 사건이었기 때문이죠. 그러나 그 사회주의 붕괴가 불가역적인 상황에 들어서는 시간대에 역설적으로 우리 사회의 변혁 운동에 관류하는 에너지와 열기가 가장 강렬했습니다. 90년대 들어 그런 강렬도 높은 에너지가 원인무효되는 듯이 여겨지자 일종의 허탈감, 열패감이 엄습하게 되고 그런 상황에서 난데없이 개인, 심미성 등의 기세가 부각되자 거기에 대한 반발감은 정도 이상으로 컸다고 할 수 있습니다. 그에 비해 서구에서는 60년대라는 동시대에, 우리 식의 상황을 비교로 삼자면, 80년대적 경향과 90년대적인 경향이 한 몫에 동시적으로 불붙었던 것입니다. <SDS>(Students for a Democratic Society)를 비롯한 적극적 행동주의자는 신좌파로 집결되고, 당시 은둔주의자로 불렸던 심미적 저항주의자들은 히피, 반문명주의자, 자연회귀적 자유주의자 등으로 형태화됩니다. 그러나 그들은 서로의 저항적 성격을 한편으로는 인정하면서, 다른 한편으로는 공동의 사안에 대해 함께 대처하기도 했습니다. 말하자면, 동시대의 문제에 대해 '따로 또 같이'의 방식과 태도를 취했던 것입니다. 그러다 보니 양자 사이의 차이나 적대, 대립성 등은 그다지 노출되지 않았던 것입니다. 오히려 연대의 끈이 더 길었다고 볼 수 있지 않을까 싶기도 한데요.

90년대가 다 지나가는 시점에 와서 우리도 이제 90년대 초에 느꼈던 열패감이나 황망함에서 어느 정도 벗어나게 되었고 또 개인, 심미성 문제 등에 대한 반발감도 많이 누그러들었습니다. 일각에서는 오히려 개인 혹은 심미적 인간형이라는 표상으로 요약되는 90년대의 새로운 흐름을, 어떻게 하면 80년대의 문제 의식과 접속할 것인가 하는 점에 골몰하고 있습니다. 그러나 그것은 단지 80년대적 문제의식 위에 90년대적 경향을 단순히 추가 시킨다고 되는 것은 아니겠죠. 양 측면 사이에는 분명 모순, 갈등, 마찰의 여지가 많습니다. 문제는 그것을 피해가는 것이 아니라, 오히려 그것을 적극 적으로 추동하여 그 과정에서 발생하는 마찰열이나 역동성을 새로운 문화 운동의 요건으로 삼아야 할 필요가 있다는 겁니다.

더 읽을 만한 책들

학술단체협의회, 『6월 민주 항쟁과 한국사회 10년』 I·II (당대, 1997)
<6월 항쟁 10주년 기념사업 범국민추진위원회>와 한겨레 신문사가 공동으로 주최 하고 <학술단체협의회>가 주관한 6월 민주 항쟁 10주년 기념 학술대토론 자료집 『6월민주항쟁과 한국사회 10년』은 1, 2권으로 나뉘어 한국 역사 속에서 6월 항쟁을 자리매김하고, 6월 항쟁 이후의 한국 사회의 변화와 현단계 한국 사회의 성격, 그리 고 이러한 상황에서 우리 사회의 전망에 대한 모색 등에 대한 폭넓은 논의를 시도하 고 있다.

Parques Nacionales

Cañón del Sumidero
Lagunas de Montebello
Palenque

Reservas Especiales de la Biosfera

Selva del Ocote
Cascadas de Agua Azul

Reservas de la Biosfera

Montes Azules (Selva Lacandona)
El Triunfo
Lacantún

Áreas de Protección de Flora y Fauna

Chankín

Monumentos Naturales

Bonampak
Yaxchilán

7

멕시코 혁명과 사빠띠스따

이 글을 쓴 **이창근**은 서울대 법대를 졸업하고, 현재 사회진보를 위한 민주연대(사회진보연대) 부설 〈국제연대정책정보센터〉(PICIS)에서 활동하고 있다. 발표한 글로는 「신자유주의, IMF체제 그리고 국제연대를 위하여」, 「신자유주의적 세계화에 맞선 민중규범 제안 및 세계민중들의 행동네트워크 소개」, 「세계화에 맞선 투쟁을 위하여」, 「유럽통합과 유럽좌파운동」, 「자본의 세계화와 신자유주의」 등이 있다.

"우리의 것은 빛과 행복의 집이다. 이것이 우리가 탄생시킨 것이며, 이것이 우리가 싸우는 방식이며, 이것이 우리가 자라게 하는 방식이다. 우리의 것은 생명과 희망의 땅이다. 우리의 것은 존엄의 씨를 뿌리고 정의와 자유를 수확하는 평화의 길이다."————「라깡도나 밀림의 다섯 번째 선언문」(1998. 7)에서

1

여러분들은 사빠띠스따 운동하면, 아마도 검은 '스키 마스크'에 총을 하늘 높이 치켜든 채 말을 타고 있는 게릴라를 떠올릴 것입니다. 제가 사빠띠스따 활동가를 처음 만난 것은 지난 98년 스위스 제네바에서였습니다. <자유무역과 WTO에 반대하는 지구적 민중행동>(PGA) 국제회의에서였죠. 저도 여러분들처럼, '험한 정글을 쏜살같이 내달리며 멕시코 정부군과 전투를 수행하는' 데 별 지장없는 거무잡잡한 남성 활동가를 상상하고 있었답니다. 그런데, 제가 만난 사빠띠스따는 디아나 다미안 Diana Damian이라는 30대 초반의 여성 활동가였습니다. 그녀는 신자유주의적 세계 체제와 억압적 멕시코 정부에 저항할 수밖에 없는 사빠띠스따의 현실을 담담하게 얘기했고, 세계

민중들 공동의 적인 초국적 기업 및 WTO, IMF와 같은 국제기구 등에 맞서 함께 싸워나가자고 호소하고 있었습니다. 그녀와 대화하면서 특히 인상깊 었던 것은 "당신들의 대안은 무엇이냐?"라고 어느 참가자가 물었을 때, "화폐와 시장에 의해 지배받지 않으며, 인간들 모두가 스스로를 통치할 수 있는 사회를 건설하는 것"이라고 말하는 대목에서였습니다. 깊이 패인 볼과 주름 진 이마 속에서 그녀와 사빠띠스따들의 투쟁의 역사를 짐작할 수 있었습니 다.

그 이후 저는 몇 번의 국제회의에서 사빠띠스따 활동가들을 더 만날 기회가 있었는데, 그때마다 여성 활동가들이었습니다. 이를 두고, 남성 활동 가들은 '보안상'의 문제가 있어서 국제회의에 참석하기가 어렵지 않겠냐라 고 쉽게 추측할 수도 있겠습니다만, 제가 보기엔 그렇게 단순한 이유만은 아닌 것 같습니다. 그들은 시민 사회 내에서 뿐만 아니라 군대 조직인 사빠 띠스따 민족해방군(EZLN)내에서도, 여성들에게 남성과 동등한 참여 및 권 리를 보장하고 있습니다. 아무튼 사빠띠스따와 저의 첫 대면은 애초의 상상 과는 조금 거리가 멀었지만, 아주 신선한 느낌으로 시작되었습니다.

2

사빠띠스따 민족해방군의 운동 이념과 특이함에 대해 말하기 앞서, 그들의 역사와 삶의 현장인 치아파스 주 州에 대해 먼저 말해야 할 것 같습니다. 왜냐하면, 아직까지 한국에서 사빠띠스따 민족해방군은 여전히 생소한 운 동집단이기 때문입니다.

사빠띠스따 민족해방군의 대부분은 멕시코 동남부 지역에 위치한 치아파스 주州의 원주민 및 농민들입니다. 치아파스 주는 옛날부터 목재, 커피, 쇠고기와 같은 농업 수출품 등이 풍부하며, 또한 수력 발전 전기와 석유 등을 멕시코 전역에 공급해 왔습니다. 그럼에도 이곳은 현재 멕시코에서 가장 가난한 지역의 상징이 되어버리고 말았는데, 이를 이해하기 위해서는 20세기 초엽의 멕시코 혁명으로까지 거슬러 올라가야 합니다.

사빠띠스따 민족해방군의 기원이 된 에밀리아노 사빠따 Emiliano Zapata는 1910년부터 전개된 멕시코 혁명 당시 북부 지역의 빤쵸 비야 Pancho Villa 및 꼬아우리라 주州의 주지사였던 베누스띠아노 까란사 Venustiano Carranza와 함께 전설적인 혁명 지도자로 알려져 있습니다. 20세기 초엽의 멕시코 혁명은, 1876년부터 시작된 뽀르피리오 디아스 Porfirio Diaz 정권의 억압적, 자유주의적 정책에 의해 불평등 구조가 악화되면서 발발했습니다. 디아스 정권은 무장 봉기로 정권을 찬탈하고, 자본가와 대지주들에 유리한 정책들을 펴면서, 대다수 멕시코 민중 및 원주민들을 소외시키게 됩니다. 이러한 디아스 정권에 맞서 프란시스꼬 마데로 Francisco Madero가 봉기를 일으켜 1911년 대통령에 추대되지만, 부하인 빅또리아노 우에르따 Victorliano Huerta에게 살해당합니다. 한편 에밀리아노 사빠따는 철저한 토지 재분배와 공동체적 토지 소유의 허용을 요구하는 '아얄라 계획'을 발표하며 무장 투쟁을 선언하고, 1913년 멕시코의 대부분을 장악합니다. 하지만 에밀리아노 사빠따는 1913년 우에르따에게 반기를 들며 혁명 운동에 동참했던 꼬아우리라 주의 주지사인 베누스띠아노 까란사와의 갈등, 그리고 북부 지역의 빤쵸 비야와 연대에 실패하면서, 1919년 암살당하고 맙니다.

한편, 권력을 장악한 베누스띠아노 까란사는 비록 혁명적 농민군 지도

자인 사빠따를 암살하고 그들을 무력화시켰지만, 광범위한 원주민 및 농민들의 요구를 완전히 무시할 수만은 없었습니다. 그래서 까란사는 1917년 혁명헌법을 제정하게 되는데, 이 헌법은 현재까지도 멕시코 사회의 기본 골격을 형성하고 있습니다. 당시 혁명헌법 중에는 현재의 사빠띠스따 민족해방군 투쟁을 이해하는 데 있어 필수적인 조항이 존재하는데, 그것이 제27조입니다. 이 조항은 원주민 농민들의 공동토지(에히도 ejido) 소유를 보장하고, 토지의 매매 특히 외국 자본에의 매매를 엄격히 금지하는 것이었습니다. 그러나 이러한 조항에도 불구하고 토지의 철저한 재분배는 실행되지 않았고, 오히려 1940년대 이후 수출 지향적 산업화 및 국가 주도 발전 전략 속에서 원주민들의 열망은 묻혀버리고 맙니다. 특히 수출 주도 전략 속에서 전개된 대농장 중심의 환금작물 재배는 대다수 원주민들을 토지로부터 추방시키게 되는 결과를 낳습니다. 전후 대부분의 제3세계 국가들이 수출 위주의 1차 상품 생산에 주력했듯이, 멕시코에서도 커피 등 수출에 유리한 환금작물 중심으로 농업 구조를 개편합니다. 기본적인 생존을 위한 식량 생산은 포기되고, 대신 돈을 벌어들일 수 있는 작물들(환금작물)이 재배되기 시작한 것입니다. 이러한 농업 구조 개편은 토지의 집중을 더욱 심화시켰고, 토지에서 쫓겨난 원주민들은 빈곤과 기아에 시달리게 되었습니다.

한편 더욱 더 멕시코 원주민 및 농민들의 생존을 위협한 것은 1970년대 후반부터 전세계를 휘몰아쳤던 신자유주의 물결이었습니다. 1980년대 국제 원유 가격의 폭락 및 외채 위기 속에서 멕시코 경제는 급속하게 신자유주의적 방향으로 선회하게 됩니다. 수입 대체 공업화 전략이나 자립경제 발전 전략은 포기되고, 대신 1985년 <관세 및 무역에 관한 일반협정>(GATT)에 가입하고, 미국의 <북미자유무역협정>(NAFTA)에 적극 지지하면서, 멕시코 정부는 개방화, 자유화, 민영화 정책을 급속하게 추진합니다. 특히 멕시코 정부가 NAFTA를 준비하면서 취한 신자유주의 정책은, 치아파스 주를 비롯한 대다수 원주민 공동체들의 기반을 완전히 무력화시키고 맙니다. 1992년 살리나스 대통령은 1917년의 혁명헌법이 보장했던 공동토지 소유 조항(제27조)을 폐지하고, 옥수수 수입 제한, 커피가격 보조금 등 원주민의 기본적인 생존을 그나마 보장했던 정책들을 없애버리고 맙니다. 멕시코 정부는 그동안 옥수수나 커피 등이 국제적으로 가격 등락의 폭이 심하여 보조금 제도나, 수입 제한 정책 등을 통해 국내 농업 부문을 보호하는 정책들을 펴왔는데, NAFTA를 핑계로 이를 전격적으로 폐지해버린 것입니다. 특히 옥수수의 경우는 치아파스 주에서 생산되는 것만으로도 멕시코 전역의 수요를 충분히 조달할 수 있었음에도 불구하고, 초국적 곡물 기업의 이해를 위해 '옥수수 수입 제한 조치'를 폐지해버립니다. 사실 이러한 국가 보조금 금지나, 수입 제한 조치 폐지 등은 최근 자유무역협정이나 투자자유화협정에서 초국적 자본이 세계 각국에 핵심적으로 요구하고 있는 사항들입니다.

치아파스 주의 원주민들은 목재, 커피, 옥수수 등을 중심으로 한 공동체 지역 경제에 기반하고 있었기 때문에, 신자유주의 물결 속에서 취해진 멕시코 정부의 각종 조치는 이 지역 공동체를 완전히 파괴하고 맙니다. 생존의 위협 속에서, 치아파스 주의 농민들은 1992년과 1993년 대규모 항의시위를 벌이지만, 정부로부터 어떠한 반응도 얻지 못했습니다. 결국 치아파스 주 원주민들은 자신들의 삶과 공동체, 자치를 위해 1994년 1월 1일 NAFTA의 발효와 동시에 무장 봉기를 하게 됩니다.

3

사빠띠스따에게 '혁명'은 쉽게 정의되지 않는 그 무엇입니다. 인간의 희망을 실현할 수 있는 하나의 해답으로서 혁명을 거부합니다. 어쩌면 그들은 혁명을 끊임없는 질문의 과정으로 이해하고 있는지도 모르겠습니다. 그것은 엄청난 빈곤과 착취와 불행 속에서도 인간은 희망을 가질 수 있는가, 인간들 스스로가 스스로를 통치할 수 있는가, 그리고 인간의 필요를 충족시키기 위해 무엇을 할 것인가 등을 '존엄한 인간적 주체'에게 묻는 과정이며, 이 과정을 통해 '자율, 자치, 자유'를 획득해나가는 것을 의미합니다. 사빠띠스따들에게 그래서 혁명은 정의되지 않고, 끊임없이 물어가는 과정일 뿐이라고 합니다. 따라서 이들에게 혁명적 실천과 문화적 실천은 구분되지 않으며, 동일한 과정의 다른 표현일 뿐입니다. 문화와 혁명은 '삶'으로 통일되어 있고, 스스로가 삶을 지배하고 통치해 나가는 과정이 곧 '문화적 실천'의 과정이자, '혁명적 실천'의 과정인 것이죠.

사빠띠스따 민족해방군 부사령관이자 대변인인 마르꼬스는 어느 인터뷰에서 다음과 같이 말했습니다.

"우리는 하나의 공간을 제안하고 있는 것입니다. 상이한 정치적 세력들 사이의 평형 즉, 각각의 입장이 이 나라의 정치적 향방에 영향을 미칠 수 있는 동일한 기회를 갖도록 하기 위한 평형을 제안하고 있는 것입니다.[……]이 나라의 나머지 사람들이 방관자들이어서는 안 됩니다. 사람들은 어떤 제안을 받아들여야 할 것인지를 스스로 결정해야 합니다. 그리고 당신이 당신의 의견이 옳다는 것을 확신시켜야만 하는 것도 바로 이 사람들입니다. 이것은 혁명의 개념을 근본적으로 변화시킬 것이며, 누가 혁명적 계급인지, 그리고 혁명적 조직이란 무엇인지에 대한 개념도 변화시킬 것입니다. [……] 사빠띠스따 혁명은 권력 장악을 제안하고 있지 않습니다. [……] 우리는 '이 국가를, 이 국가 체계를 파괴하자. 이 공간을 열어 젖혀 무기가 아닌 사상으로서 대중들을 대하자'고 이야기하고 있습니다."

마르꼬스는 자주 '거울의 덫'에 대해 얘기한다고 합니다. '거울의 덫'이란 아마도 어떤 사물에 대한 정확한 대칭이 가질 수 있는 위험성을 경고하는 듯합니다. 여러분들이 거울을 바라보면 알겠지만, 거울은 우리들의 얼굴과 몸 전체를 하나하나 뜯어볼 수 있게 도와줄 수는 있지만, 반대로 거울에 비춘 만큼만 우리가 사고하고, 행동하도록 규정하는 경우가 많습니다. 거울은 어쩌면 우리에게 거울 밖의 모습을 사고할 수 있는 여유와 공간을 갉아먹고 있는지도 모르겠습니다. 아무튼, 그는 혁명에 대해서도 '거울의 덫'을 이용해 설명합니다. 어떤 사회 시스템을 다른 시스템으로 대체하는 것, 어느 한 정당이나 이데올로기에 의해 사회 전체가 동질화되는 것, 예를 들면 자본주의 체제를 사회주의 체제로 대체하는 것을 혁명으로 이해하지 않습니다. 그것은 '물구나무 선 거울 이미지'에 불과하다는 것입니다. 그래서 사빠띠스따는 자꾸 거울만 보려하지 말고, 거울을 옆으로 치워버릴 수 있는 지혜가 필요하다고 이야기합니다. 거울 옆에 존재하는 '혁명'이란, 인간들이 자기 스스로를 직접적이고 민주적으로 통제할 수 있는 자치나 자율을 다시 한번 구성해낼 수 있는 민주주의적 공간으로 정의됩니다. 즉 '다양한 집단들의 상이한 투쟁이 인정되고, 다양한 정치적 제안들이 평등하게 논의될 수 있는 민주적 공간'의 창출을 말합니다. 그러나 이것이 요즘 유행하는 서구식의 형식적 다원주의는 아닙니다. 저의 짧은 소견으로 보면, 서구식 다원주의는 인간들을 사사로운 개인들로 전락시켜 그들 사이의 차이에 대해서는 말하면서도 차이를 인정하지 않으려는 지배 질서에 대한 저항의 문제는 덮어두고 있다고 생각합니다. 반면, 사빠띠스따들은 인간 존재의 존엄성을 바탕으로, 존엄한 존재들의 다양한 삶의 방식을 인정하면서 동시에 존엄한 인간성을 파괴하는 지배 질서에 대한 문제를 제기하고 있는 것입니다. 따라서 사빠띠스따는 차이가 존중될 수 있는 민주적 공간을 형성하기 위한 전제로서, 각 사회 부문들의 자율성을 요구합니다. 서로가 책임 있고 자율적인 정치적 제안을 이야기할 수 있으려면, 그들 각각의 집단들이 자기 스스로에 대한 자율성을 지니고 있을 때 가능한 것이기 때문입니다. 원주민을 포함한 노동자, 농민, 학생, 주부, 무단 점거자, 중소기업인, 정년 퇴직자, 장애인, 남녀 종교인, 동성애자, 아동 등 모든 사회적 부문들에게 '자신들의 삶에 대한 직접적인 민주적 통제'를 요구하고 있습니다. 이러한 자율적인 주체들간의 상호 수평적이며 협력적인 네트워크가 그들이 지향하는 민주적 공간이며, 혁명인 것입니다.

이러한 의미에서 사빠띠스따는 국가 권력 장악을 혁명으로 사고하는 것을 부정합니다. 아마도 이는 권력의 의미를 '국가 권력'에 한정지으면서 발생한 전통적 좌파 운동세력의 전략적 한계에 대한 인식에서 비롯된 것으로 보입니다. 역사적으로 세계 좌파 운동은 세 가지 사회 모델을 경험했습니다. 그것은 서구의 복지국가 모델, 동유럽의 소비에트주의, 그리고 제3세계의 민족해방과 근대화 기획을 말합니다. 그러나 현재 세 가지 모델 전부가 대중의 신뢰를 잃고 현실적으로 실패하고 말았습니다. 서구 복지국가 모델은 완전고용의 신화를 이미 뒤로하고 사회 안전망의 제거, 공공부문의 축소 속에서 노동자와 사회적 약자들을 집중 공격하고 있습니다. 소비에트주의를 신봉했던 러시아와 동구국가들은 자본주의 국가로 편입되었으며, 1950

년대에서 70년대에 걸쳐 광범위하게 일어났던 제3세계 국가들의 자주적·자립적 발전 기획은 개방화, 자유화라는 신자유주의적 물결 속에서 해체되고 맙니다.

이 세 가지 사회 모델 및 전략이 공유하고 있었던 것은 '국가 권력 장악을 통한 사회 변혁'이라는 테제였습니다. 따라서 사빠띠스따는 역사적으로 실패한 이러한 국가 중심의 전략을 거부하고, 다른 방식으로 저항의 원리 및 사회 운영의 원리를 재구성하려는 시도를 펼치고 있습니다. 국가라는 것이 기본적으로 자본주의라는 기성의 질서를 재생산하는 경향을 지니고 있으며, 그러함으로써 국가는 인간들과 맺는 관계에 있어서도 자본주의적 사회 관계의 재생산과 양립할 수 없는 것들은 무엇이건 간에 제거해버리는 속성이 있다는 점에서, 사빠띠스따의 문제 제기는 충분히 경청할 만하다고 생각합니다. 특히 사빠띠스따는 국가에 의한 인간의 총체성 및 존엄성의 파괴를 주목합니다. 국가가 공적인 것과 사적인 것을 엄격히 분리하여, 민중들로부터 공적인 것을 앗아가버림으로써, 민중들을 사사로운 개인들로 전락시켜버린다는 점입니다. 공적인 것과 사적인 것의 분리, 중요한 것과 하찮은 것의 분리, 물질적인 것과 정신적인 것, 이성적인 것과 감성적인 것 모두의 분리가 발생하고, 그로 인해 인간은 끊임없이 사적인 개인으로 침잠되고, 자신에 대한 지배력을 상실하게 되며, 정치와 사회로부터 소외되고 맙니다. 이러한 인식에 근거해볼 때, 사빠띠스따의 정치적·이론적 문제 제기는 확실히 매력적일 수 있습니다.

물론 사빠띠스따의 정치적 도전에 대해 비판적으로 바라보는 견해도 있습니다. 다니엘 벤사이드라는 프랑스의 진보적 지식인은 「신자유주의의 깨어진 거울」이라는 논문에서, 사빠띠스따가 주장하고 있는 '권력 장악을 열망하지 않는 저항'의 의미를 다른 방식으로 설명하기도 합니다. 즉 국제적, 국내적으로 사회 세력간의 힘 관계에 있어서 민중들이 극도로 불리하기 때문에 당장 국가 권력의 장악을 주장하지 못하고, 우회적으로 모든 세력의 정치적 제안이 평등하게 논의될 수 있는 민주주의적 공간의 창출을 주장하고 있다는 지적이 그것입니다. 전술적으로 한발 물러선 주장을 펼치고 있다는 말이죠. 다음으로 그가 지적하고 있는 것은, 현대의 혁명가들이 전반적으로 전략적 딜레마에 빠져 있는데 그러한 혼란이 사빠띠스따들에게도 예외는 아니어서, 전략적 목표를 조금은 추상적이고 모호하게 표현하고 있는 것은 아닌가라는 지적입니다. 이러한 지적들은 자치와 자율에 대한 사빠띠스따의 제안이 뚜렷한 청사진으로 제시되고 있지는 않으며, 투쟁의 근본적인 방향만을 말하고 있다는 점에서 일면 수긍이 가는 대목입니다. 사빠띠스따 스스로도 자신들의 투쟁을 이론적으로 분명히 설명하고 있다기보다는, '자신을 고무시키는 집단적 심장 속에 깃든 직관의 표현'이라고 말하기까지 합니다. 그럼에도 사빠띠스따의 정치적 도전이 신자유주의 시대 민중들의 저항과 투쟁, 삶을 조직하는 하나의 방식을 보여주고 있는 것은 분명합니다. 그들은 새로운 세계의 창출을 염원하는데, 그 세계란 '국가 권력 장악'으로 대체되지 않는 보다 본질적인 '인간 존엄성의 회복,' '스스로에 대한 민주적 통제와 자율의 회복'을 의미합니다. 저는 지난 98년 여름, 서울에 온 사빠띠스따 지원단체(FOCA)의 활동가인 디아나 다미안과의 인터뷰에서 이것의 의미를 일부분이나마 이해할 수 있었습니다. 그녀는 "노동과 교육, 보건과 복지에 대해 이전보다 훨씬 공정한 기회가 주어지는 사회," 그리고 "민주적인 절차를 통해 민중이 자유롭게 정부를 세우고, 정부의 형태를 스스로 선택할 수 있는 사회"라고 표현하면서, 이는 사빠띠스따만이 아니라 멕시코 전체 민중, 나아가 세계의 민중이 지향하는 사회라고 단언하고 있었습니다.
또한 사빠띠스따 민족해방군 혁명법에도 그들의 이러한 생각들이 집약되어
표현되어 있습니다. 혁명법의 '투쟁에 있어서 민중의 권리와 의무에 관한
법' 부분에는 '그들이 편리하다고 간주하는 유형의 행정 체계를 자유롭고
민주적으로 선택할 권리'를 명시하고 있으며, 또한 '혁명적 농업법'에서는
원주민과 농민들이 자신들의 고유한 삶과 문화를 조직하기 위한 토대이자
공간으로서 토지의 반환을 요구하고 있습니다.

4

가장 최근에 발표된 사빠띠스따의 「라깡도나 밀림의 다섯번째 선언」에는
다음과 같은 구절이 있습니다.

> "침묵, 존엄, 그리고 저항은 우리의 유일한 힘이자 최선의 무기였다. 이들과
> 더불어 우리는 싸웠고 강력한 적을 물리쳤다. 적은 이성과 정의가 없었기 때문이
> 다. 우리의 경험으로부터, 그리고 이 땅에 처음 살았던 우리 선조가 가르쳐준,
> 길고도 빛나는 원주민 투쟁의 역사로부터, 우리는 우리의 무기를 벼려내었고,
> 우리의 침묵의 군대를, 우리의 존엄의 빛을, 그리고 우리의 저항의 성벽을 만들어
> 냈다."

멕시코 정부군의 탄압과 학살에 맞서 사빠띠스따는 침묵으로 저항한다
고 말합니다. 또한 존엄과 이성으로 저항한다고 말합니다. 「라깡도나 밀림
의 네번째 선언」이 1996년 1월 1일에 발표되었는데, 이를 기준으로 본다면

약 2년 반 만에 다섯번째 선언문이 발표되었습니다. 그동안 그들이 멕시코 정부군과 친정부 백색테러단으로부터 엄청난 학살과 탄압(구금, 강간, 공동체 파괴, 축출 등)을 받아왔다는 것을 감안한다면, 사빠띠스따의 오랜 침묵은 쉽게 이해가지 않을 수도 있습니다. 사빠띠스따가 침묵하고 있는 동안, 사빠띠스따 민족해방군에 대한 구구한 억측들이 쏟아졌었습니다. '내부 분열이 일어났다,' '세력이 급속히 축소되었다'는 등의 말들이 오고갔습니다. 그런데, 이번에 발표된 다섯번째 선언문에 그들은 침묵의 이유를 설명하고 있습니다. 멕시코 정부는 그동안 사빠띠스따 민족해방군이 먼저 군사 공격을 시도했으며, 그들도 민간인 학살에 책임이 있다는 등의 흑색 선전을 퍼부었습니다. 사빠띠스따 민족해방군은 바로 '침묵'으로써 정부의 흑색 선전에 대응한 것입니다. 그들은 '침묵'으로써 누가 학살자이며, 누가 거짓말을 하고 있는지를 밝혀낸 것입니다. 또한 그들은 '침묵'으로써 기존 질서에 대한 민중들의 저항 욕구, 자율을 향한 투쟁의 열망을 더욱 촉진시킬 수 있었습니다. 그들은 어쩌면 2년 반 동안 멕시코 민중들뿐만 아니라, 전세계 민중들의 자치와 자율을 향한 투쟁의 욕구를 '침묵'으로써 확인하고 있었는지도 모르겠습니다. 아니 오히려 그들은 민중들 모두를 비인간적으로 취급하는 자본주의적 현실에서 자신의 인간성을 주장하고, 자기 자신의 삶을 스스로 통제하겠다고 주장할 수밖에 없는 인간 존엄성에 대한 굳은 믿음 속에서 '침묵이라는 무기'를 벼리고 있었는지도 모르겠습니다. 만약 존엄해지려는 인간 본질에 대한 믿음이 존재하지 않는다면, 그 숱한 억압 속에서 2년 반을 '침묵'으로 버틸 수 있겠습니까? 아무튼 사빠띠스따에게 '인간의 존엄성,' '이성과 진리'는 투쟁과 저항의 근원에 자리하고 있는 개념들입니다. 이에 대해 존 홀로웨이는 자신의 논문 「권력의 새로운 개념」에서 다음과 같이 해석하기도 합니다.

"인간의 존엄성을 역설하는 것은 우리를 비인간적으로 취급하는 이 사회 현실에서 자신의 인간성을, 민중이 인간임을 주장하는 것이다. 인간의 '존엄성'을 역설하는 것은 우리들을 파편화시키는 이 사회에서 우리들 하나하나가 모래알이 아니라 모두가 어우러져 하나의 전체를 이루고 있음을 주장하는 것이다. 인간의 '존엄성'을 역설하는 것은 또한 자기 자신의 생활을 자기 스스로 통제하겠다고 ——그러한 자율적 또는 자주적 통제를 금지하는 사회 속에 살면서—— 주장하는 것이다. 인간의 '존엄성'을 지킨다는 것은 또 우리가 투쟁을 통해 향후에 실현하고자 하는 인간다운 생활, 즉 '실현 가능하지만 아직은 미처 실현되지 않은 생활'을 지금의 시점에서 미리 실천하는 것이다. 그리고 '참'으로써 또는 '존엄성'으로써 무장한다는 것은 '아직은 미처 실현되지 못한 인간다운 생활'을 지금 현 시점에서 실천할 권력 또는 권리를 큰소리로 주장하는 것이다."

이러한 사빠띠스따의 '인간의 존엄성'에 기반한 저항의 원리는 대단히 추상적이고, 공허하게 들릴 수도 있습니다. 사실 <세계인권선언>과 <UN헌장>뿐만 아니라, 심지어 독재 국가의 헌법에조차 명문화되어 있는 '인간 존엄성'의 문제를 저항의 근원으로 삼는 사빠띠스따의 논리는 전통적인 진보 진영의 시각(특히 맑스주의적 시각)에서 바라보면 이해하기 힘든 측면이 존재합니다. 또한 역사는 결코 진리를 밝혀주는 장이 아니고, 단지 권력의 소유를 둘러싼 세력들간의 비정한 전투의 장이라고 했을 때, '인간의 존엄,' '이성과 진리' 등을 무기로 삼는다는 것이 더욱 비현실적으로 들릴 수 있습니다. 그러나 사빠띠스따는 '존엄성'과 '이성,' 그리고 '진리'가 현존함을 믿습니다. 그것은 자본주의적 착취 질서에 반하는 투쟁, 지배자의 획일적인 논리

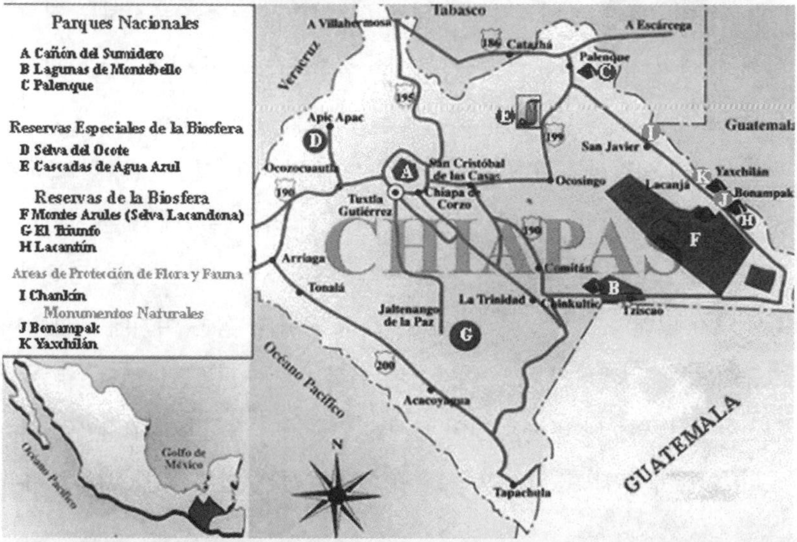

Parques Nacionales

A Cañón del Sumidero
B Lagunas de Montebello
C Palenque

Reservas Especiales de la Biosfera

D Selva del Ocote
E Cascadas de Agua Azul

Reservas de la Biosfera

F Montes Azules (Selva Lacandona)
G El Triunfo
H Lacantún

Areas de Protección de Flora y Fauna

I Chankín

Monumentos Naturales

J Bonampak
K Yaxchilán

Tabasco

A Villahermosa

Veracruz

186 Catajhá

Palenque C

A Escárcega

Guatemala

Apic Apac

D

E J

199

San Javier

Ocozocuauth

190

San Cristóbal
de las Casas

Lacanja

Yaxchilán

Bonampak

H

Tuxtla
Gutiérrez

Chiapa de
Corzo

Ocosingo

F

CHIAPAS

Arriaga

Tonalá

Comitán

La Trinidad Chinkultic

B

Tziscao

Jaltenango
de la Paz

G

200

Acacoyagua

Océano Pacífico

N

Golfo de
México

Océano Pacífico

Tapachula

GUATEMALA

에 동질화되지 않으려는 저항, 존엄성의 모욕에 대한 투쟁들 속에 현존한다고 생각합니다. 이러한 믿음에 기초해, 그들은 멕시코 원주민과 민중들, 그리고 세계 민중들 모두에게 요구합니다. "야! 바스따! Ya! Basta!"를 외치라고 말입니다. 이는 우리말로 "이제 그만!" "그만 좀 해!" "그 정도면 충분해!" "이제 됐어!" 등으로 해석될 수 있습니다. 인간의 존엄을 무시하는 질서를 향해, 여성의 권리를 억압하는 가부장적 질서를 향해, 동성애자를 비정상인으로 질시하는 눈들을 향해, 인간의 모든 삶을 자본주의적 강제 노동으로 환원시키려는 질서를 향해, 우리 모두는 "야! 바스따!"를 외쳐야 하고, 외칠 수 있다는 것입니다. 자신을 짓누르는 기존의 지배 질서에 대한 저항심의 표현으로서 "야! 바스따!"는 분명 현존합니다 —— 그것은 종종 명료하게 표현되지 않더라도 말입니다. 사빠띠스따 운동의 힘은 여기에 존재하며, 그들이 쉽게 분쇄되지 않고 아직까지 살아남을 수 있었던 것도 여기에서 연원합니다. 멕시코 민중을 넘어 전세계 민중들이 자신들의 입장에서 자신들의 '야! 바스따!'를 외치며, 사빠띠스따 운동과 함께 했기 때문입니다.

"우리는 다른 땅에서 태어난 남자와 여자들이 그들 스스로를 평화를 위한 투쟁에 더하는 것을 보았다. 우리는 자신들 나라로부터 '당신들은 혼자가 아니다'라는 기나긴 다리를 이어오는 사람들을 보았고, 그들이 스스로를 조직하고 '이제 됐어! Ya basta!'라고 반복해서 외치는 것을 보았고, 그들이 정의를 위한 요구를 만들어내고 수행하며, 노래처럼 행진하고, 외침처럼 글을 쓰며, 행진처럼 발언하는 것을 보았다. 우리는 그 모든 불꽃들이, 호세 Jose가 쓰는 모든 이름과, 모두를 위한 자리를 원하는 전세계 모든 사람의 얼굴과 더불어, 하늘에 부딪쳐 우리 땅에 떨어지는 것을 보았다." ———「라깡도나 밀림의 다섯번째 선언」중에서

제가 보기에 사빠띠스따의 생명력은 바로 여기에 있다고 생각합니다. 그들은 '야! 바스따!'를 통해, 자신들의 지역적인 투쟁과 욕망을 세계 민중들의 저항과 연결시켜낼 수 있었습니다. 사빠띠스따의 '야! 바스따!'라는 개념을 해리 클리버라는 자율주의 맑스주의자는 "하나의 '아니오,' 무수한 '예' One No, Many Yeses"라고 표현하기도 합니다. 'One No'는 신자유주의 체제이며, 보다 본질적으로는 자본주의 체제일 것이며, 'Many Yeses'는 무수한 인류가 꿈꾸는 다양한 존재와 삶의 방식, 그리고 저항 방식의 다양성을 의미할 것입니다. 그는 이어서 '야! 바스따!'는 자본주의 사회에서 살아가는 한, 비록 방식은 다르지만 계급 대립이 우리들 모두를 관통하고 있다는 관점에 기초하여, 저항이라는 것, 투쟁이라는 것을 인간이 살아가는 모든 측면을 포괄하는 것으로 인식하는 원리"라고 설명하고 있습니다. 공동의 적을 공유하고 있기는 하지만, 존재의 방식이 다른 만큼 저항의 방식도 다를 수 있음을 존중하는 개념입니다. 사빠띠스따는 이처럼 이미 존재하는 '존엄성'을 어떻게 지키고, 그것을 억압하는 질서와 관습을 어떻게 고칠 것인가라는 관점에서 투쟁을 바라보기 때문에, 당연하게도 사회 각 부문 투쟁들 사이의 수직적 위계 구조(소위 말하는 노동 계급 운동에 여타의 사회 운동을 종속시키는)를 거부합니다. 성의 문제, 환경의 문제, 아동의 문제, 동성애자의 문제, 노인의 문제 등이 그 예일 것입니다.

5

사빠띠스따 선언문 곳곳에는 "자신들은 전위가 아니다"라는 말이 등장합니다. 그들 역시 숱한 저항들 중 하나일 뿐이라는 점도 동시에 강조합니다.

이번 「라깡도나 밀림의 다섯번째 선언」에도 예외 없이 그 구절이 적혀있습니다.

"당시처럼, 오늘 우리는 그들의(인디언 민중들) 권리를 인정받기 위한 투쟁에 있어 모든 인디언 민중들과 함께 길을 가고 있다. 전위나 지도가 아니라 단지 한 부분으로서."

물론 이러한 원칙을 단지 선언하는 것은 쉬운 문제일 수 있지만, 그것을 직접 실현하는 것은 대단히 어려운 문제입니다. 그러나 사빠띠스따 민족해방군은 군대라는 조직 속성상 가질 수밖에 없는 명령적 위계 구조에도 불구하고, 자신의 제안을 대중들에게 설득시키고, 그들의 목소리를 듣는 집단적이고 민주적인 의사 결정 구조를 갖고 있습니다. 몇 가지 예를 들어보면, 지난 94년 1월 1일 첫 봉기 이래 수백 명의 사상자를 낸 2주 후, 멕시코 정부는 점령 지역에 대한 잔학 행위를 비난하는 국내외 압력에 밀려 사빠띠스따 민족해방군과 협상할 수밖에 없었습니다. 그해 3월 2일 협상안이 잠정 체결되었는데, 사빠띠스따는 자신들만의 독특한 방식으로 협상안에 대한 민주적 의사 결정 과정에 돌입하게 되었습니다. 사빠띠스따는 수많은 공동체 및 그들을 지지하는 시민 사회와 협의 과정을 거쳤는데, 그 기간은 약 3개월이나 소요되었습니다. 그러한 협의 과정 끝에 사빠띠스따 민족해방군은 97.8%의 반대로 협상안이 거부되었음을 알리면서, 계속적으로 저항할 것이라는 「제2차 선언문」을 발표하기에 이릅니다. 또한 사빠띠스따는 투쟁의 향방을 가늠하는 주요한 결정을 함에 있어서는 반드시 '전민족적인 심의 과정(민중 투표 혹은 국민 투표)'을 거칩니다. 1995년 1월 2일 사빠띠스따는

「제3차 선언문」에서 민족의 원주민 부분의 자율을 선언하고, 모든 멕시코 민중들에게 신념, 인종, 정치적 이념 등에 관계없는 광범한 반대전선인 민족 해방 운동의 구성을 호소합니다. 또한 새로운 헌법과 과도정부의 구성을 위한 투쟁을 제안합니다. 그러나 멕시코 정부는 사빠띠스따의 제안을 진지하게 받아들이기는커녕, 오히려 지도부에 대한 구속영장을 발부하고 휴전을 일방적으로 파기하면서 원주민 공동체들에 대한 군사 공격을 개시합니다. 결국 그해 3월 정부는 다시 협상테이블로 돌아오지만, 사빠띠스따 공동체를 미국식의 인디언 보호 구역과 같은 일종의 강제 수용소로 만들려는 의도를 드러내 보입니다. 이에 대해 사빠띠스따는 자신들의 요구사항과 그 조직의 앞날에 대한 민족적·국제적 여론을 듣기 위해 '평화와 민주주의를 위한 국민투표'를 제안하게 됩니다. 95년 8월 27일 1,200만 멕시코인과 10만 명 이상의 외국인들이 참여한 가운데 투표가 실시되었는데, 투표자의 97.5%가 사빠띠스따 민족해방군의 요구사항에 동의했고, 이러한 요구사항을 관철시키기 위해서 멕시코의 모든 민주 세력들이 폭넓은 사회·정치적 반대전선으로 결집해야 한다는 안건에는 91.5%가 동의하게 됩니다. 또한 투표자의 52.6%는 사빠띠스따 민족해방군이 새롭고 독립적인 정치세력으로 변화되어야 한다고 제안합니다. 이러한 국내외 시민사회의 제안에 대해 사빠띠스따는 1996년 1월 3일, 「제4차 선언문」에서 멕시코 내에 존재하는 모든 민주주의 세력들을 포함한 전국적이고 비폭력적이며 독립적인 시민 정치 세력인 <사빠띠스따 민족해방전선>(EZLN)의 구성을 제안합니다. 사빠띠스따의 이러한 투표 과정에 대해, 이원영은 자신의 논문 「사빠띠스따의 '간대륙주의'와 '민족자율'의 문제」에서, '(투표의 과정은) 어떤 찬반에 대한 동의 여부만을 묻는 형식적 절차가 아니라 하나의 집단적 축제이면서, 학습과 훈련을 쌓는 조직화의 과정'이라는 의미를 부여하기도 합니다.

이러한 집단적·민주적 의사 결정 과정은 그들의 원주민적 전통에서 비롯된 것이기도 하지만, 또한 '지도적 전위'를 거부하고, 민중들이 이미 수행하고 있는 '인간 존엄을 지키기 위한 투쟁'을 받아 안고 그것을 보다 분명히 표현하는 것을 중심적인 사업 원칙으로 갖고 있는 사빠띠스따 민족해방군의 고유한 조직 운영 원리에서 비롯된 것입니다. 이러한 원리 속에서 도출된 것이 '복종함으로써 지도한다'는 원칙과 '물어가며 함께 걸어간다'는 원칙입니다.

저는 98년 <서울국제민중회의>(PICS)에 참석했던 사빠띠스따 활동가 디아나 다미안과의 대화 속에서 재미있는 사실을 발견했는데, 그들의 고유한 조직 운영 원리, 지도의 원칙과 그들의 상징처럼 되어 있는 검은 '스키 마스크'가 관련되어 있다는 사실입니다. 그녀에 의하면, 모든 사빠띠스모들이 검은 '스키 마스크'를 착용하는 이유 중의 하나가, 얼굴로서 지도자와 피지도자를 가르는 것을 거부하고, 모두가 지도자이며 또한 모두가 대중이라는 평등한 관계를 상징적으로 표현하고 있는 것이라 합니다. 겉모습만 보고는 모두 다 검은 '스키 마스크'를 착용하고 있기 때문에, 우리는 누가 저 유명한 사빠띠스따 민족해방군의 부사령관 마르꼬스인지 구분하기가 어렵습니다. 이를 거꾸로 생각하면, 모두를 마르꼬스로 볼 수도 있으며, 마르꼬스일 수 있다는 것입니다. 물론 '스키 마스크'에는 또다른 정치적 의미가 담겨있기는 합니다. 그것은 '신자유주의 체제의 세계'에서 그 어디에도 자신들의 얼굴과 삶은 발견할 수 없었다는 점을 고발하기 위한 것입니다. '이제 우리를, 우리의 저항을 주목하시오'라는 의미이죠.

사빠띠스따는 이번의 「제5차 선언문」에서 다시 한번 거대한 실험을 시도하고 있습니다. 그들은 '원주민 권리 인정과 절멸전쟁 종식을 위한 민족적 심의(국민투표)'를 제안한 것입니다. 이러한 민족적 심의는 모든 이들에게 열려있습니다. 「제5차 선언문」에는 "노동자, 농민, 학생, 주부, 무단점거자, 지주, 중소기업인, 정년퇴직자, 장애인, 남녀 종교인, 젊은 여성, 노인, 동성애자, 아동들에게 집단적이거나 개인적인 방식으로 우리의 주장에 바로 참여하고, 정의롭고 존엄한 평화를 향한 한 걸음으로 이 심의를 지지, 실현시킬 것을 요구"하고 있으며, 이어서 "과학·예술·학술 공동체에게, 사회·정치 조직들에게, 민중의 대의에 헌신하는 정직한 정치 정당들에게" 등 모든 사회 세력들에게 동등한 참여를 촉구할 뿐만 아니라 보장하고 있습니다. 이들은 어쩌면 민족적 심의 과정, 국민 투표의 과정을 '저항의 방법'으로서만이 아니라 '자치와 자율의 과정' 그 자체로 이해하고 있는지도 모르겠습니다.

6

사빠띠스따는 국제적인 차원으로 자신들의 투쟁의 원리를 일반화시키고 있습니다. 그 대표적인 예가 두 차례에 걸쳐 진행된 <인류와 신자유주의 반대를 위한 대륙간회의>와 <자유무역과 WTO에 반대하는 지구적 민중행동>입니다. 대륙간회의는 1994년 멕시코 페소화의 폭락, NAFTA에 의한 토지의 강탈, 그리고 전지구적인 금융위기의 확산 속에서, 신자유주의에 반대하는 세계 민중들과의 연대를 위해 개최됩니다. 1996년 자신들의 근거지인 라깡도나 밀림에서 첫번째 대륙간회의가 개최되는데, 여기에는 5개 대륙 42개국에서 온 3천 명 이상의 풀뿌리 활동가들이 결집하여 성황리에 진행됩니다. 그들이 공유한 것은 우리들 공동의 적은 신자유주의와, 보다 일반적으로는 자본주의 그 자체라는 것, 그리고 그에 대한 저항의 다양성과 존재와 행위 방식들의 다양성에 대한 존중이었습니다. 어떠한 자금 지원도 없이, 좋은 회의 시설도 없이 진행된 국제 회의임을 감안하면 그 성과는 대단한 것이라 할 수 있습니다. 정글 마을의 비와 진흙 속에서, 이 수 천의 사람들은 신자유주의와 그들 자신의 저항에 대해, 사빠띠스따의 제안에 대해 토론하고 논쟁했던 것입니다. 이러한 성과를 계승하여, 제2회 대회가 스페인 마드리드에서 1997년 개최되었습니다. 사빠띠스따는 국제적인 차원에서도 자신들의 원리를 일반화시키고, 전세계 민중들의 신자유주의에 대한 투쟁을 자극시키는데 모든 힘을 기울였습니다. 이러한 사빠띠스따의 노력이 행동 네트워크의 형식으로 구체화된 것이 바로 <자유무역과 WTO에 반대하는 지구적 민중행동>(PGA)입니다. 1998년 3월 3일에 발표된 <지구적 민중행동>의 창립 선언문에는 이들의 문제의식이 고스란히 드러나 있습니다.

> "우리는 탈중심적인 자율을 존중하는 조정을 통해서 새로운 지구적 민중 운동의 교육과 행동에 있어서의 독립적인 동맹을 조직할 필요와 의도를 선언한다. 건설적인 직접행동과 시민 불복종은 민중 동맹의 핵심이 되어야만 한다. 우리는 또한 세계 민중들이 이익보다는 필요의 기반 하에 연결될 수 있는 새로운 길을 찾을 필요가 있다. 우리는 어떠한 형태의 억압에도 반대하며, 민중으로서 투쟁하겠다는 우리들의 의지를 단언한다. 우리는 또한 새로운 세계의 건설에 복무한다. 우리는 인간으로서, 공동체로서, 다양성에 깊이 뿌리를 둔 공동체로서 함께 한다. 우리는 함께 공평한 세계의 비전을 형성하고 자연에게서 물려받은 자산과 인간의 권능, 존엄 그리고 자유로부터 오는 진정한 성공을 건설하기 시작한다."

　<지구적 민중행동>은 탈중심과 자율을 운영의 기본 원리로 하며, 지방적, 민족 국가적, 문화적 수준 등 모든 수준에서의 공동체들의 자율과 자치를 옹호하고, 그것을 억압하는 신자유주의 공세와 억압적 기구들에 대한 투쟁을 상호지원합니다. 그래서 <지구적 민중행동>은 강령이 없으며, 단지 선언문만이 있을 뿐입니다.

　그런데 여러분들은 과연 이러한 탈중심적인 네트워크가 얼마나 효과적일 수 있는가에 회의를 품을 수 있을 것입니다. 그러나 <지구적 민중행동>은 실질적으로 국제적인 민중행동을 두 차례에 걸쳐 조정해냈습니다. 1998년 4월 파리의 <경제개발협력기구>(OECD)각료회의에서 다자간투자협정(MAI)이 논의되고 조인될 예정이었던 것을 계기로 전지구적인 MAI 반대행동을 조직해낸 것입니다. 모든 대륙과 국가들에서 개별적으로 행동을 조직하면서도, 한편으로는 여러 단체들과 함께 파리에 결집하여 세계 민중들의 MAI에 대한 입장을 효과적으로 알려내는 행동들을 전개한 것입니다. 또한 같은 해 5월에는 자유 무역 체제 출범 50주년 기념식 및 WTO 각료회의가 제네바에서 열렸습니다. 이에 <지구적 민중행동>은 자유 무역 체제의 재앙을 고발하며, 다시 한번 국제적인 연대행동을 조정해냈습니다. 아직 결론을 내기에는 섣부르지만, <지구적 민중행동>에서 최소한 유의 깊게 바라보아야 할 것은, 지구적인 수준에서 지역적인 저항들을 연결하고 상호보완적인 것이 되게 하는데 중앙집중적인 국제 조직이 필수적인 것은 아니라는 사실을 보여주고 있다는 것입니다. 중요한 것은 얼마나 실천적이고 효과적으로, 서로의 차이를 존중하면서도 효과적으로 공동의 적에 대항해 싸울 수 있도록 조정해 내는가입니다.

7

자본의 전세계적인 공세에도 불구하고, 각국 민중들의 투쟁은 지역적으로 고립되어 산발적으로 진행되고 있는 것이 현실입니다. 그러나 지역적인 투쟁이 전 세계적인 저항 운동과 연결될 수 없다면, 그들은 고립되고 패배할 수밖에 없을 겁니다. 사빠띠스따 운동도 아주 작고 지리적으로 고립된 원주민 투쟁에 불과합니다. 만약 그들도 고립되었더라면, 숱한 게릴라 집단들이나 저항 세력들과 마찬가지로 국가의 폭력에 의해 말살되었을 것입니다. 그러나 사빠띠스따는 그들의 투쟁을 전지구적으로 유통시키고, 전지구적인 저항 운동들과 연결시킬 수 있었던 능력 때문에, 아직도 굳건하게 투쟁을 전개하고 있습니다. 그러한 유통의 핵심에 인터넷이 존재합니다. 인터넷을 활용하여, 고립을 면하고 더 나아가 인터넷에 보다 적극적인 의미를 부여한 것입니다. 자본에 의해 개발되고 발전된 컴퓨터 네트워크를, 오히려 세계 민중들간의 소통과 연대의 네트워크로 활용하고 있습니다. 1994년 처음 봉기 당시에도 그들은 모든 매체(전화, 팩스, 전자우편 등)를 동원하여 자신들의 입장과 봉기의 이유 등을 설명하면서, 제도언론의 외면 속에서 자칫 고립될 수 있는 상황을 모면할 수 있었습니다. 더 나아가 인터넷을 통해 그들은 앞에서 말한 '대륙간회합'을 제기했고, 인터넷에 온라인 토론방을 개설하여 전세계 풀뿌리 활동가들과 적극적인 토론에 임했습니다. 이원영은 사빠띠스따가 인터넷 및 사이버스페이스 공간에 부여하고 있는 역할을 다음과 같이 설명하고 있습니다. "신자유주의에 대항하는 대안적인 대륙간 커뮤니케이션 네트워크로, 말 글들이 '저항하는 모든 길'들을 따라 흐르게 하는 채널의 역할"을 하고 있다는 것입니다. 따라서 사빠띠스따는 사이버스페이스를 대안적 정보 교류와 소통을 위한 수단적 의미에서 더 나아가 '투쟁과 저항을 위한 또다른 정치적 민주주의 공간'의 창출을 위한 유효한 매개로까지 확장시키고 있습니다.

이는 사이버스페이스라는 공간의 고유한 특성과 원주민 공동체의 전통적인 조직화 방식 및 지도력에 대한 사고 방식과의 유사성에서 비롯된 것으로 보입니다. 사이버스페이스와 네트워크化는 별개의 저항들이 서로 소통하는 매개체이지만, 조직적인 구조는 아닙니다. 지도부가 존재하는 것도 아니며, 단지 접속 가능한 이용자들산의 연결망일 뿐입니다. 이러한 사이버스페이스상의 연결망은 원주민들 고유의 조직화 방식, 지도력에 대한 사고 방식 등과 많이 유사합니다. 사빠띠스따 민족해방군 부사령관인 마르꼬스는 1995년 10월 우루과이의 브레차 Brecha와의 인터뷰에서 다음과 같이 밝힌 적이 있습니다.

> "저러한 것(네트상에서의 소통과 조직화 방식 : 인용자)이 바로 '복종하면서 지배하는 것'이라고 그들이 부르는 것이다. 그리고 그것을 거역하는 것은 매우 어렵다. 왜냐하면 그것이, 그들이 자신들의 문제들을 푸는 방법이기 때문이다. 그리고 풀리지 않는 문제는 기각해 버리며 그래서 커다란 물의는 빚어지지 않는다. '공동토지 ejido'의 수장이 실수를 범할 때 그들은 그를 해임시키며 그는 계속해서 그 모임의 일원이 된다."

즉, 원주민 공동체에서 지도력이란 민중들의 이해와 요구에 따라 실천하는 것을 말하며, 그렇지 못한 지도자들은 항상 교체됩니다. 그런데, 그 교체의 메커니즘은 대단히 비형식적으로 진행됩니다. '비형식적인 과정'이란 예를 들어 투표를 통해 새로운 지도자를 뽑는 방식이 아니라는 것입니다.

그 과정은 사이버스페이스에서 새로운 논점과 목소리들 주위로 관심이 모아지고, 그 대신 낡은 토론과 포럼들이 사라지는 것과 유사합니다. 지도자의 교체란 어느 한 개인에서 다른 개인으로 초점이 옮아가는 것을 의미할 뿐이라는 말입니다. 사실 네트워크나 사이버스페이스는 어떤 정족수도, 어떠한 투표도 채택될 필요가 없고, 모든 개인이나 집단들이 개방적으로 토론에 임할 수 있다는 점에서 형식적이라기보다는 비형식적인 공간이라고 할 수 있습니다. 이러한 특징들이 원주민들 고유의 조직화 방식이나 지도력에 대한 사고와 유사하며, 그래서 사빠띠스따들은 인터넷과 사이버스페이스에 적극적인 의미를 부여하며 실제로 활용하고 있는 것입니다. 인터넷과 사이버스페이스가 전지구적인 저항 운동들간에 존재하는 차이와 분할에 대한 모든 해결책을 제공해줄 수 없는 것은 확실합니다. 그럼에도 사빠띠스따가 실제로 활용하고 실험하고 있듯이, 그것은 민족적·인종적·종교적·계급적 분할 및 민주주의 운동, 혁명 운동 등에 대한 수평적인 정치적 논의의 공간을 제공해줄 뿐만 아니라, 모든 인류의 분할을 극복할 수 있는 해결책을 향한 모색을 가속화시켜줄 수 있는 수단임은 분명합니다.

8

앞서 말했듯이, 사빠띠스따에게 혁명적 실천은 문화적 실천과 구분되지 않습니다. 그들에게 혁명은 인간의 존엄을 향한, 자율과 자치를 향한 끊임없는 저항의 과정이며 대화의 과정이기 때문입니다. 따라서 사빠띠스따들에게 문화적 자치를 위한 요구는 혁명 운동의 핵심을 이루고 있습니다. 특히 제국주의 국가들과 초국적 기업들이 원주민들의 문화적 유산조차도 상품으로 만들려 혈안이 되어 있는 상황에서, 문화적 자치를 위한 투쟁은 더욱 중요한 의미를 지니고 있습니다. 이윤에 대한 초국적 자본의 탐욕스러움은 숱한 원주민들의 문화적 유산과 공동체 사회를 파괴시키고 말았습니다. 소위 말하는 '발전'과 '개발'이라는 이데올로기 속에, 근대적 서구 문화로의 전화는 '발전'으로, 그러나 원주민의 전통적 문화 유산의 보전은 '퇴보 혹은 시대에 뒤떨어진 것'으로 간주되기 일쑤였습니다. 사빠띠스따는 '발전'이라는 이데올로기 자체를 거부합니다. 그렇다고 그들이 '과거로 돌아가자'고 주장하는 것은 아닙니다. 그들은 오지의 원주민이면서도 활용 가능한 현대 산업과 기술들을 폐기하지 않았으며, 자신들의 투쟁 과정에서 컴퓨터 네트워크 등을 대단히 효과적으로 활용하고 있습니다. 단지 그들은 '발전'이라는 이데올로기 속에서 진행되어온 자본에 의한 인류와 생태계의 파괴를 고발하고 있을 뿐입니다. 원주민에 대한 폭력, 문화적 대량 학살, 영양실조로 인한 고통의 증가, 의료시설 및 학교의 부족, 공유토지의 사유화와 원주민의 축출 등이 그것들입니다. 따라서 사빠띠스따는 '무엇이 사회적 우선순위가 되어야 하는가'를 근본적으로 제기하면서, '발전'이라는 이데올로기 속에 담겨있는 잔인한 실체들을 고발하고 그곳으로부터 빠져나올 것을 제안하고 있는 것입니다. 그들은 진정으로 민중의 필요와 인간의 존엄을 최우선에 둔 사회적 가치와 체제의 재구성을 제안하고 있는 것입니다. 따라서 이들에게 '문화적 자치'는 '발전' 이데올로기를 빠져나오기 위한 주요한 저항의 매개일 뿐만 아니라, 대안적인 사회 체제를 재구성함에 있어 핵심적인 요소인 것입니다. 실제로 멕시코 정부와 사빠띠스따 민족해방군간에 진행된 산안드레아스——멕시코 치아파스주 산끄리스또발 북부 고지대의 한 지역——협상의 첫번째 주제가 바로 '원주민의 문화와 권리'에 관한 것이었음은 이를 입증해

줍니다.

서구 중심적 부르주아 문화는 치아파스 원주민 문화를 '전근대적인 것'으로 폄하하여 말살시키거나, 혹은 취사 선택하여 '상품화'시키는 것이었습니다. 그러나 서구 문화를 받아들인 원주민들에게 주어진 대가는 가혹한 것이었습니다. 그들에게 강요된 것은 전통적인 유대 관계, 공동체 관계의 파괴와 자본주의적 경쟁 관계로의 편입이었을 뿐입니다. 전통 질서의 파괴로 인한 불안감과 '강요된' 문화적 열등감은 원주민들의 하루하루의 삶을 고통의 나락으로 몰아넣었습니다. 이러한 배경에서 사빠띠스따는 가장 중요한 투쟁의 목표로 '문화적 다양성의 존중'과 그에 기반한 '문화적 자치'를 주장하고 있으며, 나아가 문화적 자치를 위한 전제로서 각종 커뮤니케이션 수단——텔레비젼, 라디오, 인터넷 등——에 대한 평등한 접근권을 요구하고 있습니다.

9

민주주의, 자유, 정의, 존엄 등은 결코 새로운 개념들이 아닙니다. 프랑스 대혁명 시절 공화주의자들로부터 내려온 구래의 개념일 뿐입니다. 그럼에도 사빠띠스따는 죽어있는 개념들에 생명력을 불어넣어, 현재를 살아가는 민중들의 가슴에 불을 지폈습니다. 인간의 존엄을 바탕으로, 존엄해지려는 인간의 욕망과 열망을 기본으로, 저항 속에서 살아감을 느끼고 차이와 다양성을 존중해나가는 또다른 세계를 그들의 투쟁 속에서 구현하고 있다고 생각합니다. 사빠띠스따는 현재의 삶 속에서 실현되지 않은 인간 존엄을 위한 시·공간의 확장을 위해 투쟁하고 있으며, 세계 모든 민중들에게 동참

할 것을 요구하고 있습니다. 확실히 그렇습니다. 사빠띠스따 운동은 새로운 실험과 도전 속에 존재하는 것 같습니다. 그들이 던진 문제들은 여전히 논쟁 중이며, 아직 섣부른 결론으로 치닫기에는 이른 것 같습니다. 혁명에 대해, 지도적 전위에 대해, 문화에 대해, 다양성에 대해, 인터넷에 대해, 새로운 국제주의에 대해 그들이 제기한 문제들은 계속해서 토론되고 논쟁되어야 할 주제들입니다.

제가 사빠띠스따의 도전적 문제 제기 속에서 느꼈던 하나의 문제를 말씀드리며, 이 글을 마치고자 합니다. 한국에서 대부분의 활동가들은 자신들의 욕망과 삶, 존엄을 대개는 혁명 이후로 미루어 두며, 그 전에는 자기자신들의 파편화와 비인간성이 불가피하게 요청된다는 관점을 암묵적으로 가지고 있습니다. 즉 그들이 목적하는 바는 인간이 '총체적 인간'이 됨을 보장하는 사회, 인간 소외가 극복된 사회를 창조하는 것일지 모르지만, 그렇게 되기까지 당분간은 국가 권력의 획득을 위해 참아야 한다는 생각들 말입니다. 특히 폭압적인 군부 독재 시절을 거친 한국의 활동가들은 더욱 그러한 생각들을 갖는 것이 어쩌면 당연할지도 모르겠습니다. 그러나 사빠띠스따는 현재의 삶 속에서 '실현되지 않은 것들'을 구현하고자 합니다. 혁명 이후로 미루어진 인간 존엄의 세계가 아니라, '실현 가능하지만 미처 실현되지 않은 것들'을 현재 실현하고자 하는 것이죠. 따라서 국가 권력 획득을 지향하는 행동이나 경험만을 우대하는 전통적 혁명 조직과는 달리, 다른 유형의 경험들——감성적 관계들, 어린이와 노는 것, 육감적인 것 등——에 대해서도 존중합니다. 이러한 문제의식은 그들의 혁명법, 특히 '투쟁에 있어서 민중의 권리와 의무에 관한 법'에 잘 표현되어 있습니다.

1. 압제자 정부와 거대한 국내외의 착취자에 대항하는 투쟁에 있어서 민중은 그들의 정치적 견해, 종교적 신념, 인종 혹은 피부색에 관계없이 다음의 권리를 가지게 될 것이다.

a. 그들이 편리하다고 간주하는 유형의 행정 체계를 자유롭고 민주적으로 선택할 권리와 그들 공직자로부터 존중받도록 요구할 권리.

b. 민간 질서 혹은 농업, 상업, 재정, 그리고 산업과 관련한 자본의 배치 문제는 자유롭고 민주적으로 선출된 행정 당국의 고유 영역이므로 혁명군이 간섭하지 말 것을 요구할 권리.

c. 대중적 의지에 따른 공공 질서와 정당한 정부를 방어하기 위해서 조직을 결성하거나 활동할 권리뿐만 아니라 자신들의 집단적이고 개인적인 소유물을 방어하기 위해서 무장 조직을 만들거나 활동할 권리 [……].

2. 민주적으로 선출된 행정 당국은 개별 혁명법에 나타난 직권과 이전의 권리에 덧붙여 다음의 권리를 가질 것이다.

a. 그들은 어떤 가정을 약탈, 침입, 강탈하거나 다른 폭력 수단을 통해 위협하는 등 처벌받을 만한 행위를 발견한다면, 그들이 혁명군 소속원일지라도 투옥, 무장 해제시켜 사령부에 인도할 수 있다. 현행범이 아니라 할지라도 만약 범죄의 여부가 충분히 드러난다면 앞에서 기술한 과정이 적용될 수 있다 [……].

삶 속에서 저항을 구현하고, 삶 속에서 혁명을 살아가는 지혜가 우리에게도 필요한 때가 아닌가 생각합니다.

더 읽을 만한 책들

국제연대정책정보센터, 「멕시코의 현실과 농민 문제: 사빠띠스따 농민군을 중심으로」(지식인연대 월례토론회 자료, 1997)

국내에서는 최초로 사빠띠스따 운동에 대해 분석한 글이다. 사빠띠스따 민족해방군 두생의 배경과 역사에 대해 서술되어 있고, 사빠띠스따 민족해방군의 혁명법 전문이 실려있다. 또한 사회주의 운동의 역사 속에서 사빠띠스따 투쟁의 의미를 분석한 글도 접해볼 수 있다. 이 자료는 진보네트워크 <참세상>의 PICIS 포럼(go PICIS)에서 받아볼 수 있다.

해리 클리버, 이원영·서창현 옮김, 『사빠띠스따』(갈무리, 1998)

대표적 자율주의 맑스주의자 중의 한 사람인 미국의 해리 클리버 Harry cleaver가 사빠띠스따 민족해방군의 투쟁에 대해 쓴 기고글들을 모아서 편찬한 책. 신세계 질서 속에서 사빠띠스따 투쟁의 의미, 인터넷 및 사이버스페이스의 의미와 한계, 신자유주의와 생태계의 유린 등에 대한 글들이 풍부하게 실려있다. 이 책의 마지막에 실린 이원영의 논문, 「사빠띠스따의 '간대륙주의'와 '민족 자율' 문제」도 꼭 읽어야 할 글이다.

다니엘 벤사이드, 「신자유주의의 깨어진 거울」, 『읽을꺼리』(3호 / 1998)

다니엘 벤사이드 Daniel Bennsaid가 마르꼬스의 「제4차 세계대전이 시작됐다」에 대해 논평한 글. 그는 사빠띠스따의 문제 제기, 즉 혁명에 대한 문제, 조직화 방식에 대한 문제, 민주주의의 문제 등에 대해 진지하게 분석함으로써 좌파 운동가들이 사빠띠스따 투쟁에 대해 객관적으로 이해할 수 있도록 도와주고 있다. 이 자료는 진보네트워크의 <카피레프트모임> 포럼(go copyle)에서 받아볼 수 있습니다.

서울국제민중회의조직위원회 편, 『신자유주의, IMF 그리고 국제연대』(문화과학사, 1998)
1998년 9월에 있었던 <IMF에 도전하는 민중 : 신자유주의, IMF 그리고 국제연대>라
는 주제로 열린 서울국제민중회의의 주요 발제문들을 모은 책. 그중 사빠띠스따
민족해방군의 지지, 지원단체(FOCA)에서 활동하고 있는 디아나 다미안 Diana
Damian의 「신자유주의에 맞서는 사빠띠스따들의 외침」이라는 논문을 권한다. 현재
사빠띠스따들이 사고하고 있는 신자유주의 체제의 특징과 그들 투쟁의 의미 및
목표들이 서술되어 있다.

마르꼬스, 「제4차 세계대전이 시작됐다」, 『당대비평』(3호/1998) 및 『신자유주의와 세계민
중운동』(한울, 1998)
마르꼬스는 사빠띠스따 민족해방군의 부사령관. 그가 쓴 이 논문은 신자유주의 체제
에 대한 사빠띠스따의 생각을 일목요연하게 정리해놓고 있으며, 자신들의 지역적인
투쟁이 어떻게 지구적인 저항 운동과 연관되어 있는가를 밝혀놓고 있다. 그는 냉전
시대를 제3차 세계대전으로, 그리고 현재의 신자유주의 공습과 이에 맞선 전세계
민중들의 저항을 '제4차 세계대전'으로 정의하고 있다. 그의 탁월한 문장력과 현실에
대한 이해를 접할 수 있는 글.

제임스 페트라스 외, 「되살아나는 라틴 아메리카 민중운동」, 『읽을꺼리』(2호 / 1998)
미국의 좌파 지식인인 제임스 페트라스 James Petras가 바라본 사빠띠스따 운동.
그는 라틴아메리카 민중운동의 일부로서 '사빠띠스따 운동'을 평가함으로써, 여타의
라틴아메리카 민중운동(예를 들어 브라질의 <땅 없는 사람들의 저항>(MST)) 등과
연관지어 사빠띠스따 운동을 평가할 수 있도록 돕고 있다. 이 자료 역시 <카피레프트
모임> 포럼에서 받아볼 수 있다.

디아나 다미안, 「사빠띠스따는 더 많은 기회와 평등을 위해 싸운다」, 『말』(10월호 / 1998)
1998년 서울국제민중회의에 참여했던 사빠띠스따 민족해방군 지원단체의 활동가인

디아나 다미안의 인터뷰 기사. 생생한 그들의 목소리를 직접 접해볼 수 있다.

존 홀로웨이, 「권력의 새로운 개념」, 『신자유주의와 세계민중운동』(한울, 1998)
사빠띠스따의 새로운 권력 개념에 대해 분석해놓은 논문. 인간 존엄, 진리, 이성을
권력의 근간에 두면서, 국가 권력에 대한 장악을 포기하는 사빠띠스따의 문제의식을
이론적으로 설명해놓고 있다.

국제연대정책정보센터, 「라깡도나 밀림의 다섯번째 선언」, 『인터내셔널 뉴스』(22, 23호/
1998)
사빠띠스따 민족해방군의 최근 소식들과 「라깡도나 밀림의 다섯번째 선언」 등은
국제연대정책정보센터(PICIS)에서 발행하는 『인터내셔널 뉴스』(주간)에서 접해볼
수 있다. 사빠띠스따 민족해방군이 역사 속에만 존재하는 집단이 아니고, 현재에도
반민중적 멕시코 정부와 신자유주의 체제에 저항하는 현재 진행형의 저항 집단임을
느낄 수 있는 기회를 제공할 것이다. 특히 「라깡도나 밀림의 다섯번째 선언」은 네번
째 선언이 발표된 이후 그들의 긴 침묵의 이유와 향후 투쟁 방향에 대해 설명해
놓고 있다. 『인터내셔널 뉴스』는 <참세상>의 PICIS 포럼(go PICIS)에서 받아볼 수
있다.

21세기의 혁명 — '문화 사회'라는 프로젝트

이 글을 쓴 **강내희**는 중앙대 영문학과 교수로 문화이론을 연구하고 있다. 계간 『문화과학』 발행인이자 〈서울문화이론연구소〉 소장을 맡고 있다. 지은 책으로는 『포스트모더니즘론』, 『공간, 육체, 권력』, 『문화론의 문제설정』, 『지식생산, 학문전략, 대학개혁』 등이 있다.

1

이 주제가 무척 부담스럽게 느껴진다는 점을 먼저 말해야 하겠습니다. '민주화 프로젝트와 21세기 문화 운동'이라는 주제는 사회이론에 전문적인 식견이 있는 사람이 다뤄야 제격일 것 같은데, 저는 사회과학자도, 변혁이론가도, 문화 운동가도 아닙니다. 비전문가가 다루기엔 주제가 너무 넓고 복잡하다는 생각이 듭니다. 또 주제 설정의 방식도 지금까지의 강의와는 달라 보입니다. 이미 일어난 혁명적 사건이나 과거의 인물들, 혁명적 국면에서 활약한 예술가나 당시 전개된 문화 운동을 다루기보다는 아직 일어나지 않은 미래를 다루고 있습니다. 사회 운동과 문화 운동의 관계를 잘 파악해서 다룰 문제인데, 저한테 그런 관계를 파악할 능력이 있는지 의문입니다. 그래도 강의를 맡았으니 문화 운동이 우리 사회의 민주화, 나아가 근본적인 변혁에 어떤 기능이나 기여를 할 수 있을지 생각하는 것을 이 강의의 목적으로 삼도록 하겠습니다.

오늘 강의에서는 꿈꾸기를 많이 해야 할 것 같다는 생각이 듭니다. '유토피아 꿈꾸기' 같은 것 말입니다. '꿈꾸기'는 통상 '공상적'이라고 매도되기도 합니다만, 유토피아를 꿈꾸는 일도 필요하지 않겠는가 하는 것이 요즘 제 생각입니다. 유토피아적 태도에 대한 비판은 1980년대에 우리 사회에 많이 퍼진 적이 있습니다. 80년대 변혁운동의 모델로 맑스·레닌주의가 채택되면서 '과학적 사회주의'와 대비되는 공상적 사회주의는 근거 없는 것으로 치부되었죠. 당시 진보 진영의 경향이 과학에 대한 단순한 규정에 얽매여 유토피아적 사고를 과학의 대립항으로, 즉 이데올로기로 본 결과겠지만요. 90년대 들어와서는 이런 과학주의에 대한 비판이 번성했습니다. '문화론'과 같이, 정통 맑스주의가 등한시하던 이론적 경향이 나온 것이 그 예인데, 문화론 역시 문제가 없었던 것은 아닙니다. 변혁 이론의 과학주의를 비판한 것은 당연하다고 하더라도 그 속에 담긴 문제의식을 너무 안이하게 버린 것 같으니까요. 사회과학이 배제된 문화론적 사회 이론을 신봉하는, 즉 문화론 모델을 유일한 대안으로 여기는 사람들이 너무 많아진 것입니다.

그런데 최근에 사회를 이해하고 설명하는 이론적 모델의 진자 운동이 그 방향을 바꾸고 있지 않나 싶습니다. '경제 위기'로 IMF 관리 체제가 가동되면서 문화론을 받아들인 사람들은 죄다 잘못을 저지른 것으로 비난받는 사례가 빈번해지고 있습니다. 유토피아의 꿈꾸기는 그래서 다시 공상적인 것으로, 이데올로기에 매몰된 작업으로 폄하될 가능성이 높아졌습니다. 저는 <혁명의 문화사>라는 이 기획의 기본 취지는 이런 식의 진자 운동을 지양하자는 데 있다고 봅니다. 사회 혁명은 어떤 것이든 문화적 층위를 가지고 있을 뿐만 아니라, 사회 변혁이 문화 혁명적 형태를 띠지 않고서는 실제로 불가능하다는 인식을 심화하자는 것이 이 강좌의 취지가 아니겠는가 싶어요. 혁명에 문화가 개입한다는 말은 혁명이 흔히 생각하는 대로 국가 권력의 장악만으로 완성되지 않는다는 점을 가리킵니다. 국가 권력의 장악만으로 혁명이 보장되지 않는다는 것은 현실 사회주의의 몰락이 이미 증명하고 있습니다.

2

'21세기의 혁명—'문화 사회'라는 프로젝트,' 이 제목은 우리 사회의 민주화와 문화 운동을 어떻게 연관지어 생각할 것인가라는 질문을 제기하고 있습니다. 이 질문에 답하기 위해서는 민주화를 어떻게 규정하고, 또 문화 운동을 어떻게 규정할 것인가가 중요합니다. 그리고 민주화와 문화 운동을 연관짓는 문제도 있습니다. 이 강좌 전체의 주제가 혁명이란 점에서, 오늘 강의 주제로 제시된 '민주화'라는 목표는 사회의 발본적인 진보, 혹은 우리가 살아가는 삶의 방식의 전면적 개편으로 이해되어야 합니다. 문화 운동은, 그렇다면 사회의 발본적인 진보와 삶의 전면적인 개편을 위해서 문화적인 실천이 지향해야 할 방향이 무엇인가라는 문제와 연결되어 있다고 봅니다.

강좌 기획안을 만든 심광현 선생이 "만일 혁명이 사회 체제 전반의 변화를 뜻하는 것이고, 그 변화가 퇴보가 아니라 진전을 이루는 것이라면, 혁명은 단순히 국가 권력의 장악과 대체를 뜻하는 것일 수 없고, 적어도 경제적이거나 문화적인 진전을 획득해내는 것이어야 한다. 반동적이고 퇴보적인 변화가 아니라면, 혁명은 복합적이고 중층적인 과정인 삶 전체의 다차원적인 '해방'이라는 지향점과 불가분의 관계를 지닌다"고 언급했는데, 기본적으로 동의합니다. 혁명은, 혁명과 결부된 민주화는 아주 복합적이고 중층적으로 구성된 삶을 전면적으로 바꿔내는 일입니다. 삶의 다차원적인 해방을 지향한다는 점에서 혁명은 문화 운동, 문화적 층위와 긴밀한 관련을 맺습니다. 사회 전반에 걸친 총체적이고 진보적인 변화를 일으키기 위해서는 우리가 흔히 문화로 부르는 측면에서의 근본적인 변화가 초래되지 않으면 안 되니까요. 혁명이 삶의 다차원적인 해방이라고 할 때, 혁명적 실천이 일어나는 삶에 깃든 문화가 바뀌지 않고서는 혁명은 완성될 수가 없습니다. 어떻게 해서 국가 권력을 장악한다 하더라도 국가 권력을 장악한 사람들 자신이 기존의 권력 형태에 얽매여 있고, 그 행태가 반혁명 세력의 그것과 다를 바가 없다면, 진정한 혁명이 이루어졌다고 할 수 없겠죠.

이처럼 혁명의 문화적 차원이 중요하다고 볼 때 문제가 되는 것은 '문화'를 어떻게 이해할 것인가라는 것입니다. 이럴 때 문화는 우리가 '문화의 꽃'으로 여기는 예술만을 가리키지 않는다는 점을 강조하고 싶습니다. 물론 예술은 매우 중요한 문화의 일부로서 당연히 문화에 포함됩니다만, 예술만을 문화로 봐서는 안 된다는 것이죠. 문화는 넓게 보면 삶의 방식입니다. 사람들이 사는 방식은 모두 문화라고 할 수 있을텐데요, 하지만 이런 식으로 문화를 이해해서는 문화 아닌 것이 없게 되는 어려움이 따르는 것도 사실입니다. 그래서 좀더 엄밀하게 규정하여 문화를 인간적 능력, 역량과 관련된 것으로 보면 어떨까 싶습니다. '문화적 역량'이라고 할 때, 문화라고 지칭되는 것은 그 사회 구성원들의 지적 능력, 감성적인 능력, 윤리적인 능력 등을 말한다고 할 수 있습니다. 지적인 능력은 인식하고, 학문과 교육을 수행하는 능력 등을 가리킵니다. 이런 지적인 능력이 구비되지 않은 개인이나 집단이 문화적 능력을 갖추었다고 하기는 어렵겠죠. 감성적인 능력은 좋은 것을 좋다고 생각하고, 아름다운 것을 아름답게 느낄 수 있는 능력입니다. 윤리적 능력은 도덕적 능력입니다. 예를 들어서 성수대교나 삼풍 백화점이 무너지는 것을 기술 부족의 문제로만 봐서는 안 된다고 생각합니다. 대형 사고는 우리 사회의 도덕·윤리적 능력, 즉 옳은 것과 그른 것을 판별하고 올바로 실천할 수 있는 능력과 연관이 있습니다. 윤리적 능력도 문화적 능력에 포함된다고 봅니다.

이런 지적이고, 감성적이고, 윤리적인 능력으로서의 문화는 핵심적으로 보면 욕망, 꿈, 예술, 지식의 생산과 관련되어 있다고 할 수 있습니다. 넓은 의미에서 보면, 이것들은 인간의 표현적 활동입니다. 노래 부르고, 춤 추고, 소리 만들고, 집 짓고, 글 쓰고, 선 긋고, 색칠하고, 옷 입고, 인사하고, 차 타고, 유람하는 일 등 인간이 자기를 표현하는 활동과 방식 말입니다. 이런 일들은 우리가 하는 활동 중에서도 자기를 드러내는 층위에 속합니다. 모두 표현 행위죠. 이런 표현 행위는 인간에게 부여된 기본적인 역능의 발현이라고 볼 수 있습니다. 이런 발현의 폭이나 깊이를 심화시키고, 확대 또는 한정시키는 각종 실천이나 제도, 관습들이 문화적 층위를 이룬다고 말할 수 있겠습니다. 패션 체계나 도로 표시망, 기호 체계라든가, 어른을 보고 인사하는 방식 등이 있는데, 각각의 문화권마다 차이를 가지고 있습니다. 문화적 코드가 다르기 때문이죠. 이렇게 여러 방식으로 자기를 드러내고 표현하는 행동들이 기본적인 행위들인데, 그 자체가 인간 역능의 표현이고, 이런 표현 층위는 주로 기본적 역능들의 투여로 만든 생산물의 표면에 놓입니다. 요즘 상품의 특징을 봐도 문화적 층위가 표면에 등장하고 있다는 것을 알 수 있어요. 상품의 모양, 색상 등의 세련화로 이미지 쇄신을 꾀함으로써 부가가치를 높이고자 하는 노력이 강화되고 있는데, 상품의 심미화라 할 수 있는 이런 현상은 우리의 관심을 모두 상품의 표면으로 집중시키고자 합니다.

다면적으로 드러나는 표현 행위는 인간적 활동의 특성을 이루고, 인간의 삶을 인간적 삶으로 만들어내는 원인이 됩니다. 인간들 내부에 솟아나는 생명의 힘이 있는데, 그 힘이 욕망이나 꿈의 형태로 꿈틀거리며 나타나고, 인간은 그것을 표현하지 않고는 못 배깁니다. 이처럼 드러내고 표현하는 행위를 추동하는 욕망과 꿈이 '허위 의식' 또는 '헛것'은 아닙니다. 욕망과 꿈은 물질성을 지니고 있습니다. 예컨대 꿈이 얼마나 강렬한가에 따라서,

그 꿈의 강도만큼 인간은 지상에 크고 작은 족적을 남깁니다. 욕망도 흐름을 만들어냅니다. 그 흐름에 따라서 기존의 욕망이 배치되어 있는 영토에 변화가 생기고, 새로운 지형이 형성됩니다. 꿈과 욕망을 이처럼 새로운 변화를 일으키는 힘으로 본다면, 그 변화를 둘러싼 힘 겨루기가 있을 것임을 예상할 수 있습니다. 표현의 욕구와 욕망을 지배 집단이나 권력 집단이 어떤 형태로든 관리하고 통제하고 억압할 것 아니냐, 또는 피지배 집단들은 자신의 꿈을 어떤 형태로든 펼치려 하고 욕망을 탈주시키려 하지 않겠느냐는 거죠. 사람들이 모두 자신들이 지닌 생명력을 마음껏 발휘하면, 지배 세력이 세상을 마음대로 주무르기는 어려울 겁니다. 길들이기가 필요한 것은 그 때문입니다. 만약 우리가 문화를 인간의 역능, 창조적 힘 등으로 이해한다면 이 길들이기는 문화의 문화화, 문화의 재현 또는 표상이라고 할 수 있을 것입니다. 그것은 인간이 가진 기본적인 역능, 힘을 재현 가능성 안에 두는 일, 즉 문화를 관리하고 통제하는 일이죠. 길들이기로서의 문화화는 지배 세력의 중요한 사회 전략입니다. 대중에게 절제의 중요성을 강조하기도 하고, 사람이 사람답게 살아야 한다는 윤리적·도덕적 교육을 위한 사회적 프로젝트가 만들어지는 것은 그 때문입니다. 종교라든가, 여러 가지 지배적 윤리 체계가 도덕의 이름을 빌어 초월적 가치를 삶의 원리나 이상으로 내세워 대중이 추종하도록 하는 것도 같은 일입니다.

3

표현으로서의 문화와 정치적 혁명은 무슨 관련이 있을까요? 정치적 혁명이 기존의 권력 체계를 붕괴시키고 새로운 세력으로 대체하는 것이라고 한다면, 이는 혁명을 국가 권력의 장악으로 보는 견해일 것입니다. 하지만 이것만으로는 부족하다는 것은 이미 역사가 증명하고 있습니다. 국가 권력의 장악, 즉 거시적인 정치적 혁명만으로 혁명은 완성되지 않습니다. 거시적 차원의 권력의 시간과 미시적 차원의 권력의 시간에는 항상 지연이라든가 탈구 현상이 생기기 때문이겠죠. 현실 사회주의권의 성립과 붕괴의 역사를 살펴보면, 진보 세력에 의한 국가 권력의 장악이, 곧바로 사회 민주화로 이어지는 것이 아니라는 것을 알 수 있습니다.

펠릭스 가타리가 오래 전에 쓴 것으로 최근에 우리말로 번역되어 나온 『분자혁명』이란 책이 있습니다. 가타리에 따르면, 진보 세력에 의한 국가 권력의 장악이 곧바로 사회 전반의 민주화로 이어지지 않았던 이유는 욕망, 예술, 꿈의 생산을 지원하는 뭔가 색다른 생산 관계가 구성되지 않았기 때문입니다. 욕망이 가는 대로, 예술이 지향하는 대로, 꿈이 움직이는 대로 일어나는 생산 형태가 있고, 그렇게 가는 색다른 생산 관계를 만들어야 하는데, 그런 생산 형태를 만들어내지 못하고, 자본주의적 생산 형태를 닮아가면서 욕망과 예술, 꿈을 억압하게 되는 결과, 진보 세력이 장악했다는 국가 권력마저도 사회전반의 민주화로 이어지지 않았다는 해석입니다. 요지는 국가 권력의 장악만으로는 색다른 생산 관계를 만들 수 없다는 겁니다. 가타리는 조직의 관료주의, 아내와 자식에 대한 활동가들의 억압적인 태도라든가, 또한 피로, 노이로제, 망상에 대한 활동가들의 무지 등과 같은 문제들에 대해서 새로운 접근법이 생길 때에만 지배 권력의 파열을 실질적으로 불러 일으킬 수 있다고 합니다. 사실 저를 포함해서 소위 진보적 지식인, 활동가들 내부에 관료주의적 태도가 깊이 배어 있는 경우가 너무나 많습니다. 노동 조직만 하더라도 노조가 자본가와 대립할 때는 영웅적인 힘을 발휘하기도 하지만, 조직 보위를 위해서 물불을 가리지 않는 행태를 보인다거나, 조직을 보위하고 수호한다는 명목으로 내부 민주주의를 억압하는 일도 흔합니다. 그 외에도 성적 취향에서 편향성이 강요된다거나, 여성에 대한 가부장적인 억압이 지속되고 있죠.

이런 사실은 우리 자신에게 중대한 반성을 요구합니다. 가타리는 진보 세력 내부에, 다시 말하면, 우리 자신 내부에 '반동적 경찰'이 있다는 점을 지적합니다. 이 경찰이 작동하는 한 혁명은 성공과 동시에 실패할 수밖에 없다는 것이 그의 지적입니다. 우리 내부에 있는 이 경찰이 하는 일은 계급 전선의 투쟁과 욕망 전선의 투쟁을 분할하는 것입니다. 두 투쟁의 동시적 진행 또는 양자의 접합이 필요한데 양자간에 분리가 일어나도록 하는 것이 그 반동적 경찰의 임무라는 거죠. 이 결과 계급 전선에서는 진보적이지만, 욕망 전선에서는 반동적인 태도가 나올 수 있습니다. 좌파적인 진보적 실천 과 욕망·쾌락의 문제가 분리되면 전선에는 분열이 생깁니다. 욕망의 흐름으로 구성되는 현장, 즉 미세 국면에서의 민주주의와 전체 대의가 분리되는 일이 일어나기 십상입니다. 현장에서는 민주주의가 전혀 관철되고 있지 않은데, 상부 단위에서는 "민주주의 쟁취!"를 외쳐대는 우스운 꼴이 벌어지는 것입니다.

여기서 민주화라는 프로젝트가 가진 곤란, 또는 복잡성을 이해할 수 있지 않을까 싶어요. 민주화는 두 가지 전선에서 동시에 진행되는 것이지 어느 하나에서만 진행되는 것은 아닙니다. 민주화는 지배 권력이 가동하는 모든 기계·장치에 적극적으로 개입할 때 시작되는 운동입니다. 국가 권력의 장악을 위한 민주화만을 생각할 때 그런 민주화는 그 내부에 반민주적 요소들을 가질 수밖에 없습니다. 독재 정권을 무너뜨리고 '민주' 정권을 수립한다고 해서 민주화가 이루어진다고 생각하면 오산입니다. 가타리의 말을 수용하면 부르주아 권력, 학교 권력, 관료제 권력, 남성 권력 등 각종 권력 기계에 실질적으로 개입할 때 민주화 운동이 비로소 시작된다고 할 수 있습니다. 이런 관점에서 한국 사회를 본다면, 오늘 일부, 아니 다수가 실현되고 있는 중이라고 상상하고 있는 '민주화'에 대해 발본적인 문제제기를 해야 한다고 봅니다. 진보적 입장을 지닌 사람들 가운데도 군부 독재에서 문민 정부로, 그리고 문민 정부에서 국민의 정부로 넘어온 것이 좀더 민주적인 쪽으로 이행해왔다고 보는 사람들이 있습니다만, 방금 말한 것처럼, 지배 권력의 기계와 장치에 대해 저항해야만 민주화를 위한 일보를 내딛을 수 있다고 본다면, 우리 나라는 정권 교체를 이뤄내 민주주의를 위한 진전을 어느 정도 이룬 것은 사실이나 실질적인 민주화는 아직 시작도 못한 셈입니다. 민주화란 각종 권력을 실제로 무너뜨려야 하는데, 전혀 그렇게 하고 있지 못하니까요.

　　보기에 따라서 우리 사회는 아직 민주화가 무엇인지에 관해서 심각하게 논의된 적도, 공론화한 적도 없다고 할 수 있습니다. 어떤 한 부류의 인간들이 다른 인간들의 삶을 일 순간에 결정하는 체계가 가동되고 있는 한은 그렇다 하겠습니다. 예컨대 며칠 전에 수능시험이 있었는데, 십여 년의 학습의 성과를 단 하루에 시험을 봐서 결정하는 것이지 않습니까? 학생들의 능력을 그렇게 재단한다는 것은 참으로 끔찍한 일입니다. '경제위기'를 빌미로 최근에 대량으로 발생하는 정리해고 문제도 그렇습니다. 노동하는 사람들과 그들의 가족이 당면한 생계 문제를 전혀 고려하지 않고, 하루 아침에 잘라버리는 사회에서 민주화가 이루어졌다고 할 수는 없습니다. 감옥 갔던 노동시인 박노해 같은 사람이 최근 석방되었다 하더라도 그렇습니다. 박노해 씨가 노동부에 가서 강의를 한 모양인데, 그런 사실을 두고 언론에서는 대단한 진전으로 봅디다만, 과연 그럴까요? 그가 노동부에 가서 강의하고 있는 사이에도 정리해고는 일어나고 있습니다. 민주주의가 제대로 구현되려면, 환자, 군인, 죄수와 같은 사람들조차도 자신들의 삶의 양식을 다른 집단이나 개인들에 의해서가 아니라 그들 스스로 구성할 수 있어야 합니다. 흔히 범죄를 저지른 사람도 사회의 희생자라는 말을 하지만, 실제로 단죄할 때 보면, 그들에 대해서 인간적 배려를 하는 경우는 거의 없습니다. 공장에서 일하는 노동자의 경우를 보더라도, 노동자가 노동하는 방식이나, 노동 과정을 조절하는 방식을 스스로 자율적으로 하는 것이 아니라, 사용자측에서 이미 정한 노동의 강도와 방식에 따라 타율적으로 마치 기계처럼 움직이게 되죠. 이럴 때, 노동 현장에서 노동자의 생명은 죽은 것이나 마찬가지입니다. 혹은 학생들이 자신의 커리큘럼이라든가, 학습시간, 여가시간을 자율적으로 구성하지 못한다는 것도 결국, 학생들이 타율에 의해서 주체화되는 것인데, 이것을 민주적이라고 말할 수는 없습니다.

그런 면에서 민주화 프로젝트는 아주 근본적이고 철저한 방식으로, 미시적이지만 실질적인 차원에 속하는 비민주적 규정, 관행, 습속을 근본적으로 바꿔야 달성되는 것이지 적당한 수준에서 끝나는 것이 아니라고 봅니다. 앞에서 우리 사회에서 민주화는 거의 전혀 이해되지 못하고, 이해되더라도 공론화되지 못하고 있다고 한 것은 이런 점을 염두에 두고 한 말입니다. 정치학자들의 담론에서도 민주화 문제를 근본적으로 다루는 경우는 드문 것 같습니다. 거의 대부분이 거시적 수준에서 권력을 어떻게 배분해야 하는가만을 이야기하고 있는데, 이 문제는 분명히 중요한 것이지만, 이것만으로 끝나는 문제는 아닙니다. 거시적 수준에서의 민주화 문제가 해결된다고 해서 자동적으로 미시적 차원까지 해결되지는 않습니다. 이 양자가 동시에 성취되는 것은 아닐지라도, 적어도 두 문제를 동시에 의식하고 접근해야 할 필요가 있습니다. 미시적 권력 문제를 없는 것으로 치부하면 안 되는 거죠. 이것은 이를 테면, 인간의 몸에서 팔, 다리만 생각하고 세포를 생각하지 않는 것입니다. 세포를 고려하지 않으면, 인간이 어떻게 구성되어 있는지에 대해서 완전히 이해할 수 없습니다. 따라서 미시 권력을 고려하지 않고 거시적인 권력만을 생각하는 것이 아니라, 오히려 세포 차원의 미시적 권력을 더 중요하게 생각해야 할 수도 있습니다.

4

민주주의를 구현하고, 민주화 투쟁을 하는 과정에서 어떻게 직접 민주주의를 구현할 수 있는가의 문제가 핵심이 될 것 같습니다. 한국에서 직접 민주주의란 구현되지 못한 것은 물론이고, 논의조차 시작되지 않았다고 봅니다. 현재 우리가 흔히 대하는 민주주의 방식은 대의 민주주의 형태이죠. 민주집중제가 있지만, 대의 민주주의와 얼마나 크게 다른지 잘 모르겠습니다. 이런 민주주의 모델은 대변, 재현, 표상의 모델입니다. 민주주의를 실현하는 방식이 누가 다른 누구를 위해 대신해주는 식인 거죠. 이 모델에서는 개인이든 집단이든 자신의 삶을 스스로 조직하는 것이 허용되지 않습니다. 물론 현대 사회는 규모가 너무 커서 직접 민주주의를 실천하기가 불가능하다는 입장도 있습니다. 그래서 어쩔 수 없이 차선으로 보는 대의 민주주의를 채택한다는 것인데, 어떤 경우든 대의 민주주의는 민주주의를 구현하지 않기 위한 수단 같아요. 대의 민주주의를 채택하고 있는 나라치고, 미국, 일본, 한국

등 어느 나라를 둘러봐도 민주주의를 제대로 구현하는 곳은 없습니다. 대의 민주주의는 직접 투표를 함으로써 직접 민주주의를 가미했다고도 하지만, 대중이 일상적 활동에 의해 자신의 운명을 개척하고 문제를 해결하는 것이 아니라, 대표자가 대중을 대신해서 의제를 결정하고 문제를 해결하는 방식입니다. 대표자를 없애는 것이 현실적으로 무척 어려운 것은 사실이지만 가능한 한 대표나 대의 행위를 없애고 개인들과 대중의 직접 참여가 가능하도록 해야 한다고 봅니다. 대표들의 의견과 활동이 불가피한 경우라도 대표의 행위가 대중의 힘에 의해서 추동되고 대중의 의사에 의해 통제받도록 하는 것이 중요합니다. 독일의 녹색당은 전문정치꾼들을 만들지 않기 위해서 일정한 임기를 채우면, 더이상 의회 진출을 할 수 없도록 막고 있습니다. 한 개인이 집단이나 단체의 대표 행세를 하는 것을 가능한 한 막으려는 노력이 아닌가 싶어요.

그런데 직접 민주주의를 구현하려면 아마도 대규모 실천보다는 소규모 실천의 복합이 필요할 겁니다. 혹은 어느 수준에서건 직접적 실천이 필요합니다. 따라서 중앙에서 결정되고 계열화된 개인들로 구성되는 대중 운동에 대한 발본적 문제제기는 늘 필요하다고 봅니다. 북한식이나 한총련식, 혹은 노조 중앙에서 결정하는 식으로 대중 운동을 하는 것이 대변주의, 재현주의인데, 여기에 대해 가타리는 자기 나름대로 '소수 운동'이라는 모델을 제시합니다.

소수 운동이란 무엇일까요? 무수히 다양한 분자적 욕망의 접속이 아닌가 싶어요. 아주 미세한 차원의 개인들의 욕망이 접속하는 것입니다. 접속은 위에서 내려오는 것이 아니라, 서로의 움직임 속에서 만나는 것이죠. 네트워크라고 할 수 있습니다. 이런 식의 접속이 계속해서 이루어지면, 커다랗게 되면서 눈덩이를 만들고, 그 결과 대규모 혁명이 만들어진다는 것입니다. 가타리는 68년 5월 혁명 초기에 이런 형태로 혁명적 열기가 올라갔다고 설명합니다. 즉 소집단들의 국지적이고, 특정한 욕망의 표현 및 표명이 지배적인 표현 및 표상 형식에 의해 분쇄되었던 욕망의 복수성과 공명 共鳴하게 되었다는 겁니다. 공명은 '눈덩이 효과'를 냅니다.

새떼를 보면, 새들 사이에 일정한 간격이 유지되면서 전체적으로 보면 큰 흐름이 생깁니다. 개별 새들 사이에는 간혹 충돌이 있을 수도 있지만 그런 충돌, 나아가서 접속들의 효과는 미세하지만 옆으로 퍼져가면서 새떼 전체의 흐름에 영향을 미칩니다. 전체를 통제하는 '중앙'이나 '상부'는 없습니다. 전체 움직임에 일정한 방향이 생기는 것은 사실이지만, 그것은 사후적인 현상입니다. 개별적 새들이 자기가 처한 상황에서 스스로 내린 결정, 행동에 따라서 만들어진 결과요 효과입니다. 어느 새도 혼자 힘만으로 전체 흐름을 결정하는 것은 아니지만 개별 새들은 모두 그 흐름에 영향을 미치고 있습니다. 이런 조직을 가리켜 자율적 조직이라고 할 수 있지 않을까요? 이런 조직에서는 "관념적인 통일이 복수적인 이해를 표상하고, 병합하지" 않습니다. 그보다는 "욕망의 모호한 복수성의 발전이 자기 스스로 내부에서 조절하는 체계를 만들어내는 상황"입니다. 다양한 흐름이 상호간에 연결망을 만들면서 그 안에서 자기 조절 능력을 만들어내는 겁니다. 이런 자율적 '조직'을 우리는 다양한 욕망하는 기계들의 배치로 파악할 수 있겠습니다. 욕망하는 기계들의 특징은 단일한 목적하에 표준화되고 질서정연한 체계로 구성되지 않는다는 것입니다. 단일한 목적하에 훈육하고 위계화하는 체계는 군대식 체계죠. 푸코가 말한 판옵티콘이 그 대표적인 다이어그램입니다. 사회 모델로 보면 국가 권력을 정점에 두고 있는 모델인 것이죠. 가타리에 따르면 욕망하는 기계들은 이런 체제로 수렴되지 않고 성별, 직업, 성적 취향에 따라 상이한 사회집단으로 지층화되고, 전체화하는 사회와 통일을 이루지 않습니다.

가타리는 68년 초기에 일어났던 양상은 분자적 욕망의 접속 형태를 띠었고 학생 투쟁 안에서 균열이 드러났다고 합니다. 균열 자체는 나쁜 것이 아니라 오히려 소중한 것인데, 혁명 지도부가 이것을 너무 문제시 했다고 그는 보고 있습니다. 그런 균열의 중요성을 대부분의 혁명 운동이 이해할 수 없었다는 것이죠. 혁명 과정에서 학생과 청년노동자들은 '지식에 대한 경의,' 즉 교수와 학교에 대한 경의를 잊어 버렸다고 합니다. 과거의 지식 생산 관계를 무시한 것입니다. 학생들과 노동자들은 과거의 가치 체계에 복종하지는 않았지만 새로운 가치를 창출하고 있었습니다. 그런데 혁명 지도부에서는 그런 행동들에 대해 '자생성'이라는 딱지를 붙입니다. 너무 자생적이기 때문에, 나중에는 통제 불능이 될 것이라고 생각한 겁니다. 지도부는 학생들의 균열적 활동을 과도기적인 것으로, 중앙집중적인 조직의 설립으로 지양해야 할 것으로 이해합니다. 이런 태도는 중앙집중적인 조직 체계로 운동을 지도하겠다는 것입니다. 가타리는 바로 이때부터 5월혁명은 힘을 잃어버렸다고 보고 있습니다. 초기 두 주는 자연발생적이고, 다양한 욕망들의 접속에 의해서 어디로 튈 지 모르는, 근본적으로 사회 전체를 뒤집을 수 있는 힘을 가지고 나타났는데 말이죠. 참고로 말하자면, 프랑스 공산당은 학생들의 통제 불가능한 행위들을 물론 부정적인 것으로 보고 위험시했습니다.

이런 면에서 민주화를 직접 민주주의를 위한 소수적 움직임, 분자적 욕망의 접속이란 형태로 볼 수 있지 않을까 싶습니다. 분자적 수준에서는 모든 것이 직접 민주주의가 되는 것이고, 다양한 분자적 활동이 접속되면 전체 국면을 지배하고 주도할 수 있습니다. 분자적 활동들이 통일된 단일한 지도 노선에 의해서 수렴되지 않아도 전체 국면은 바뀔 수 있습니다. 사람들이 분자적 수준에서 민주주의를 실천하면 결과적으로 국면이 바뀌는 새로운 양상이 나올 수도 있다는 거죠.

5

민주화를 지금까지 말한 방식으로 생각한다면, 문화 운동도 역시 같은 식으로 이해할 수 있지 않을까 싶네요. 잠깐 한국의 문화 운동은 어떻게 전개되고 있는지 생각해보면, 우리 나라의 문화 운동에서는 <민족극협의회>, <민족음악협의회>, <민족문학작가회의> 등의 (운동)단체들이 결성되어 있고, 이런 장르별 예술 운동을 포괄하는 것으로서 <민족예술인총연합>이란 것이 존재하고 있습니다. 예술 운동 단체들의 이름에서도 드러나듯 한국에서 지배적인 문화 운동을 대표하는 것은 민족 문화 운동입니다. 물론 이것이 필요하긴 한데, 여기에도 재현과 대변의 태도가 들어있다고 봅니다. 국내 문화 운동이 대변 모델이라는 것은 문화 운동의 상당 부분이 문화 선전대의 역할을 하고 있다는 데서도 드러납니다. 문화 선전대에서 문화는 대의 大義에 복무한다는 기능을 가집니다. 여기에는 노동자 계급이든, 민중이든, 민족이든 대의로 설정된 것이 일차적으로 중요하고, 이 대의가 문화를 움직이는 원칙이 됩니다. 98년 11월 8일 여의도에서 민중대회하는 데 가서 보니까, 여전히 문화 선전대의 활동이 눈에 띄더군요. 물론 그런 행사에서 문선대가 필요하지 않다는 것은 아닙니다만, 일상적인 문화 운동을 문선대 행태로 사고하는 것은 아주 편협한 발상입니다.

　최근에 나타난 또 하나의 흐름을 보면, 정체성 문제를 중심으로 구성되는 문화 운동이 등장하고 있습니다. 여기서 짧게 요약할 수 없는 복잡한 갈래들이 있지만, 이런 운동들은 소중한 흐름을 보여주고 있기는 한데 위에서 말한 계급 전선과 욕망 전선의 이분법을 여전히 따르고 있지 않나 하는 아쉬움도 있습니다. 문선대식의 문화 운동이 욕망 전선을 계급 전선으로 환원시킨다면 정체성 문화 정치는 이제 욕망 전선을 중요시힘으로써 계급 전선과의 분리를 초래하지 않는가 싶다는 거죠. 그러나 이것은 정치 투쟁을 하는 사람들이 문화 운동의 차원을 간과하는 것을 그대로 뒤집는 일, 즉 전복에 지나지 않습니다. 이렇게 되면 문화와 비문화 사이의 관계는 외재적인 것으로만 이해될 뿐, 정치와 경제 속에 들어있는 문화, 또는 문화 속에 들어있는 경제와 정치의 문제는 곧 망각되고 무시됩니다. 계급 전선과 욕망 전선에 이처럼 이분법이 작동하는 한, 정치, 경제, 문화의 층위들은 서로 분리하여 존재하는 것으로 이해될 수밖에 없습니다. 이런 이분법을 극복하기 위해서는 사회 변혁과 문화 운동의 관계가 내재적으로 얽혀 있다는 것을 이해할 필요가 있다고 봅니다. 다시 말해서 계급 전선의 투쟁과 욕망 전선의 투쟁을 결합시키는 전략적 수정이 필요하다는 것입니다.

　계급 전선과 욕망 전선의 결합은 곧 '생산'과 '놀이'의 결합으로 이해되어져야 합니다. 최근에 노동 시간 단축이라는 문제가 중요한 과제로 떠오르고 있습니다만 생산과 놀이의 결합을 위한 중요한 전제가 아닐까 싶어요. 노동 시간을 단축하는 것은 자유 시간을 확보하기 위함입니다. 앞에서 문화는 표현의 문제로 봤는데, 문화 운동은 표현의 확대요, 표현하는 능력의 강화요, 나아가 표현의 기회를 최대한 확대하는 운동일 것입니다. 이 모든 것을 위해서는 자유 시간의 확보가 매주 중요합니다. 자유 시간이 확보되지 않은 문화 운동은 매우 빈약한 조건 속에서 진행될 수밖에 없습니다. 문화적 활동을 위해 노동 시간의 최소화가 필요한 것은 그 때문입니다. 또 노동 시간 단축이 필요한 것은 문화적 행위가 노동 과정의 안에서 가능한 활동에 국한될 수 없기 때문이기도 합니다. 노동의 자율적 조직을 통해 문화적 활동의 증가를 생각할 수도 있지만, 오늘 강제된 노동, 기계화된 노동이 더 많은 현실을 생각할 때 노동 과정의 문화화라는 생각은 아주 예외적인 경우에만 실현될 수 있다고 봅니다. 아무래도 문화적 활동은 노동 밖에서 이루어지는 경향이 큽니다. 임금 노동 시간에서 해방된 공간에서 비로소 문화적 자율적 활동이 가능한데, 자유 시간의 확보는 그런 활동의 기본적 조건입니다.

인간은 물론 노동을 외면할 수 없을 것입니다. 인간은 자연의 일부이고, 우리는 자연으로 구성된 존재입니다. 우리 자신이 자연이라는 사실을 외면할 수는 없습니다. 이 점을 가장 정확하게 파악한 것이 생태론적 입장이라고 보는데, 하지만 인간에게 깃든 자연만을 강조할 수도 없을 것 같습니다. 자연에만 얽매여 있는 한에서는 인간적 자유를 누릴 수 없기 때문입니다. 인간이 가진 자연적 요소와 인간적 자유를 동시에 인정하고 추구해야 하는데, 이것이 인간이라는 존재의 고유한 권리이자 의무이자 특징일 겁니다. 자연의 일부인 한 인간은 노동을 하지 않으면 안 됩니다. 생명을 영위하기 위해서는 노동은 회피할 수 없는 필수적 의무라는 거죠. 그 점 때문에 '사회적으로 필요한 노동'이란 것이 생기겠죠. 그런데 지금 이 노동의 양이 획기적으로 줄어들고 있다고 합니다. 기술 발달 등이 원인인데, 하지만 사회적으로 필요한 총노동량이 줄어들고 있는 데도 개인들이 하는 노동 시간은 획기적으로 줄지 않는 것도 현실입니다. 사회적으로 필요한 노동량이 줄어든

만큼 노동 시간을 줄이기보다는 일자리를 줄이고 있기 때문이죠. 물론 노동 시간은 이전에 비해 많이 줄어든 것이 사실입니다. 맑스가『자본론』을 쓰던 시기의 노동량을 보면, 일주일에 72시간 정도였는데, 그 이후 1900년경에는 일주일 노동 시간이 60시간으로 줄었고, 2차대전 이후에는 몇몇 나라에 국한되지만 40시간으로 줄어들었습니다. 지난 몇 년 사이에 프랑스의 사회당 정권은 2000년부터 일주일에 35시간 이하로 줄이기 시작한다는 법령을 통과시켰고, 지난 10월 독일 사민당의 슈뢰더는 주 30시간을 공약하고 총리로 선출되었습니다. 이렇게 보면 굉장히 많이 단축된 것이죠. 현재 우리 나라는 법적 노동 시간이 44시간이고, 평균 노동 시간이 실제로 48시간입니다. 노동 시간을 획기적으로 단축해야 합니다. 일자리를 나누면 생산량을 유지하면서도 굉장히 많은 노동 시간을 단축시킬 수 있습니다.

노동 시간을 최소화하고자 하는 까닭은, 맑스가 이야기한 것처럼 사회적으로 필요한 노동을 최소화시켜서, 남는 시간은 개인의 자아 실현을 위한 자유시간을 누리는 데 사용되도록 하기 위해서죠. 자아 실현은 노동에서 완전히 벗어난 시간에서 일어날 것이고, 그 자아 실현이란 것이 바로 문화적 활동입니다. 개인의 욕망대로 노는 것, 그것이 개인의 표현이고, 문화적 삶의 실현입니다. 이런 자아 실현에서 핵심적 조건은 자유 시간 확보이죠. 지금 시점에서 자유 시간은 여가라는 형태로 주어져 있는데, 이 여가가 너무 짧습니다. 나는 소비 문화에 깃든 폭력성이나 야만성은 자유 시간이 턱없이 부족한 것과 밀접한 관련이 있다고 믿는 편입니다. 폭력적이고 야만적인 형태의 문화, 그게 바로 소비 문화입니다. TV 시청이나, 노래방, 짧은 여행 등의 향락문화가 소비 문화의 모습입니다. 이런 소비 문화의 형태는 짧아질 기미가 아직 없는 장시간 노동 때문에, 사람들이 겨우 마련한 시간 동안에만 누릴 수 있는 형태로 나타나고, 그럴 경우 할 수 있는 것은 스트레스 해소를 위한 속도전, 곧 폭력적이고 동물적인 놀이 형태입니다.

자유 시간이 너무 짧기 때문에, 대안적인 삶을 추구할 여유가 없습니다. 이 결과로 대중이 하고 있는 것은 자본주의적 생산 양식에 필수적인 과정이라고 할 수 있는 소비 제도를 유지하기 위한 자본주의적 '소비의 전사'가 되는 정도입니다. 대중이 소비의 전사로서의 역할을 충실히 하고 있는 한, 자본주의적 질서는 무너지지 않을 뿐 아니라, 새로운 형식의 삶도 불가능합니다. 소비 문화에선 욕망 전선의 투쟁도 제대로 일어나지 않습니다. 소비 문화는 훔쳐보기, 관음증 수준의 욕망 충족, 욕망의 제한된 발산을 허용할 뿐입니다. 욕망을 분출할 기회를 오히려 통제합니다. 그런 점에서 소비 문화는 노동의 문화, 즉 임금 노동만이 인간이 할 수 있는 거의 유일한 활동인 것처럼 치부될 때 나타나는 문화입니다. 따라서 소비 문화는 사회적 생산에 의해 포섭되어 있고, 노동 문화의 연장일 수는 있지만, 노동으로부터 자유로운 문화라고 할 수 없습니다. 소비 문화는 자본주의 생산양식 안에 존재할 수밖에 없고, 자본주의를 가동시키는 한 국면이지, 그것을 돌파하거나 해체하는 힘을 가진 것이 아닙니다.

계급 전선과 욕망 전선의 결합은 의미있는 수준의 노동 시간 단축이 있어야 가능한데, 지금이야말로 노동 시간의 최소화를 사회적 요구로 조직해야 할 시점이라고 생각합니다. 경제 위기를 빌미로 자본측이 대대적인 정리해고를 시도하고 있고, 수많은 실업자가 양산되고 있는 지금은 사회적으로 노동 시간이 감소하고 있는 시점입니다. 실질적으로 감소되고 있는 노동 시간을 노동자들의 노동 시간 단축으로 연결하지 않고 일자리 없애기로 대응하는 것이 자본의 전략입니다. 노동 시간의 최소화는 지금과 같은 시점에 오히려 더 강력하게 요구되어야 합니다.

6

이 지점에서 문화 운동의 역할이 있다고 봅니다. 노동 시간 단축을 위한 운동에서 문화 운동은 중요한 위치를 차지합니다. 노동 시간 단축을 요구하는 것은 한편으로는 일자리를 공유하자는 것이지만 다른 한편으로는 노동을 거부하는 태도를 표명하는 것이기도 합니다. 그러나 노동을 거부한다는 것은 그렇게 쉬운 일이 아닙니다. 자본주의 생산 체제는 누구나 노동해야 한다는 노동 윤리를 우리 모두에게 각인시켜 놓았습니다. 노동 시간 단축을 요구하는 것은 마치 이제 나는 일을 더 많이 하지 않겠소, 게으름을 피우겠소 하는 말과 다를 바 없는 것처럼 들립니다. "일하지 않는 자에게는 먹을 것도 주지 말라"라는 자본주의적 구호가 판을 치고 있는 상황에서 그런 말을 하기란 그렇게 쉽지 않습니다. 문화 운동은 이 맥락에서 노동 거부와 노동 시간 단축을 당연한 것으로 수용하게 만드는 데 기여할 수 있습니다. 문화 운동은 좀 단순하게 말하면 놀자는 것입니다. 그런데 놀자는 것은 노동 윤리와 어긋난 것이기 때문에 노동 윤리와 충돌하는 점이 있죠? 노동 윤리와 충돌하더라도 놀자고 나서는 사람들이 있어야 하는데, 이런 사람들이 어디에 있을까요? 찾아보면 우리 사회 여기저기에 많이 있겠지만, 문화 운동을 추진할 세력이라는 관점에서 보면 아무래도 문화 예술계가 아닐까 싶습니다.

　문화 예술계는 임금 노동과 무관한 사람들이 많은 분야입니다. 문화 예술인은 임금 노동을 거부하는 성향이 크기도 합니다. 사실 이것은 우연한 현상이 아니라, 문화적 실천, 예술적 실천이 인간의 근본적인 자유와 욕망을 필요로 하기 때문이라고 봅니다. 자유와 욕망, 꿈을 향유하는 조건은 임금 노동과 같은 타율적 삶이 부과된 상황에서는 찾기가 거의 불가능합니다. 예술적, 문화적 표현의 욕망이 강한 사람들이 거의 본능적으로 임금 노동을 거부하는 것도 그런 이유 때문이 아닐까요? 저는 이런 점에서 문화예술은 자본주의적 삶을 본능적으로 거부하는 어떤 힘을 지니고 있다는 견해에 어느 정도 동의하는 편인데, 문제는 이런 반자본주의적 열망을 사회의 민주화 프로젝트와 어떻게 결합시킬 것인가 하는 겁니다.

예술하는 사람들은 스스로 임금 노동과 무관하다고 생각하기 때문에 노동 운동과 결합되기 어렵습니다. 민주화를 자본주의적 주체들을 만들기 위한 권력 장치의 통제나 해체와 연관된 과제라고 한다면, 그리고 자본주의 사회 가동을 위한 권력 장치를 해체하고 자본주의적 억압을 해소시키는 새로운 삶의 방식을 가능케 하는 노력이라고 한다면, 이런 민주화와 문화 운동의 결합이 필요하겠죠. 저는 자본주의적 주체 형성 과정에 개입하는 것이 매우 중요한 문화적 개입이라고 봅니다. 자본주의가 보기에 유익한 노동 형태가 있고, 그런 과정을 수행하는 개인이 있는데, 그런 주체 형성 과정은 알다시피 유치원 다닐 때부터 시작됩니다. 지금은 유치원, 아니 유아원에 다니는 어린 아이도 학원을 몇 개씩이나 다니고, 초등학교, 중학교, 고등학교로 올라 갈수록 학습 노동 시간이 길어집니다. 어릴 적부터 장시간 노동을 위한 훈련을 받는 거죠. 이 결과 너무 많은 사람들이 결국 놀 줄 모르는 사람이 되는데, 바로 이게 중요한 지배 효과가 아닌가 싶어요. 자기가 무엇을 원하는지도 모르고, 자기의 삶을 스스로 조직할 능력을 상실하는 겁니다.

이것이 90년대, 특히 91년 강경대 치사 정국 이후에 대학에 들어온 학생들의 특징이 아닐까 하는 생각이 드는데, 이런 상황에서 민주화를 이야기하는 것은 매우 어렵습니다. 이것은 우리 사회의 자본주의화가 너무 많이 진전된 결과, 놀이가 진정한 의미의 놀이가 아니라 자본주의적 놀이가 되고, 젊은이들이 소비 문화에 완전히 물들었고 포획되었기 때문입니다. 놀이의 길들이기가 너무 많이 진척된 거죠. 그래서 한편으로는 놀이를 전혀 모르는, 노동을 위한 주체가 형성되고 있고, 다른 한편으로는 길들여진 놀이로서의 소비 문화가 번창합니다. 이와 함께 사회적으로 유익하다고 인정되는 노동과 무익하다고 치부되는 노동 사이에는 강고한 분리와 격리가 존재합니다. 생산과 놀이가 완전히 분리되어 있고, 노동의 공간과 여가의 공간은 완전히 다른 세상처럼 격리되어 있습니다. 이런 분리와 격리의 체계에 균열을 일으키고, 분리된 두 세계를 새롭게 배치하고, 두 세계를 분리시키고 있는 체제를 탈영토화할 필요가 있습니다. 이 탈영토화는 지금의 체제에 발본적 변화를 일으키는 것이고, 바로 그런 운동이 혁명이요, 민주화라 할 수 있을 것입니다.

이렇게 볼 때 문화 운동은 민주화 또는 혁명 과정에서 새로운 위상과 역할을 부여받아야 합니다. 문화 운동의 역할이 욕망의 강화와 긴밀한 관련이 있다고 한다면 이 경향은 자본주의적 생산을 지속시키는 기능을 하는 소비 문화가 길들이고자 하는 욕망을 강화하는 일이고, 사회적 생산의 자본주의화가 강요하는, 노동과 놀이의 분리를 거부하는 것입니다. 놀이의 강화는 바로 자본주의적 임금 노동을 거부하는 운동이고, 노동자 계급의 착취를 거부하는 일이기도 합니다. 이런 입장이 가능하다면, 문화 운동은 민주화 프로젝트에서 결코 부차적일 수 없고, 다른 운동들과 마찬가지로 일차적이라고 봐야 하지 않을까요?

7

저는 욕망 전선과 계급 전선이 만나는 기획이 '문화 사회'를 건설하는 기획이라고 보고 있습니다. 문화 사회의 전제는 앞서 말한 대로 노동 시간이 단축되어야 한다는 것입니다. 저는 아직 임금 노동을 완전히 없앨 수 있는가 하는 점에 대해서는 자신 있는 결론을 내리지는 못합니다만, 대중이 노동 거부권을 가지는 것은 필요하다고 생각합니다. 일할 권리만 주장할 것이 아니라 게으를 권리도 필요한 것이죠. 노동이 없는 사회를 아직은 상상하기 어렵기 때문에 임금 노동의 필요성을 잠정적으로는 인정한다고 하더라도 노동을 최소화하기 위해서는 노동을 거부할 수 있어야 한다고 봅니다. 그리고 이런 노동 거부 운동의 성과가 '획기적인 노동 시간 단축' 형태로 나타나야 하지 않겠는가 생각합니다. 그리고 이런 조건에서 욕망 전선과 계급 전선의 결합, 노동과 놀이, 생산과 여가의 결합이 가능하지 않을까 생각합니다. 물론 가능하다면 일체의 노동을 비노동으로, 생산을 놀이로 전환시킬 수 있으면 좋겠지만, 지금 당장 그런 조건을 갖추는 것은 불가능하니 일주일에 이틀만 일한다고 생각해봅시다. 이틀로 사회적 필요 노동을 마칠 수 있다면, 나머지 닷새 동안은 자아 실현을 위해서 '놀' 수 있습니다. 이것도 아직은 희망 사항이지만, 앙드레 고르라는 사람은 『경제적 이성 비판』이란 책에서 일주일 이틀 노동을 주장하고 있습니다. 고르는 가까운 장래에 연간 1,000시간 노동으로, 일주일에 약 20시간만 노동하면 될 것으로 예상합니다.

이렇게 되면 우리의 삶이 얼마나 크게 바뀔까요? 자기 삶을 자율적으로 조직할 가능성이 높아질 겁니다. 이런 정도라면 유토피아에 가깝지 않을까요? 얼마전 제 강의를 듣던 대학원 학생 하나가 이틀 노동과 닷새 여가의 일정을 듣고서 "그렇다면 유토피아겠네요?" 하던 것이 생각납니다. 만약 이틀만 일하고 닷새를 논다면, 한 달에 열흘 미만으로 일하고 20일을 노는 것이고, 4개월 중에서 1개월 일하고 3개월을 놀 수 있습니다. 그렇게만 되면, 지금의 비인간적인 삶의 방식들을 많이 해소하지 않을까 싶습니다. 노동 과정에서 받는 스트레스도 훨씬 줄어들겠죠. 어린 시절 친구를 만나러 갈 수도 있고, 마음껏 여행도 하고, 부모의 병 구완에도 더 많은 정성을 들일 수 있고, 환경 보호나 자원 봉사 등 사회적 활동에도 훨씬 더 적극적으로 나설 수 있을 겁니다. 이렇게 되면 사회도 질적으로 달라지지 않을까요? 사회 운동도 질적으로 다른 차원에서 일어날 수 있습니다. 이렇게 되면, 비자본주의적 삶을 건설할 수 있는 조건이 많이 확보되지 않을까요? 비자본주의적 삶은 자본주의적 시장 원리가 지배하지 않는 삶입니다. 상품 논리에 전적으로 지배받지 않는 삶입니다.

결론적으로 말해 문화 운동과 민주화 운동은 개인들, 집단들의 자율적인 삶을 가능하게 만드는 쪽으로 나아가야 할 것입니다. 그렇게 하는 것이 문화 혁명이고, 혁명 자체가 아니겠는가 생각합니다. 저는 새롭게 요청되는 사회조직이 '문화 사회'라고 봅니다. 사회적으로 필요한 노동은 지금 획기적으로 줄어들고 있습니다. 이것은 인간이 노동에 얽매일 필요가 훨씬 더 적어진다는 말입니다. 문화 사회는 이렇게 줄어든 노동 시간을 인간의 자아 실현을 위해서, 인간 자신의 발전을 위해서 투여하는 사회입니다. 아시겠지만, 지금 상황은 이와는 반대입니다. 노동 시간은 쉽게 줄어들지 않고, 줄어든다고 해도 임금 삭감이나 일자리 축소의 형태로 나타나고 있습니다. 정리해고가 아닌 방식으로, 일자리를 축소하지 않는 방식으로 위기를 극복하자는 것이 노동 진영의 요구입니다만, 저는 이 요구가 노동의 강화로, 혹은 노동 윤리의 강화로 이어져서는 안 된다고 생각합니다. 문화 사회는 노동이 지배하는 사회가 아니라 인간의 자율적 활동이 지배하는 사회라야 합니다. 노동으로부터 해방된 자유 시간이 넘치는 사회가 문화 사회, 이런 사회를 건설하기 위해 노력하는 것이 문화 운동의 과제이고, 또 그런 노력이 민주화요, 혁명이 아닐까요? 이 혁명은 쾌락, 꿈, 예술을 위한 욕망 전선과 소득, 이해, 대변을 위한 계급 전선이 서로 교차하고 결합할 것을 요구합니다. 욕망과 이해의 내재적 결합을 가능하게 하는 것이 '문화 사회'라는 프로젝트가 아닐까요?

부록

'문화'와 '혁명' 개념의 역사

레이몬드 윌리엄즈 글 / 이재원 옮김

문화 개념의 역사

레이몬드 윌리엄즈*

문화culture라는 단어는 영어에서 쓰이는 두 세 가지의 상당히 복잡한 단어들 중 하나이다. 그 이유는 부분적으로, 이 단어가 몇 개의 유럽 언어 내에서 얽히고 설킨 채 역사적으로 발전된 데에 있기도 하지만, 주요하게는 그 단어가 오늘날에 와서 몇 가지 독특한 지적 분야, 몇 가지 독특하고 양립할 수 없는 사고 체계 내에서 중요한 개념으로 쓰인 데에 연유한다.

이 단어의 최초 형태는 라틴어 어근 *colere*에서 유래된, 라틴어 *cultura*이다. *colere*는 다양한 의미를 가지고 있었다: 거주하다 inhabit, 경작하다 cultivate, 보호하다 protect, 숭배하다 honour with worship. 여전히 그 의미가 겹쳐지곤 하지만, 결국 이런 의미들 중 몇 가지는 파생 명사로 분화되었다. 따라서 '거주하다'는 라틴어 *colonus*를 거쳐 *colony*로 발전됐다. '숭배하다'는 라틴어 *cultus*를 거쳐 *cult*로 발전됐다. *cultura*는 명예 honour와 존경 worship —— 영어 단어 문화는 캑스턴판 사전(1483)[1]에서 '존경'의 의미로 쓰였다——이라는 부차적인 중세적 의미도 가졌지만, 키케로[2]에서처럼 "영혼을 성장시키다 *cultura animi*"라는 의미를 포함하며, 경작 cultivation 또는 양육 tending을 그 주요한 의미로 취했다. *cultura*의 프랑스어 형태는 고대 프랑스어 *couture*였는데 그 고유의 특별한 의미는 계속 발전됐고, 그 후의 형태인 *culture*는 15세기 말경에 영어가 되었

---

* Raymond Williams, "Culture", in Keywords: A Vocabulary of Culture and Society, (Revised Edition) London: Flamingo, 1983, pp.87~93.

1) William Caxton(1422?~1491). 영국 최초의 활판 인쇄·출판업자.

2) Marcus Tullius Cicero(BC. 106~43). 고대 로마의 웅변가이자 정치가이며 철학자.

다. 그 당시, 이 단어의 주요한 의미는 '가계 husbandry', '자연 성장의 양육 tending of natural growth'이었다.

대체로 **문화**라는 단어는 초기에, 과정 process을 나타내는 명사로 사용되었다: 무엇인가를, 기본적으로, 곡식이나 동물을 기르다. 이 단어의 부차적인 의미인 '보습 ploughshare'을 지칭했던 *coulter*는, 보습을 지칭했던 라틴어 *culter*와 고대 영어의 *culter*에서부터, *culter, colter, coulter* 등으로 그 영어 철자가 변이됐고, 17세기 말경에서야 culture로 되는 등 상이한 언어적 경로를 거쳤다(웹스터,3) 『말피의 공작부인 *Duchess of Malfi*』, Ⅲ, ii: '뜨겁게 달궈진 보습 hot burning cultures'). 이 단어는 그 은유적 사용으로 인해서, 그 의미상 중요한 다음 단계의 심오한 기초를 가질 수 있게 되었다. 16세기 말부터, 자연 성장의 양육이라는 의미는 인간의 발전 과정이라는 의미로 확대되었고, 이는 가계라는 원래 의미와 더불어, 18세기 후반과 19세기 말까지 주요한 의미로서 기능했다. 따라서 모어4)는 다음과 같이 썼다: "인간 정신의 발전과 이익을 향해서 to the culture and profit of their minds." 베이컨5)은 이렇게 썼다: "정신의 발전과 계발 the culture and manurance of minds"(1605). 홉스6)는 이렇게 썼다: "인간 정신의 발전 a culture of their minds"(1651). 존슨7)은 이렇게 썼다: "그녀는 자신이 이해한 것을 발전시키려고 하지 않았다 she neglected the culture of her understanding"(1759). 이와 같이 다양한 발전 과정 속에서, 이 단어에 두 가지 중요한 변화가 일어났다. 첫째, 직접적인 인간 양육이라는 의미를 가진,

---

3) John Webster(1578/9~?1623/3). 영국 르네상스기의 희곡 작가. 대표작으로는 『백색 악마 The White Devil』 (1611~1612)가 있다. 『말피의 공작부인』은 1613~1614년 작품이다.

4) Sir Thomas More(1478~1535). 영국의 인문주의자이자 작가.

5) Sir Francis Bacon(1561~1626). 영국의 정치가이자 경험주의 철학자.

6) Thomas Hobbes(1588~1679). 영국의 계몽주의 유물론자.

7) Samuel Johnson(1709~1784). 영국의 형이상학파 시인이자, 유명한 사전편찬자. 존슨이 편찬한 사전으로는 『영어사전 A Dictionary of the English Language』(1747~1755)이 있다.

이 은유에 대한 익숙함의 정도. 둘째, 이 단어가 추상적으로 수행할 수 있었던, 어떤 특정한 과정들 particular processes의 일반 과정 general process에로의 확장. 물론, 독립 명사인 문화가 그 복잡한 근대적 역사를 전개해 나아가기 시작했던 것은 최근의 일이지만, 그 변화의 과정은 아주 뒤엉켜 있었고, 이와 동시에 그 의미의 잠재성들은 너무 밀접해 있었기 때문에, 어떤 특정의 시기를 밝히는 것이 가능하지 않다. 하나의 독립 명사, 하나의 추상적 과정 또는 이런 과정의 산물로서의 문화는 19세기 후반 전에는 중요하지 않았고, 19세기 중반 전에는 일반적이지 않았다. 그러나 이와 같은 발전 과정의 초기 단계가 급작스럽게 시작된 것은 아니었다. 밀턴8)이 쓴 『자유로운 공화국의 확립을 위한 편리하고 쉬운 방법 The Readie and Easie Way to Establish a Free Commonwealth』(1660)의 개정 제2판에서 이 단어의 흥미로운 용법을 볼 수 있다: "통치권과 교양 culture의 자연적 열기를 더욱 더 제각기, 이젠 잊혀지고 무시된 모든 극한적 부분들에게로 소통시킴으로써, 영토의 모든 곳에 걸쳐 더욱 더 많이 지식과 문명 civility, 그리고 종교를 확산시켜라." 여기에서 은유적 의미('자연적 열기 natural heat')는 여전히 존재하고 있는 듯이 보이며, 우리가 생각하기에 19세기에서라면 일반적으로 문화라는 단어가 쓰일 곳에, 여전히 문명 civility——civilization을 참조하라9)——이라는 단어가 쓰이고 있다. 그러나 우리는 상당히 근대적인 의미에서의 '통치권과 교양 government and culture'이라는 표현도 여기에서 읽을 수 있다. 자신의 논의를 전개하는 과정에서부터, 밀턴은 일반적인 사회적 과정에 대해서 쓰고 있으며, 이것은 문화라는 단어의 특정한 발전 단계를 나타내 준다. 18세기 영국에서는 이런 일반적 과정이——이를 지칭하기 위해서 일반적으로 육성 cultivation이나 육성된 cultivated이라는 단어가 더 많이 사용되곤 했지만

---

8) John Milton(1608~1674). 영국의 대표적인 시인.

9) 17~18세기에 오늘날의 civilization을 의미하는 단어는 civility였다. 이 단어의 원래 의미는 '질서가 잡힌 사회 ordered society'였다.

──특정한 계급과 관련되어 있었다.10) 1730년에 쓰여진 어느 편지(킬라라의 주교가 클레이톤 부인 Mrs. Clayton에게 보낸 편지; cit 플럼 Plumb, 『18세기의 영국 *England in the Eighteenth Century*』)에서 이런 점이 뚜렷이 나타난다: "명문가 名門家)의 사람들이나 교양있는 사람들 persons of either birth or culture이 자신의 자녀들을 교회로 보내어 기르는 것은 관례적이지 않았습니다." 아켄시드11)는 이렇게 썼다: "……성직 聖職도 교양도 부여할 수 없는 것 nor purple state nor culture can bestow"(『상상의 즐거움 *Pleasures of Imagination*』, 1744). 워즈워스12)는 "교양의 우아함이 전혀 알려지지 않는 곳 where grace of culture hath been utterly unknown"(1805)이라고 썼고, 제인 오스틴13)은 "훈육과 교양의 모든 장점 every advantage of discipline and culture"(『엠마 *Emma*』, 1816)이라고 썼다.

따라서 영어에서는 문화라는 단어가 새로운 사회적·지적 운동이 결정적인 효과들을 야기하기 전에, [이미] 그 몇 가지의 근대적 의미를 향해서 발전하고 있었다는 것이 분명하다. 그러나 18세기 후반과 19세기 말 이런 운동을 통해서 행해졌던 발전을 추적해 보기 위해서, 우리는 다른 언어, 특히 독일어에서 문화라는 단어가 걸쳤던 발전 과정 또한 살펴보아야만 한다.

영어의 용법에서 이미 알아보았듯이, 프랑스에서는 18세기까지 문화라는 단어가 '양육된 어떤 것 the matter being cultivated'을 지칭하는 문법적 형태와 언제나 동시에 사용되었다. 18세기 중반 정도의 시기에 이 단어가 독립 명사로

---

10) 16~17세기경 이후, 문화라는 단어가 인간 발전의 '일반적 과정'을 지칭하는 것으로 그 의미가 확장된 반면에, 당시의 실질적인 용법상에서는 특정 계급[부르주아지]에 속한 사람의 발전 과정──교양으로 대변되는── 을 지칭했다는 말이다.

11) Mark Akenside(1721~1770). 영국의 시인이자 물리학자. 아켄시드는 자신의 시를 통해서 계몽주의의 과학적 이론들을 탐색하고자 했다.

12) William Wordsworth(1770~1850). 영국의 계관시인으로서 대표적인 낭만주의 시인.

13) Jane Austen(1775~1817). 영국의 대표적인 소설가.

쓰인 것은 드문 경우였고, 오히려 영어에서보다 그 시기가 더 늦었다. 독립 명사인 문명 또한 18세기 중반에 등장하였다──이 단어와 문화와의 관계는 매우 복잡했다(civilization을 참조하라. 또한 아래의 논의도 참조하라). 이 점에 있어서 독일어에서는 중요한 발전이 있었다. 문화라는 단어는 프랑스어에서 차용되었는데, 처음(18세기 후반)에는 cultur라고 쓰였고, 19세기부터는 kultur라고 쓰였다. 이 단어는 여전히 문명의 유사어로 주요하게 쓰였다. 첫째로는 문명화 civilized 또는 육성화되어 가는 일반적 과정을 나타내는 추상적 의미로서 쓰였다. 둘째로는 계몽주의 역사가들에 의해서 문명의 의미로 이미 확립되어 왔던 것처럼, 18세기의 보편적 역사 형태로서 익히 알려진, 인간 발전의 세속적인 과정 secular process을 묘사하는 의미로 쓰였다. 헤르더[14]에 와서, 이 단어는 결정적인 변화를 겪게 되었다. 그는 자신의 미완성 저작 『인류 역사에 대한 철학에 관한 사상들 *Ideas on the Philosophy of the History of Mankind*』(1784~1791)에서, 문화에 대해서 다음과 같이 썼다: "이보다 더 결정하기 어려운 단어는 없고, 모든 민족들과 시기들에 적용하기에 이보다 더 혼란스러운 단어도 없다." 헤르더는 문명 또는 문화──인간성의 역사적인 자기발전──라는 단어가, 18세기 유럽 문화의 최종적인 그리고 지배적인 지점으로 향해 가는 단선적인 과정 unilinear process을 지칭하는 단어라는, 보편적 역사 universal histories[15]

---

14) Johann Gottfried Herder(1744~1803). 독일의 역사철학자이자 대표적인 계몽주의 이론가. 헤르더는 스피노자의 범신론을 라이프니쯔식으로 수정한 독특한 관념론자였지만, 프랑스의 계몽사상과 영국의 경험주의 등을 폭넓게 받아들여 당시의 기계론적 세계관을 극복하는 단초를 제공했다. 그는 기존의 목적론적인 역사관을 비판하면서 고유의 문화적 업적을 산출한 각각의 역사 시대가 지니고 있는 고유의 가치를 강조했는데, 그의 사상은 셸링이나 헤겔의 자연철학에 많은 영향을 끼쳤다. 대표적 저서로는 『신, 몇 가지 담화 *Gott, Einige Gespräche*』(1787) 등이 있다.

15) 보편적 역사 universal history란 역사가 하나의 모델에 따라서 하나의 최종점(역사의 종언)을 향해 일직선적으로 진행한다는 일종의 목적론적 역사관을 말한다. 이와 같이, 헤르더가 비판하는 것은 모든 민족, 모든 특정 시기의 역사(또는 문화)가 유럽인들의 그것과 똑같이 진행한다라는 서구 중심주의적인 역사관이다.

의 가정을 공격했다. 실제로 그는, 자신이 '유럽인에 의한 전세계의 정복과 지배'
라고 부른 것을 공격하며, 이렇게 썼다:

> 수 세기 동안 명멸해 왔던 지구상의 모든 인간들이, 종국에는 유럽 문화를 통해
> 서 자신들의 자손을 행복하게 만들어 주려고 폐허에서 땅을 일구며 살아가는
> 것만은 아니다. 바로 그 유럽 문화가 우월하다는 생각이야말로 자연의 존엄함에
> 대한 하나의 뻔뻔스러운 모욕인 것이다.

헤르더는 문화라는 단어에 결정적인 혁신을 일으켰는데, 그는 복수적 의미
로서의 '문화들 cultures'에 대해서 이야기하는 것이 필요하다고 주장했다. 상이
한 민족들과 시대들의 특수하고 다양한 문화들, 또한 여기에 덧붙여 한 민족
내부의 사회적·경제적 집단들간의 특수하고 다양한 문화들까지 말이다. 헤르더
가 규정한 이런 문화의 의미는 낭만주의 운동을 통해서, 정통적이고 지배적이었
던 문명이라는 단어에 대한 대안으로서 폭넓게 수용되었다. 이런 의미는 첫째로
민속 문화 folk-culture라는 새로운 개념을 포함하여, 민족적이고 전통적인 문화
들을 강조하는 데 사용되었다(folk를 참조하라). 그 후에 이런 의미는 그 당시에
출현하고 있던 새로운 문명의 '기계적 mechanical' 성격으로 여겨지는 것——
당대의 산업 발전이 지닌 추상적인 합리주의와 '비인간성'——을 공격하는 데에
사용되었다. 또한 이런 문화의 의미는 '인간적 human' 발전과 '물질적 material'
발전을 구별하는 데에 사용되기도 하였다. 이 시기에 종종 그래 왔던 것처럼,
이런 구분은 정치적으로, 급진주의와 그에 대한 반동 反動 사이에서 갈팡질팡
했으며, 주요한 사회적 변화의 혼동 속에서 양자의 요소들이 혼합되기도 했다.
이런 구분들이 실제로 난해함을 심화시키긴 했지만, 이와 유사한 종류의 구분,
특히 이 용어의 반전과 함께, 1900년대 말까지 폰 훔볼트16)와 다른 사람들에
의해서 생겨난, 물질적인 것으로서의 문화 culture being material와 정신적인

것으로의 문명 civilization [being] spiritual이라는 구분 역시 언급해야겠다. 그러나 일반적으로, 이와 반대되는 구분이 지배적이었다.

이와 반면에 독일에서는 kultur라는 단어가 1840년대부터, 18세기의 보편적 역사들[이라는 개념 속]에서 사용되어온 문명이라는 바로 그런 의미로서 사용되었다. 이에 대한 결정적인 혁신은, 인간이 야만 savagery의 상태에서 교화 domestication를 걸쳐 자유 freedom를 획득해 나아가는 방향으로 발전해 나아간다고 주장한, G. F. 클렘(G. K. Klemm)의『인류 역사의 일반적 문화 *Allgemeine Kulturgeschichte der Menschheit*』(1843~1852)라는 저서를 통해서 이루어졌다. 비교 가능한 [상이한 문화적] 단계들을 추적하던 미국의 인류학자 모오건17)이 문명이라는 정점과 함께 '고대 사회 Ancient Society'라는 말을 사용했지만 클렘의 의미가 유지되었고, 그것은 곧바로 타일러18)가 쓴『원시 문화 *Primitive Culture*』(1870)에서 영어로 번역되어 사용되었다. 근대 사회과학들에서의 지배적 의미는 대개 이런 언급들을 따라가곤 했다.

따라서 文化라는 단어의 근대적 발전에 있어서, 그리고 그 단어의 용법에 있어서 발생한 복잡성은 온전히 평가될 수 있다. 우리는 이제 '사탕무 재배 sugar-beet culture', 또는 1880년대 이래의 미생물학에서 전문적으로 쓰이게 된 물리적 용법으로서의 '세균 배양 germ culture'과 같은, 물리적 과정에 대한

---

16) Baron K. W. von Humbolt(1767~1835). 독일의 철학자이자 정치가.

17) Lewis H. Morgan(1818~1881). 미국의 진화론적 인류학자로서 인류학 초기의 가장 대표적인 학자이다. 모오건은 인류의 가족 및 결혼 형태의 진화단계를 밝히기 위해서, 한 사회의 기술 및 생산수단 그리고 재산소유의 형태 등의 경제적 요소와 정치구조 및 사회적 제도들과의 관계를 종합적으로 분석하는 방법을 사용했다. 대표작으로는『인류 가족의 혈족과 인척에 대한 제도 Systems of Consanguinity and affinity of the Human Family』(1870)와『고대 사회 Ancient Society』(1877)가 있다.

18) Edward B. Tylor(1822~1980). 영국의 대표적인 인류학자. 여러 문화의 비교연구를 통계적으로 처리하여 사회제도의 발달, 특히 혼인 형태와 친족의 출계 出系 원리간의 상관관계를 검토함으로써 고전적인 비교연구 방법을 제시하였다. 타일러는 문명의 진화단계를 단순한 것에서 복잡한 것으로의 진행으로 보고, 야만 savagery, 미개 barbarism, 그리고 문명 civilization의 세 단계로 인류의 발달과정을 규정했다.

문자적 연속성 literal continuity에 의존하는19) 의미를 쉽게 구별할 수 있다. 그러나 일단 우리가 물리학적 언급들을 넘어선다면, 우리는 실질적으로 범용되는 세 가지 범주를 인식할 수 있다. 이 범주들 중, 두 가지 범주들의 어원은 우리가 이미 논의한 바 있다. 첫째, 18세기 이래로 사용된 지적·정신적·심미적 발전의 일반 과정을 지칭하는 독립·추상 명사. 둘째, 헤르더와 클렘의 논의에서부터 시작된, 어느 민족, 어느 시대, 어느 집단, 또는 일반적으로 인간성 등의 특정한 삶의 방식을 지시하는 데 일반적으로든 특별하게든 사용되는 독립 명사. 그러나 우리는 다음의 범주 또한 알아두어야 한다. 셋째, 지적인, 특히 예술적인 활동의 작품들과 실천들을 묘사하는 독립·추상 명사. 이 세번째 범주가 오늘날 가장 광범위하게 사용되는 것 같다. [이런 의미에서의] 문화는 음악, 문학, 미술, 그리고 조각과 연극, 영화를 지칭한다. 따라서, **문화성** a Ministry of Culture이라는 표현은, 가끔 철학, 학문, 역사를 포함하는 특수한 분야의 활동을 관장하는 부서를 지칭한다. 이와 같은 세번째 범주는, 사실상 다른 범주에 비해 상대적으로 최근에 사용되었다. 이 세번째 범주는 기원적으로 첫번째 범주의 의미가 변용된 형식이기 때문에, 이 범주의 정확한 사용 시기를 밝혀내긴 어렵다. 지적·정신적·심미적 발전의 일반적인 과정이라는 생각은 그런 발전을 재현하고 유지하는 예술 작품들과 실천들에 적용되었고, 이런 예술 작품과 실천을 지칭하는 의미로 효과적으로 전환되었다. 그러나 이런 의미 역시, [어떤] 과정을 지칭하는 초기의 의미로부터 발전해 왔다——밀러 Millar가 쓴『영어 지배의 역사적 관점: 제4권 *Historical View of the English Government IV*』(1812)의 314쪽에 나오는 '순수 예술의 진보적 문화'라는 표현을 참고하라. 영어에서 첫번째 범주와 세번째 범주의 의미는 아직 밀접하게 연결되어 있다. 가끔, 내적 요인들에 의해서

---

19) 물리적 과정을 설명하는 데에 있어서, 여러 물리학자들이 culture라는 단어를 그 어원적 의미——재배 栽培 또는 배양 培養——대로 적용하고 있다는 말이다.

이 두 의미들은 아놀드[20]의 『문화와 무정부상태 *Culture and Anarchy*』(1867)에
서처럼 서로 구분할 수 없다. 이와 반면에, 두번째 범주의 의미는, 클렘을 따라서,
타일러가 『원시 문화 *Primitive Culture*』(1870)에서 결정적으로 영어로 소개했다.
영어에 있어서 세번째 범주의 의미는 19세기 후반과 20세기 초에 그 결정적인
발전을 겪었다.

　　문화라는 단어[의 의미]가 이와 같이 복잡할 뿐만 아니라, 여전히 능동적으
로 변하고 있기 때문에, 사람들은 어떤 '올바른 true' 또는 '적절한 proper' 또는
'과학적인 scientific' 의미를 선택하려고 하거나, 다른 의미들을 느슨하게 또는
혼란스럽게 처리하기 쉽다. 이와 같은 반응은 크로버와 클럭흔[21]이 쓴 『문화:
그 개념들과 정의들에 관한 비판적 견해 *Culture: A Critical Review of Concepts
and Definitions*』라는 훌륭한 저작에서도 나타나는데, 여기에서 쓰인 [문화라는
단어의] 용법이 사실상, 북미의 인류학에서는 하나의 규범으로 통한다.[22] 어느
분과학문 내에서나, 개념적 용법 conceptual usage이 분명해야 한다는 건 당연
한 일이다. 그러나 대개, 중요한 점은 [문화라는 단어가 지닌] 의미들의 범위와

---

20) Matthew Arnold(1822~1888). 영국의 문필가이자 문화비평가. 그는 『문화와 무정부상태』에서 1860년
　　대~1950년대까지의 논쟁에서 우위를 지켜온 문화적 명제를 확립시켰다. 아놀드는 노동자 계급의 대두
　　로 인해서 19세기 말에 등장하기 시작한 대중문화를 무정부상태와 동일시하며, 교육을 통해 전통적인
　　문화를 복권시켜야 한다고 주장했다. 다시 말해서 그는 대중문화를 당대의 심각한 정치적 무질서의
　　징후로서 간주하며, 대중문화를 제거한 진정한 문화——첫번째 범주와 세번째 범주의 의미에서의——
　　의 확립을 역설했다.

21) Alfred Kroeber(1876~1960)·Clyde Kluckhohn(1880~1964). 미국의 대표적인 인류학자. 이들은 문화는
　　한 중심에서 타 지역으로 전파된다는 전파주의 diffusionism와, 문화는 독자적인 생명을 갖고 있다는
　　초유기체론 super-organicism을 주장했다.

22) 크로버와 클럭흔은 하나의 표준이 될 만한 문화의 의미를 확정하려고 시도했다. 이들은 『문화』에서
　　다양한 인류학자들이 문화에 대해 내린 약 175개의 상이한 정의들을 검토하였다. 그러나 이들이 결론적
　　으로 얻은 문화의 정의마저 결국 인류학사에 또 하나의 추가적인 정의로 끝나고 말았다. 이들은 인간들
　　이 자연 환경에 적응하는 과정에서 축적된 지식들로서의 도구, 기술, 사회조직, 언어, 관습, 신앙 등의
　　총체를 문화라고 규정내렸다.

중첩이다. 이 단어가 지닌 의미의 복잡함은, 일반적인 인간의 발전 및 특별한
삶의 방식 사이의 관계, 그리고 이것들 및 예술적이고 지적인 작품들과 실천들
사이의 관계에 대한 복잡한 논쟁을 암시해 준다. 역사와 문화연구23)에서는 文化
라는 단어의 지시대상이 주로 의미화 signifying 또는 상징화 symbolic 체계인
반면에, 고고학과 문화인류학에서는 文化 혹은 [단수] 문화 a culture의 지시대상
이 주로 '물질적' 생산과 결부되어 있다는 점은 특히 흥미롭다. 이런 구분은
빈번히 뒤섞이거나, 그도 아니면 최근의 몇몇 논쟁——내 자신의 文化에 대한
논의를 참고하라——에서 서로 대조되기보다는 언제나 연관되었던, '물질적'
생산과 '상징적' 생산 사이의 관계들에 대한 중심적 문제를 은폐한다. 이와 같은
복잡한 논쟁 속에는, 효과적으로 겹쳐질 뿐만 아니라 서로 반대되는 입장들이
존재한다. 충분히 이해할 만한 일이지만, 여기에는 상당수 풀리지 않은 질문들과
혼동스러운 답변들도 존재한다. 그러나 이런 논쟁들과 문제들이 실제적인 용법
의 복잡함을 감소시킨다고 해서 해결될 수 있는 것은 아니다. 이런 점은 영어가
아닌 다른 언어들——주목할 만한 변형이 존재하는——에서 쓰이는, 문화라는
단어 형태의 용법과도 관련되어 있다. 독일, 스칸디나비아 그리고 슬라브 언어군
群에서는 일반적으로 인류학적인 용법으로 쓰이지만, 이탈리아어와 프랑스어
에서는 예술이나 습득 learning, 또는 인간 발전의 일반적 과정이라는 의미들에
명확히 종속되어 있다. 어떤 종류의 언어이든 간에, 문화라는 단어가 지닌 의미
와 지시대상의 범위와 복잡함은, 지적 입장의 차이와 몇몇 모호성 및 중첩을
암시해 준다. 그것이 어떤 것이건 간에, 이와 같은 변형은 문화라는 복잡한 단어
가 지칭하는 활동들, 관계들 그리고 과정들에 대한 대안적 관점들과 반드시
연관되어 있다. 다시 말해서, 이런 복잡함은 결국 그 단어 속에 존재하는 것이

---

23) 'Cultural Studies.' 영국과 미국을 중심으로 1950년대 말에 대두되어 1960년대 초에 활발해지기 시작한
   학제간 연구. 문화연구라는 표현은 영국 버밍햄 대학의 부속 연구기관인 <현대문화연구센터 Centre
   for Contemporary Cultural Studies>(CCCS)의 작업에 의해서 전세계적으로 광범위하게 알려졌다.

아니라, 그 용법의 변형이 중요하게 암시하고 있는 문제들 속에서 존재하고 있는 것이다.

이와 더불어, 몇 개의 관련 단어들과 파생 단어들을 살펴보는 것이 필수적이다. 육성과 육성된이라는 단어는 17세기에 물리적 의미에서 사회적·교육적 의미로서 [문화와 마찬가지로] 은유적으로 확장되었으며, 18세기에는 특별히 중요한 단어가 되었다. 19세기 말에 문명과 **문화** 사이에 고전적인 구분을 정초했던 콜러릿지24)는 이렇게 썼다(1830): "문화와 문명 사이의 영구적인 구분과 임시적인 대비." 이런 의미에서의 명사적 용법은 결국 사라졌지만, 형용사적 용법은 관습 manners 및 취향 tastes과 결부되어 여전히 통용된다. 중요한 형용사인 **문화적 cultural**이라는 단어는 1870년대를 기점으로 등장해서 1890년에 널리 쓰이게 되었다. 문화라는 단어가 예술적이고 지적이거나 인류학적인 의미를 지닌 독립 명사로서 친숙해질 때쯤에, 문화적이라는 단어가 그 현대적 의미를 가질 수 있었다. 영어에서 문화라는 단어에 대한 적대감은 아놀드의 관점을 둘러싸고 벌어진 논쟁에서 시작되었다. 이런 적대감은, 19세기 후반과 20세기 말에 '유미 唯美)주의자 aesthete'와 '심미적 aesthetic'이라는 단어에 대해서 그랬던 것과 같은 적대감과 관련하여 힘을 모았다.25) 계급적 차별성과 연관된 이런 적대감은 유사 단어인 'culchach'라는 단어를 만들어 내었다. [나치가 행했던]

---

24) Samuel Tayler Coleridge(1772~1834). 영국의 대표적인 낭만주의 시인이자 비평가. 콜러릿지는 '한 전체로서의 국가'를 의미하는 문명과 '인간성을 특징짓는 특질과 기능의 조화로운 발달 상태'를 의미하는 문화를 구분했다. 그에 따르면, 문화는 육성된 소수——콜러릿지의 표현대로 하자면 '식자 계층'——의 소유이기 때문에, 육성된 식자 계층이 문화를 통해 문명의 발달을 이끌어 가야 한다고 주장했다. 이런 콜러릿지의 사상은 아놀드에게 매우 큰 영향을 끼쳤다.

25) 19세기 말의 프랑스에서는 데카당스 decadence 운동이 발흥했는데, 말 그대로 다분히 '퇴폐적인' 문화운동이었다. 세기 말에 대한 공포와 불안에 대한 예민한 반응이었던 이 운동은 당대의 유럽 문화를 풍미했었다. 미학적으로 악 惡을 탐미한 보들레르(Charles Pierre Baudelaire, 1821~1867)나, 추함에서 아름다움을 발견하려고 했던 와일드(Oscar Wilde, 1856~1900)가 대표적인 사상가들이다. 이들은 자신들의 작품 속에 나타나 있는 그 특유의 퇴폐미 때문에 보수주의자들에게 공격받았다.

kultur에 관한 선전 propaganda과 관련해서, 1914~1918년 전쟁의 도중과 그 이후에 나타난 반 독일 감정과 연관된 적대감의 영역이 존재했다. 이런 적대감의 주요 영역은 지속되었고, 그 한 요소가 최근 미국의 컬쳐-벌쳐 culture-vulture)[26] 국면에서 강조되었다. 사실상 이와 같은 모든 적대감(일시적이었던 반독일 연합은 예외로 하고)이, 우월한 지식(명사 intellectual을 참조하라), 우아함 culchah, 고급예술([아놀드적인 의미에서의] culture) 그리고 대중예술 및 오락 entertainment을 구분해야 한다는 주장들과 결부된 [문화라는 단어의] 용법과 연관되어 있었다는 사실은 중요하다. 따라서 이런 사실은 진정한 사회의 역사, 그리고 사회적·문화적 발전의 매우 난해하고 혼란스러운 단계에 관한 기록이다. 문화와 문화적이라는 단어가, 다소 확장된 사회적이고 인류학적인 의미로 꾸준히 사용되고 있으며, 하위문화 sub-culture——뚜렷이 구별되는 더 작은 집단의 문화——와 같은 형성물이 특정 영역들(특히, 대중오락)을 제외하고는, 이런 적대감이나 그것과 결부된 불편함과 당혹감을 피해 가며 효과적으로 감소시켜 왔다는 사실은 흥미롭다. 사회를 분석하는 데에 있어서 방법론적으로 '구조주의 structuralism'와 대비되는 '문화주의 culturalism'[27]에서 최근에 사용하고 있는 [문화라는 단어의] 용법은, 예전의 어려움들을 상당수 포함하고 있으며, 이와 같은 적대감을 언제나 피해 가지는 못하고 있다.

---

26) vulture는 '대머리 독수리'를 의미하는데, 속어로는 '무자비한(욕심많은) 사람'을 지칭한다. 이는 20세기 중반에 급속히 팽창된 미국——미국의 국조 國鳥가 대머리 독수리이다——의 소비문화를 비꼬는 표현으로 쓰인다.

27) 문화주의는 한 사회의 문화——즉, 문화의 텍스트적 형태나 기록된 행위들——를 분석함으로써, 그 사회의 문화적 작품과 실천들을 만들고 소비하는 사람들이 공유하는 행동과 사상의 유형을 재구성할 수 있다고 주장하는 이론적 조류를 지칭한다. 이런 문화주의에서는 문화의 수동적 소비보다는 능동적 생산, 즉 '인간의 실천 practice of human'을 강조하곤 한다. 주로 CCCS를 중심으로 활동하고 있는 이론가들이 문화주의에 속한다. 리차드 호가트 Richard Hoggart, 스튜어트 홀 Stuart Hall, 폴 윌리스 Paul Willis, 딕 헵디지 Dick Hebdige 등이 대표적인 문화주의자들이다.

혁명 개념의 역사

레이몬드 윌리엄즈*

오늘날 **혁명**은 현저히 전문적인 정치적 의미를 지니고 있지만, 그 의미가 역사적으로 발전해왔던 경로는 의미심장하다. 이 단어는 '순환하다 to revolve'라는 의미를 지닌 라틴어 *revolvere*를 어근으로 파생된 중세어 *revolucion*, 고대 프랑스어 *revolutionem*로 14세기에 영어에 들어왔다. 이 모든 초기 용법에서, 이 단어는 공간적·시간적으로 '순환하는' 운동을 지시했다: "태양뿐만 아니라 다른 행성들도 정확한 시기에 그 순환과 과정을 마친다"(1559), "이 순간 이후, 전 기간 동안 7년간의 순환이 뒤이었다"(1589), "그것들은 다시 후퇴했다가, 소용돌이 치면서 되돌아 왔고, 그렇게 영원히 그 순환을 계속했다"(1664). 정기적으로 순환하는 물리적 운동을 나타내는 이런 초기 용법은, 주로 엔진에 관한 기술적 의미로 주로 남아 있다. 일반적으로 'revs'로 축약되어 사용되는, 1분간의 '회전 revolution'이 그런 경우이다.

이 단어의 정치적 의미는 상당히 복잡하게 등장했다. 우선, 현존 질서에 저항하는 행위의 의미로 이전에는 어떤 단어가 쓰였는지 고찰해보는 게 필요하다. 물론 이에는 반역 treason —— 그 어원적 의미는 법적 권위에 대한 배반 betraying이다 —— 이 있었지만, 보다 일반적인 단어로는 반란 rebellion이 있었다. 반란이란 단어는 14세기에 영어에서 일반적으로 쓰였다. 이 의미는 라틴어에서 발전되었는데, 문자 그대로 '전쟁의 재개 再開'에서부터 무장 봉기나 반대라는 일반적 의미를 거친 다음, 이후 그 의미가 확장되어 권위에 관한 공개적

---

* Raymond Williams, "Revolution", in *Keywords: A Vocabulary of Culture and Society*, (Revised Edition) London: Flamingo, 1983, pp.270~274.

저항을 지칭했다. 따라서 반란과 모반 rebel——이 단어는 형용사, 동사, 명사로 쓰인다——은, 오늘날 우리가 일반적으로 **혁명**과 **혁명적** revolutionary이란 단어로 지칭하는 의미를 지닌 주요 단어가 되었다. 또한, 16세기 이후 '구르다 혹은 방향을 바꾸다 to roll or revolve'라는 라틴어에서 파생된, 중세어 *révolter*, 프랑스어 *revolutare*가 반항 revolt으로 의미심장하게 발전되었다. 이 단어는 애초부터 영어에서는 정치적 의미로 사용되었다. 순환적 운동이라는 의미에서부터 정치적 봉기라는 의미를 지닌 반항과 혁명이라는 두 단어가 발전했던 과정은, 단순히 우연의 일치만은 아니다.

혁명이라는 단어는 십중팔구, 정치적 의미로 발전하는 과정에서 **반항**이라는 단어와의 밀접성에 영향을 받았을 것이다.[1] 하지만 영어에서는 순환 운동이라는 의미가 적어도 1세기 이상 지속으로 사용되었다. 그 의미가 순환 운동에서 봉기로 전환된 데에는(반항과 혁명 모두에서), 적어도 두 가지 근원적인 이유가 있었을 것이다. 한편으로는, '하층 the low'에 대한 '상층 the high'의 권력을 정상적으로 분배한다는 단순히 물리적인 의미가 있었다. 특정한 현존 권위의 관점에서 보자면, 반항은 정상적인 정치적 질서를 갈아엎고, 뒤엎고, 곤두박질치려는 시도이다——스스로를 상층에 저항토록 하며, 그런 의미에서 상층 위에 존재하려는 하층. 이런 용법은 홉스[2]의 『리바이어던 Leviathan』 제2부 23절에서 여전히 분명하게 쓰이고 있다: "결사적으로 반항하는 신민들은, 원래 그 자체로 자신들의 행동을 통해서, 군주의 권력을 부정한다"(1651). 또 한편으로는, 궁극적으로는 똑같은 걸 강조하는 셈이지만, 운명의 수레바퀴 Wheel of Fortune

---

1) 프랑스의 기호학자 줄리아 크리스테바 Julia Kristeva는 '반항'의 어원을 분석하면서, 반항과 '혁명'의 관계는 아직까지 명확하게 정해져 있지 않다고 언급한다. 크리스테바에 따르면, 혁명이라는 단어에 정치적 함의가 개입된 것은 1700년대 이후이다. 줄리아 크리스테바, 유복렬 옮김, 『반항의 의미와 무의미: 정신분석의 힘과 한계』, 푸른숲, 1998, pp.19~20.

2) Thomas Hobbes(1588~1679). 영국의 계몽주의 유물론자.

라는 중요한 이미지가 있다. 이런 이미지를 통해서, 삶의 무수한 운동들, 특히 가장 대중적인 운동들이 해석되었다. 단순한 의미로 보자면, 자신들을 한때 흥하게 하고 한때 망하게 하는 운명의 수레바퀴 위에서 인간은 [사물 혹은 세상을] 변화시켰으며, 보다 정확히는 변화되었다. 현실적인 대부분의 용법에서 주로 강조되었던 것은 하향적 운동, 즉 '추락 the fall'이었다. 그러나 그 어떤 경우에서도, 이는 그 이미지의 주요 의미였던 상승과 하강 사이의 **반전** reversal이었다 —— 수레바퀴의 꾸준하고 지속적인 운동이라기보다는, 당연히 그 위치를 바꾸는 아래와 위 지점의 특정한 분리. 혁명이라는 단어상의 주요한 변화는 적어도 부분적으로는 이런 의미에 영향을 받았다. 1400년 초에는, 결국 다음과 같은 특징을 지니게 되었다.

> 드디어 내가 도착했다
> 변화와 반전을 거쳐서 말이다(*Romance of the Rose*, 4366).[3]

15세기에는 개조 혹은 변화라는 의미가 뚜렷이 **혁명**에 덧붙여졌다: "개조되어야 할 요소들, 시간과 양상의 변화"(Lydgate, c. 1450).[4] 17세기 중반에는 운명 fortune이라는 단어와의 연관성이 분명해졌다: "눈길이 닿는 데마다, 시간과 운명의 변화는 얼마나 위대한가"(1663).

---

3) 원래 제목은 『장미 이야기 Roman de la rose』(연도 미상) —— 13세기 작품이라고만 알려져 있다 —— 이며, 고대 프랑스어로 쓰여져 있다. 작자는 드 로리스 길롬 De Lorris Guillaume과 쟝 드 몽 Jean De Meun이라고 알려져 있는데, 한 연인이 마법의 정원에 피어 있는 아름다운 장미를 따러가는 여정 —— 이성의 반대와 질투의 방해, 그리고 저항을 이겨내며 —— 을 그 내용으로 하고 있다. 이 작품은 그 몽환적 알레고리로 인해 많은 명성을 얻었다고 한다.

4) John Lydgate(1370? ~ 1449?). 15세기의 영국 시인으로서 다작 —— 그는 약 14만 행의 시를 썼다고 하는데 이는, 세익스피어가 썼던 분량보다 약 4배나 많은 것이다 —— 으로 유명하다. 주요 작품으로는 『성 쁠 에드문드와 프레문드의 삶 Lives of St. Edmund and Fremund』(연도 미상)이 있다.

그 정치적인 의미는, 이미 반항이 그랬던 것처럼, 17세기 말경에서야 **혁명**이
라는 단어와 연관을 맺기 시작했다. 하지만, 이 단어에 대한 예전의 시각들이
겹쳐져서, 이런 변화는 보다 초창기의 용례들을 모호하게 만들어 버렸다. [가령]
혁명을 일으켰던 크롬웰5)이, '신의 혁명 God's revolution'은 일개 인간의 고안
물에 귀착되지 않는다(Abbott, *Writing and Speeches of Cromwell*, III, 590~592)고
말했을 때에는, 여전히 이 단어를 외적이며 '결정론적인 determining' 운동이라
는 옛날 의미——운명, 혹은 오늘날에는 신의 뜻 Providential——로 쓴 것임이
틀림없다. 실제로, 17세기 당시 이 단어가 지녔던 복잡성의 가장 흥미로운 측면
은, 크롬웰의 적들은 그의 혁명을 '대반란 Great Rebellion'으로 불렀다는 사실이
다. 이와 다르게, 1688년의 상대적으로 작았던 사건들은 그 지지자들에 의해
'위대한', 그리고 궁극적으로는 '명예 혁명 Glorious Revolution'이라고 불렸다.
이런 몇 가지 용법들에 의하자면, 혁명은 17세기에 정치적 의미를 획득했다는
점이 분명——물론 앞에서도 지적했듯이, 일반적인 무상함 혹은 운명이나 신의
뜻에 따른 운동이라는 의미와 겹쳐져 있었지만——해진다. 하지만 17세기 후반
에, 거대한 사건들에는 여전히 반란이라는 단어가 쓰였는데 반해, 이보다 더
작은 사건에는 주로 혁명이라는 표현이 사용되었다는 건 매우 중요하다. 간단히
말해서, 혁명은 대체적으로 여전히 보다 호의적인 단어였다. 1796년경에 우리는
다음과 같은 구분을 찾아볼 수 있다: "반란은 법률에 대한 전복이며, 혁명은
폭군에 대한 전복이다"(전복[Subversion]은 하층으로부터의 뒤엎음이라는 [혁
명의 그것과] 유사한 물리적 이미지에 의존하고 있다는 점을 지적해야겠다. 또
한, 타도[overthrow]라는 단어를 참조하라).

　　혁명이 반란보다 더 우선적으로 쓰이게 된 주요 원인은, 전자상의 주기적

---

5) Oliver Cromwell(1599~1658). 영국의 정치가. 17세기 부르주아 혁명(명예 혁명) 당시, 부르주아지와 부르
　　주아화한 귀족의 지도자였다.

의미가 애초의 법적 권위를 복원 restoration시킨다거나 혹은 쇄신 renovation시킨다는 의미를 함축했기 때문인데, 이는 정당화없이 권위에 대항하는 행위와는 구분되었다.

17세기 후반부터 영어 단어 혁명의 의미는, 특히 1688년의 사건——명예혁명 [옮긴이 주]——을 지칭하는 데 쓰였다. 이는 보통 '대혁명 the revolution'이라 불렸고(Steele, 1710; Burke, 1790), 혁명이라는 단어와 최초로 관련되었거나 이 단어를 최초로 받쳐주었던 혁명가 revolutioner라는 단어는, 주로 특정한 맥락에서 사용되었다. 하지만, 새로운 일반적 의미가 서서히 형성되기 시작했는데, 그 이유는 미합중국의 독립 선언이 발흥함에 따라, 반란과 혁명을 나누는 [기존의] 구분이 갱신되었기 때문이다. 이 맥락을 통해서, 혁명은 지역적이며 일반적인 의미를 획득하게 되었다. 특정 군주에 대한 충성보다는 특정 정치 체제의 적절성이 보다 더 현실적인 쟁점이라 여겨졌던 이와 같이 새로워진 정치 사상적 분위기에서, 독립을 지지했던 사람들은 혁명을 반란보다 더 선호하게 되었다. 그러나 우리 시대에는 이런 과정 속에서도 살아남은 [반란의] 의미가 존재한다. 규모 scale라는 의미가 덧붙여지긴 했지만, 반란은 실제로 발생했던 일——그 자체의 독립 원인 및 충성과 더불어——이 혁명이었다는 점을 자신들이 인정하게 되기까지(혹은 그 이후에도), 지배 세력과 그 동맹들에 의해 여전히 일반적으로 사용되었다: "폐하……이것은 반항이 아닙니다. 이것은 혁명입니다"(Carlyle, *French Revolution*, V vii; 1837).[6] 반항과 반항하는 revolting이라는 단어가 18세기 중엽에 행위뿐만 아니라 감정에도 적용되었다는 점을 언급해야 할 필요가 있다——혐오 disgust의, 외면 turning away의, 격변 revulsion의 감정. 이는 아마도 위와 같은 구분을 강화시켰을 것이다. 격변이 어원학적으로 '모반하다 to rebel'를 뜻하는 라틴어 *rebellare*에까지 거슬러 올라가는, 환락 revel

---

6) Thomas Carlyle(1795~1881). 영국의 평론가이자 사상가이며 역사가.

이라는 단어와 관련되어 있다는 점은 호기심을 끌 만하다. 환락은 '폭동과 같은 환희 riotous mirth'라는 의미를 거쳐, 일체의 활기넘치는 축제를 지칭하는 전문 용어가 되었다. [앞에서 볼 수 있듯이] 모반은 이와는 달리 덜 호의적인 상이한 과정을 거쳤다. 되돌아감 drawing away이라는 물리적 의미를 지녔던 격변은, 19세기 말부터 '혐오의 감정에 빠지다'라는 의미를 가지게 되었다.

프랑스 대혁명의 특정한 결과가 결정적으로 **혁명**의 근대적 의미를 형성하게 된 데에는, 바로 이와 같은 단어들간의 상호작용이 있었다. 법적 권위의 복원이 라는 옛 의미——비록, 임시방편적인 정당화 시세로 쓰인 것이긴 했지만—— 는 새로운 질서를 위한 필수적인 혁신 innovation이라는 의미로 대체되었는데, 점차 적극적인 의미를 획득하고 있던 진보 progress라는 단어가 이를 뒷받침해 주었다. 물론, 타고난 인간의 권리의 성취라는 의미 역시 이와 관련되어 있다. 새로운 인간적 질서를 형성한다는 이와 같은 의미는, 언제나 옛 질서를 뒤엎는다 는 의미만큼 중요했다. 결국, 이제 바로 이 점이 반란과의, 혹은 궁극적으로는 **궁정 혁명 palace revolution**——지도자는 바뀌지만, 그 사회의 형태는 바뀌지 않는——으로 구분되었던 것과의 결정적인 구분점이 되었다. 그럼에도 불구하 고, 무장 봉기와 투쟁이라는 실제 역사에 의해 야기된 정치적 논쟁 속에서, **혁명** 은 [구체제에 대한] 폭력적 타도라는 특수한 의미를 지니게 되었고, 19세기 후반 에는 평화적이고 입법적인 수단을 통해 달성되는 새로운 사회 질서라는 의미의 진화 evolution라는 단어와 대조되었다. 총체적으로 새로운 사회 질서를 달성한 다는 혁명의 의미는 사회주의 운동에 의해 대단히 강화됐으며, 이는 **혁명적 사회 주의 revolutionary socialism**와 진화적 사회주의 evolutionary socialism를 구 분하는 데에 몇몇 복잡함을 가져 왔다. 어떤 측면에서, 이는 옛 질서의 폭력적 전복과 평화적·입법적 변화간의 구분이었다. 또다른 측면——적어도 앞의 측면 과 동일하게 유효한——에서, 이는 새로운 사회 질서의 총체적 건설(자본주의에 반대되는 사회주의)과 현존 질서에 대한 보다 제한된 수정 혹은 개혁 reform간

의 구분이었다('혼합 경제 mixed economy' 혹은 '후기-자본주의 사회' 내에서
의 '평등의 추구'). 또한, 혁명을 특수화하는 데에 사용되는 수단에 관한 논쟁은,
대체적으로 목적에 관한 논쟁이기도 하다.

물론, 혁명과 혁명적 그리고 혁명을 일으키다revolutionize라는 단어는, 광범
위한 범위의 행동 내에서 발생하는 근본적인 변화 혹은 근본적으로 새로운 발전
을 지칭하기 위해서, 정치적 맥락 외에서 사용되기도 했다. [따라서] '쇼핑 습관
의 혁명' 혹은 '운송상의 혁명'이라는 표현을 이상하게 생각할 수도 있을 것이다.
물론, 어떤 '역동적인' 신상품을 묘사하기 위해 이 단어를 광고 언어로 사용하는
경우도 종종 있다. 하지만 어떤 면에서, 이는 폭력과 혁명을 결부시키는 것보다
는 적어도 덜 이상한 것이다. 이 단어의 주요 의미들 중의 하나──초창기와
후반기의, 복원 혹은 혁신──가 단순히 중요하거나 근본적인 변화를 함축해
왔기 때문이다. 한때 18세기 후반과 19세기 말의 공장 시스템과 새로운 테크놀로
지를 프랑스 대혁명과 비교하여, 산업 혁명(industrial revolution)이라 불렸던
적이 있는데, 이 표현은 [그 후에] 새로운 제도와 새로운 테크놀로지를 혁명적이
라 묘사하는 하나의 근거로서 사용되어 왔다. 산업 혁명을 해석하는 다양성──
새로운 사회 제도에서부터 단순히 새로운 발명에 이르기까지──이 이와 같은
용법에 영향을 끼쳤다. 사회 혁명 social revolution에 그 의미의 무게를 두는
사람이 보기에, 트랜지스터 혁명 transistor revolutuion이라는 표현은 느슨하거
나 진부한 말처럼 여겨질 것이다. 이와 마찬가지로, 기술 혁명 technological
revolution 혹은 제2차 산업 혁명 the second industrial revolution이라는 표현
은 상당히 논란의 여지가 있거나 산만해 보이는 표현일지도 모른다. 하지만,
이 단어의 역사는 이 각각의 용법을 뒷받침해 주고 있다. 주요한 혁명의 세기에
있어서 무엇보다도 중요한 것은 이 단어의 적용과 어조상의 분명한 구별이며,
이는 이 단어의 정치적 의미를 둘러싼 먹구름을 사방에서 불어오는 신선하고
상쾌한 바람으로 만들어 줄 것이다.